空心社会

HOLLOWED OUT

为什么没有强大的中产阶层经济就玩不转

[美]戴维·马德兰◎著　陈鑫◎译

新华出版社

图书在版编目（CIP）数据

空心社会：为什么没有一个强大的中产阶层经济就玩不转 / (美) 戴维·马德兰著；陈鑫译. —— 北京：新华出版社, 2016.10
书名原文: Hollowed Out: Why the Economy Doesn't Work without a Strong Middle Class
ISBN 978-7-5166-2874-4

Ⅰ. ①空… Ⅱ. ①戴… ②陈… Ⅲ. ①中等资产阶级－研究－美国
Ⅳ. ①D771.261

中国版本图书馆CIP数据核字(2016)第250887号

著作权合同登记号：01-2016-7468

空心社会：为什么没有一个强大的中产阶层经济就玩不转

作　　者：[美]戴维·马德兰　　**译　　者：**陈　鑫

选题策划：黄绪国　　**责任印制：**廖成华
责任编辑：段晓红　　**封面设计：**臻美书装

出版发行：新华出版社
地　　址：北京石景山区京原路8号　　**邮　　编：**100040
网　　址：http://www.xinhuapub.com　http://press.xinhuanet.com
经　　销：新华书店
购书热线：010－63077122　　**中国新闻书店购书热线：**010－63072012

照　　排：臻美书装
印　　刷：北京凯达印务有限公司
成品尺寸：148mm×210mm
印　　张：9.75　　**字　　数：**170千字
版　　次：2016年11月第一版　　**印　　次：**2016年11月第一次印刷
书　　号：ISBN 978-7-5166-2874-4
定　　价：48.00元

目录 | CONTENTS

第 1 章

中产阶级经济学与涓滴经济学

2012 年 4 月 30 日，贝恩投资公司（Bain Capital）的前合伙人、51 岁时就宣告退休的百万富翁爱德华·科纳尔德（Edward Conard）参加了乔恩·斯图尔特（Jon Stewart）主持的《每日秀》（*The Daily Show*）并且推销他的新书。科纳尔德微笑着透过他的黑框眼镜注视着乔恩·斯图尔特这位秉持自由派立场的主持人，手拿自己的新书，并且详细介绍书的内容。科纳尔德在书中指出，如果像他这样的人能够变得更加富裕，而且整个社会的经济不平等程度变得更高的话，美国经济将会更加强劲。

斯图尔特对科纳尔德的观点感到十分困惑，并且打趣说，这听起来似乎不太对，因为美国的不平等程度已经接近那些"以绑架为生的经济体"了，这句话在观众中引发一阵哄笑。[1]随后，斯图尔特说了一句引子，好给科纳尔德机会自我辩解。斯图尔特说："关于这本书的论证前提，我的问题是"，他停顿了一下笑着打趣道，"这是什么鬼逻辑？"

科纳尔德与观众一起忍不住笑了起来，随后开始论述他的观点，即让“最杰出”的人获得巨大回报是美国能够取得成功的秘密。他声称，让富人变得更加富有对所有人都有好处，因为高度的不平等会让人们有巨大动力去冒险和创新，而这些是经济增长的必备要素。

尽管科纳尔德的言论非常具有煽动性，他的新书宣传活动引起了媒体的大量报道，《纽约时报》周末副刊（*New York Times Magazine*）甚至还专门刊登了一篇长达数页的特稿，陈述供给经济学背后的前提假设。[2] 供给经济学（supply-side economics）是一种在过去 30 年里主导经济决策的错误理论，它的基础是“不平等是有益的”。对富人减税并减少对企业的监管会让富人有更大的动力去投资和工作。该理论认为，让“就业发动机”变得更加富有会让所有人受益。

科纳尔德在贝恩投资公司的前老板是 2012 年共和党总统候选人米特·罗姆尼（Mitt Romney），他积极支持供给经济政策。自从罗纳德·里根（Ronald Reagan）当选总统以来，几乎所有共和党人都支持这一政策。即使在民主党内，也有很多重量级人士支持供给经济政策及其逻辑。这些有关不平等的错误思想不仅有着巨大的政治影响力，而且直到最近还被学术界的许多经济学家广泛接受。在过去数十年里，高度不平等对经济有利的思想主导了经济学思维。

幸运的是，这些错误思想开始遭到质疑。学术界人士已经开始重新思考他们对于中产阶级衰落的看法，进步政治家在沉寂多年后也终于开始公开辩驳供给经济学理论背后的逻辑。现在之所以恰逢其时，是因为我国经济正在经济大崩溃中深受其害，而这种崩溃很大程度上是由高度的不平等引发的。尽管我国经济并非如斯图尔特的玩笑之言那样以“绑架”为基础，但美国中产阶级已经遭到了严重削弱，以至于我们所经历的正是困扰欠发达国家的那种问题，包括社会上弥漫的高度猜疑情绪，经商因此变得困难；政府偏爱拥有特权的精英阶层，经济因此被扭曲；中产阶级和穷人的孩子向上层流动的机会减少，大量的人类潜能因此被浪费。

本书将阐释学术圈和政治圈正在进行的对不平等的再思考。美国经济之所以失衡，是因为中产阶级被严重削弱，不平等程度极高。如果经济只为富人利益服务的话，那么这种经济就是失败的。要想实现强劲和可持续的增长，经济就需要为所有人的利益服务。

与人们此前的看法相左的是，强大的中产阶级并非经济强劲增长的产物，而是美国经济增长的源泉。重建中产阶级能够为消费需求提供稳定基础，而消费需求对于促进企业投资和就业增长来说是必需的。重建中产阶级还能让国家有能力充分开发民众的人力资本，增加社会信任度以促进商品交易，并且制衡政治力量，从而产生一个为全国民众而不仅仅是为上层人士服务的政府。

这种思想的要素可以追溯到历史上最为著名的一些经济学家，如约翰·斯图尔特·密尔（John Stuart Mill）和约翰·梅纳德·凯恩斯（John Maynard Keynes），但直到2007–2009年的经济大衰退，将这一领域重新拉入人们视野之前，大多数经济学家都忽视了中产阶级的重要作用。如今，在经济学家们纷纷修改那些未能成功预测经济危机的模型和假设的同时，他们也在重新发现经典学者的思想，睁大双眼去关注其他领域，如历史、政治学和社会学学者的作品，并且开发出一些更有希望的新研究方法，试图去理解中产阶级的作用。

本书荟萃了这一既源远流长又颇为新潮的研究课题。书中将展示中产阶级被掏空是如何损害美国经济的，阐明此前的思维有着怎样的谬误，并论述这种新的综合分析方法可能会如何影响未来的决策。

对一些读者来说，美国经济增长的动力来自中产阶级而非上层阶级的观点也许是一种直觉式的看法，没有丝毫争议可言。但这种观点实际上是对学术圈和政治圈传统智慧的直接批判。如此简单和常识性的经济分析方法就能对现状提出有力挑战，这显示出经济学家和政治家在过去几十年里究竟有多么的脱离实际，也解释了本书的必要性。

涓滴经济学

与大多数供给经济政策的支持者相比，爱德华·科纳尔德对不平等的所谓好处表述得更加直白。不过从供给政策诞生之初起，它的支持者就强调不平等对经济是有利的。经济学家兼《华尔街日报》(*Wall Street Journal*)社论作者祖德·万尼斯基(Jude Wanniski)曾在1978年撰写了《世界运行的方式》(*The Way the World Works*)一书，并借此奠定了供给经济学的地位。他指出，"全球选民在任何时候面临的最基本的经济问题……是收入增长与收入分配之间的矛盾。"[3]万尼斯基坚持认为，为了国家整体利益着想，收入增长是正确的选择，而这需要减少税收，尤其是对富人的税收，以及提高经济不平等程度。

供给经济学的早期倡导者乔治·吉尔德(George Gilder)在1981年出版的《财富与贫穷》(*Wealth and Poverty*)一书中更为直言不讳地说："平等……是与经济和技术进步的原则以及对它们的投资相矛盾的。"[4]吉尔德明确指出，经济增长需要小部分人变得非常富裕。他写道："物质进步会不可避免地有利于精英阶层。它会让富人变得更加富有，数量变得更多。能够创造财富的小部分杰出人士会崛起于其他只会消费财富的普通大众之上。"作为涓滴经济学的首位强有力政治支持者，罗纳德·里根总统曾在讲话中频繁引用吉尔德的观点。在 1982 年的一次讲话中，他用自己的话说出了吉尔德的看法，强调“我们党想要看到的是一个让人们仍然有机会变得富有的美国”。[5] 这种看法认为，帮助富人变得更加富有带来的经济收益会溢出并惠及中产阶级和穷人，因而供给经济学的批评者通常也将其称作“涓滴经济学”。

数十年来，经济学家们一直在为涓滴经济学及其给中产阶级和经济造成的明显伤害提供掩护。大多数学者并不接受供给经济学的所有教条，如他们拒绝接受减税会自动产生收益的看法，但总体来说，供给理论的逻辑与他们对于不平等和经济刺激因素的预设看法相一致。[6] 一直到最近，大多数经济学专家都认为，经济不平等现象有助于经济的良好运行，这与供给理论如出一辙。即使是那些对高度的不平等感到担忧的人也普遍认为这种现象对于经济的良好表现是必要的。经济学界的标准观点认为，决策者必须在经济增长和经济平等之间有所取舍。

经济学界的这种基础思想可以在耶鲁大学经济学家兼林登・约翰逊总统（President Lyndon Johnson）的首席经济顾问阿瑟・奥肯（Arthur Okun）1975 年出版的《平等与效率：艰难的权衡》（*Equality and Efficiency: The Big Tradeoff*）一书中得到力证。[7] 奥肯认为，不平等现象提供了一种积极的刺激因素，鼓励人们努力工作、积极投资，从而让经济变得更具效率。此外，奥肯还指出，为了降低不平等程度而采取的努力通常来说会带来一定程度的浪费，从而对经济构成阻碍。尽管奥肯强调，在平等与增长之间的取舍范围比大多数经济学家认为的要小，但事实情况是，连自由派经济学家都认为高度的经济不平等对经济有利，这凸显出该思想在经济学界有多么的根深蒂固。

与此同时，奥肯写到，美国中产阶级仍然相对而言十分强大，不平等程度较低。但在他的书出版后不久，不平等程度就开始上升，中产阶级则开始衰落。大多数经济学家都对此不以为意。一些人甚至还为这种变化辩护。美国经济学会（American Economic Association，一个由经济学家组成的团体），1999 年年会的主旨演讲题目就是“为不平等辩护”，该演讲强调，“不平等对经济来说是好现象，但是却得到了太多的负面报道。”[8] 主旨演讲的发言者菲尼斯·韦尔奇（Finis Welch）后来被同僚们选为美国经济学会副会长。[9]

经济学家们之所以这么想，是因为他们所秉持的逻辑忽视了经济不平等现象的许多负面影响。经济学家普遍认为，长期的经济增长是由物质资本的生产性使用，如建筑物和工厂，以及人力资本即人们所拥有的知识所决定的。经济增长的关键就是要采取正确的激励手段鼓励人们增加人力和物质资本的供应，并且更为有效地使用这些资本。在其他条件平等的情况下，对增加社会资本的人给予更多回报似乎就是这种正确的激励手段。[10]

当然，这一逻辑要想成立，关键前提是要保持其他条件平等。但是，正如美国的不平等程度已经走到极端一样，其他任何条件都无法保持平等：经济的基础已经严重弱化。社会已经发生巨大变化，以至于人们的相互信任不如以往，不愿与彼此做生意。政府已经被精英阶层所掌控。与富人相比，普通民众接受教育、提升个人能力的机会大幅减少。而且消费需求的本质已经发生变化，变得更为不稳定。

大多数经济学家之所以谬以千里，是因为他们所接受的教育就是要将个人视作不会受到组织或社会影响的个体。在经济学的世界观里，个体是依据狭隘的个人利益行动的。根据大多数经济学模型，这都会取得高效的结果，无须进行多少社会或法律约束。因此，经济学家普遍忽视了政府良治和社会互信对经济正常运转的重要性。就算他们偶尔考虑到这些问题，他们所研究的也无一例外都是发展中国家而不是美国，因此无法认识到美国经济增长的基础已经遭到了严重削弱。

即使是面对那些得到经济学家广泛研究的因素，例如需求和人力资本，经济学家们也很少考虑中产阶级被削弱对经济产生的影响。对消费需求及其与经济增长的关系的经济学分析通常是基于一种程式化的典型消费者，忽视了收入、财富和债务差距日益增加带来的影响。[11] 因此，在大衰退（2008 年爆发的全球性经济危机）发生前夕，大多数经济学家都没能认识到，消费需求所依赖的是中产阶级的债务，因而十分不稳定。类似的，对于人力资本和经济增长的大多数研究都想当然地认为，由于一定程度的不平等给个人带来提升个人能力的动力，因此极度的不平等一定是好事。[12] 尽管有些经济学家能够认识到不平等可能会阻碍人力资本的开发，但经济学界很少思考这给美国的经济增长带来了怎样的警示。无须进行深入研究就能发现，不平等程度已经相当之高，以至于富人孩子的发展机会要多得多，而穷人和中产阶级的孩子则渐渐落后。同样，无须具备多好的洞察力就能想到这会给经济带来怎样广泛的影响，但很少有经济学家进行这些思考。

由于这些普遍的失败，大多数经济学家在 2007 年，即大衰退爆发的危机边缘，都没能意识到支撑美国经济的基础正在崩塌。[13] 他们只见树木不见森林。

早期的经济学家们在研究中融入了一些有关人类和社会的宽泛概念：毕竟经济学创始人亚当 · 斯密（Adam Smith）既是一名政治经济学家，同时也是一名哲学家。[14] 但在过去五六年里，那些愿意研究政府或者文化因素所产生的影响，或者挑战经济学对于人性的超理性看法的经济学家渐渐被边缘化。[15] 因此，正如伦敦大学（University of London）经济学家本 · 法恩（Ben Fine）和克里特大学（University of Crete）经济学家季米特里斯·米洛纳基斯（Dimitris Milonakis）所说，最近几十年的经济学研究通常是“反社会以及反历史”的。[16]

对经济学过度狭隘和理论化的批评不仅仅来自学科之外，还来自世界上最负盛名的一些经济学家。[17] 自从大衰退发生以来，这些批评变得尤为有力。[18] 例如，诺贝尔经济学奖得主罗纳德·科斯（Ronald Coase）在 2012 年的一篇论文中写道，“忽视社会、历史、文化和政治对经济运行的影响”对经济学研究来说无异于“自杀”。[19] 类似的，法国经济学家托马斯·皮凯蒂（Thomas Piketty）在 2014 年出版的《21 世纪资本论》一书中也强调：“经济学还没有克服自身对数学以及纯理论并且经常是高度意识形态化的猜测的幼稚热情，这么做的代价是缺少历史观，以及缺乏与其他社会科学的合作。”[20]

诚然，经济学家与所有社会科学家一样，需要在分析中进行一定简单化，并且抛弃部分因素，从而试图理解其正在研究的复杂系统。但是，经济学家所采取的简单化做法本质上是有缺陷的，因为他们忽视了对经济至关重要的一些问题。因此，在涓滴经济政策和全球经济变革促使不平等程度达到创纪录的高度并且严重削弱中产阶级之时，他们选择视而不见，甚至还乐见其成。

衰落的中产阶级

美国在建立之初是一个中产阶级国家。在独立战争爆发前夕，美国的木匠、商店主和农民的生活水平比世界其他任何地方的工人都要高。[21] 此外，当时美国的经济不平等程度也比其他任何地方都要低。在一个国王和农民并存的时代，美国的中产阶级巍然屹立。

当时的美国并非没有富人，当然，也有奴隶制度存在。但即便如此，富人的财富也并不比中产阶级多多少。加利福尼亚大学戴维斯分校（UC Davis）的经济历史学家彼得·林德特（Peter Lindert）解释说："在那个时代，与我们掌握相关数据的任何国家相比，美国都更为平等。"[22] 在美国建国之初生活的人发现，美国的这种经济平等是非常特别的。托马斯·杰斐逊（Thomas Jefferson）在一封信中指出："我们之中没有穷人……我们的大多数人口……都拥有财产并且耕种自己的土地……另一方面，富人以及那些生活无忧的人对于欧洲人所谓的奢侈一无所知。"[23]

随着时间的流逝，美国中产阶级的力量有涨有落，尤其是在工业化完成之后更是如此。[24] 但在第二次世界大战后，美国恢复了自身的根基，建立起了让世界艳羡的庞大中产阶级，收入快速增长，不平等程度则迅速降低。[25] 正如诺贝尔经济学奖得主保罗·克鲁格曼（Paul Krugman）解释的那样，从20世纪40年代中期到70年代中期是一段“既没有极端富裕也没有极端贫穷”的时期。[26]诚然，这一时期的美国并非没有富人和穷人，但社会的支柱却是由一个庞大、繁荣的中产阶级构成的，他们与富人和穷人的差别都不大。

然而，在过去三四十年里，美国的中产阶级渐渐衰落。在大衰退冲击美国之时，美国的中产阶级早已承受了巨大伤害，如今又陷入巨大的麻烦之中。尽管对于谁是中产阶级从没有过官方的定义，但仍不难看出中产阶级正在衰落。无论以任何形式来衡量，大多数美国人都在艰难度日。

首先是普通美国人的基本收入水平。2013年的家庭收入中位数，即一半家庭的收入比它高，另一半比它低，比1989年的水平要低。[27]这意味着中产阶级家庭的收入比20年前都要少。类似的，穷人甚至是中上层家庭的收入也陷入停滞。[28]尽管从更长的时间跨度来看，中产阶级的收入的确取得了一定的增长，但这些增长实际上却非常微不足道：在过去40年里，中产阶级的收入中位数，包括工资和奖金，年增长率仅有0.27%，堪称龟速，比整体经济或者工人平均产出的增长速度要慢得多。[29]即使是家庭收入取得的这些微小进步，很大程度上也是因为女性正日益加入到劳动力大军之中，这意味着家庭的工作时长增加，他们必须跑得越来越快，才能维持生计。[30]现在一个普通人的时薪比1973年还要低。[31]

即使是这些令人失望的数字可能也会过于美好而不真实，因为它们所显示的是普通家庭的数字，但是年轻普通劳动者正在渐渐成熟，工作经验和资历也在增加，因此年龄越大，劳动者的收入往往就越高。[32] 如果把现在的劳动者与几十年前相似年龄的劳动者收入进行对比的话，收入的变化趋势会更加糟糕。处于而立之年的男性劳动者的收入中位数比他们上一辈人在该年龄时的收入少了 12%。[33]

在大多数美国人的收入陷入停滞的同时，中产阶级的生活必需品，如医疗保险、汽油等的成本增速却比通货膨胀还要快，而某些生活必需品，如住房和大学学费，在过去 40 年里的成本增速甚至达到了通货膨胀增速的两倍。[34] 要想维持中产阶级的生活方式，就需要付出更大的代价，但无论采取怎样的努力，大多数家庭都无法显著增加自己的收入。因此，债务水平的大幅增加毫无意外，从 1983 年以来，中产阶级家庭的平均债务水平几乎翻了一番。[35]

与中产阶级和穷人形成鲜明对比的是，富人尤其是超级富豪的收入在过去 30 年里得到了惊人的增长：在大衰退刚刚拉开序幕的 2007 年，美国最富有的 0.01%，即占总人口万分之一的人，年收入相当于现在的 3880 万美元，而这一数字在 1979 年仅为 640 万美元。[36] 由于富人收入快速增长，而其他人的收入却陷入停滞，富人与中产阶级之间的经济差距大幅拉大。[37] 例如，企业首席执行官的收入从 1978 年约为普通工人收入的不到30倍跃升至2007年的350倍以上。[38]尽管大衰退期间富人收入的下降幅度比中产阶级要大，但迄今为止，富人的收入已经再次攀升，而中产阶级的收入却没有。这种情况严重到使收入的差距已经恢复到大衰退之前的水平。[39]

若要理解这些差距到底有多大，我们可以想象有一栋奇怪的建筑，中产阶级住在底层，超级富豪住在顶层。在20世纪70年代末，企业首席执行官的顶层公寓位于13层，这意味着这栋公寓楼虽然很高，但在许多美国城市中都会显得高度适宜。到了2007年，顶层公寓的层数增加了351层，这意味着这栋建筑物的高度是帝国大厦的3倍以上。

现在的富人之所以收入比中产阶级高那么多，是因为他们在最近几十年获取了绝大部分的经济收益。美国最富有的前1%获得的收入占全国人口总收入的比例在过去30年里几乎翻了一番，而中间60%的人所获收入却显著下降，如今在有政府数据以来的最低点附近停滞不前。[40]普林斯顿大学经济学家艾伦·克鲁格（Alan Krueger）说，收入比例的这些变化“相当于每年将1.1万亿美元的收入转移给前1%的家庭”。[41]自大衰退结束以来，收入增幅的90%都进了前1%的富人的腰包。[42]

此外，财富的差距比收入差距更大。处于社会中下层的90%的美国人在过去25年里都蒙受了财富损失，如今他们的财富仅占全国总财富的约四分之一。[43]相比之下，前1%

的人财富却出现大幅增加，如今占据全美总财富的 40%。[44] 如果把超级富豪阶层的收入放在一定情境之中来理解的话，我们会发现，全美富豪排行榜前 400 名的平均净收入“大约相当于巴西的国内生产总值”，《福布斯》杂志如是说。[45]

对大多数美国人来说，收入停滞，债务高企，他们的收入占比越来越小，越来越落后于富人。正如经济学家们所说，这意味着穷人和中产阶级的机会与富人相比越来越有限。

中产阶级经济学的兴起

尽管这些趋势的变化极富戏剧性，但就它们本身而言，尚不足以迫使经济学家们重新思考有关不平等的观点。不过，有其他几件事推动经济学家开始严肃看待不平等问题并且研究它对经济的影响。例如，对超级富豪收入的测算方法得到改善，全球经济增长与预期不符，但最重要的还是大衰退。

传统测算方法显示，美国的不平等程度比许多其他国家都要高，甚至包括因不平等而臭名昭著的菲律宾、尼日利亚和俄罗斯。[46] 但近年来，以托马斯·皮凯蒂和加利福尼亚大学伯克利分校（UC Berkeley）的埃曼努尔·赛斯（Emmanuel Saez）为代表的经济学家对于超级富豪的长期收入测算出了更为精确的数据，这些数据不仅显示出全美前 1% 富豪的收入占全国人口总收入的比重比世界大多数国家的富豪都要高，还显示出这一比重比美国历史上任何时期都要高。[47]这些测算数据不仅对这些比较进行了诠释，还让经济学家们能够进行比以往更加细致入微的分析。

与此同时，由于收入数据得到改善，许多国家的增长趋势也与经济学家的模型相背离。在大衰退爆发前很多年，我们就可以越来越明显地看到，与不平等程度极高的近几十年相比，20 世纪中期的中产阶级更为强大，美国经济的增速也要更快。[48]此外，平等程度较高的其他富裕国家也实现了至少与美国相同的经济增速，有些国家的人均增长率实际上比美国要高。[49]研究发展中国家经济增长的经济学家们认为，像韩国这样的国家之所以能够比菲律宾等国家增长速度更快，一个很重要的原因是前者的不平等程度较低。[50]纽约大学的威廉·伊斯特利（William Easterly）曾强调，在世界各国，“中产社会的收入和经济增长要更为强劲”。[51]在该领域更为重要的一篇文章中，国际货币基金会（International Monetary Fund）的两名经济学家安德鲁·伯格（Andrew Berg）和乔纳森·奥斯特里（Jonathan Ostry）发现，在平等程度较高的国家，经济增长期明显要长得多，而不平等程度较高的国家很难维持经济的长期增长。[52]

这些对全世界经济增长的观察结果并不能证明不平等正在伤害美国经济，但它们至少暗示出，有关不平等的旧思想可能是错的，需要对不平等现象进行更多的研究。这一类国际比较研究虽因数据和方法论等问题而停滞不前，而且不是每一个学者都得出了类似的结论，但这些研究明确显示出有关不平等现象对经济有利的观点既简单又武断，一点也不准确，并且证明经济学家需要更深入地思考不平等现象是如何影响经济增长的。[53] 华盛顿公平增长研究中心（Washington Center for Equitable Growth）执行主任希瑟·布希（Heather Boushey）与美国进步研究中心（Center for American Progress）高级经济学家亚当·赫什（Adam Hersh）曾共同撰文写到，这种跨国别分析表明，经济学家“需要了解不平等现象和中产阶级的力量大小是通过怎样的机制影响经济的”。[54] 世界各国的实际经验显示出，学者们必须开始着眼于经济不平等和中产阶级的力量大小是如何影响经济增长基础的。尤其是在大衰退爆发前，这些国家间比较的重要性在于它挑战了经济学家关于经济不平等的预设看法。

在大衰退爆发之时，美国的经济不平等程度达到了与 1929 年大萧条爆发之前相同的水平。经济的突然崩溃迫使许多经济学家以一种新的方式来看待不平等现象。尽管经济不平等与金融崩溃之间的关系不如有些人声称的那样简单、直接，但不平等现象和中产阶级的衰落明显在大衰退的形成过程中发挥了重要作用。[55] 大衰退之所以起源于美国并变得如此严重，很大程度上是因为我们的金融监管制度被华尔街的政治力量所削弱，而且还因为中产阶级已经债务累累。[56] 正如诺贝尔经济学奖获得者、经济学家约瑟夫·斯蒂格利茨（Joseph Stiglitz）解释的那样："最近的一次经济危机已经揭示出"忽视不平等现象的"错误"所在。[57]

如果我们辩证地思考经济不平等，并且摘掉那些遮蔽了经济学家视野的眼罩，就可以很明显地看到，美国经济一直依赖于一个强大的中产阶级。逐渐兴起的经济增长中产理论既有着经济学和其他学科的历史渊源，也得益于一些更为晚近的研究领域。[58]

强大的中产阶级在美国经济中发挥四个主要作用。首先，一个强大的中产阶级有助于社会相对平稳地运行，促进人与人之间的信任。信任也许会显得有些抽象，但它的确会产生巨大的经济影响。当信任程度很低时，做生意的成本会飙升，用经济学家的话说，就是交易成本增加。由于中产阶级在过去几十年里遭到削弱，信任程度因此大大降低，交易成本也显著增加。例如，企业与个人雇佣律师和保安的数量和几率大大增加。[59] 尽管这些岗位的确有可能提供有价值的服务，但他们无法增加经济的生产率，仅仅是增加了做生意的成本。更糟糕的是，企业越来越注重短期收益而非长期收益，这在一定程度上也要归咎于信任程度的下降。

其次，一个强大的中产阶级可以带来更好的政府治理。经济的蓬勃向上取决于有一个运转良好的政府提供关键性的服务，例如公路和学校等，而且腐败程度相对较低。但随着中产阶级衰落、不平等程度上升，富人攫取了过多的政治权力，而中产阶级的公民意识也逐渐减弱，导致一系列政府失能的现象。过去几十年里美国政府的机能失灵对经济产生了越来越大的损害。美国对学校和公路这样的公共产品投资不足，这在很大程度上是因为富人不想为这些项目缴税、提供资金，例如，与几十年前相比，我们每年在基础设施上的投资减少了 890 亿美元。[60] 政府数据和专家调研还显示，腐败程度也大幅增加，给企业尤其是华尔街的企业提供特殊好处所带来的成本飙升至惊人的水平。

第三，中产阶级是稳定需求的重要来源。一个稳定且不断扩大的消费需求让企业得以投资新产品、雇佣新员工、促进经济增长。然而，由于在大衰退爆发之前的一段时期消费需求严重依赖中产阶级的债务，因而经济变得十分不稳定。现在的中产阶级十分衰落，收入停滞、债务高企以及贷款压力大等因素让他们不堪重负，无力进行足够的消费以维持美国经济的增长。在大衰退爆发后，美国经济陷入了低需求和低增长的恶性循环。

最后，一个强大的中产阶级可以提供更多的人力资本。在现代经济中，一支技能娴熟、身体健康且具备企业家精神的劳动者队伍是经济增长的重要推动力，至少与工厂和机器等物质资本同等重要。但随着不平等程度的上升和中产阶级的衰落，美国一直无法完全开发中产阶级和穷人的人力资本潜力。我们在国际上的竞争者已经在人力资本方面超过了我们，这是因为美国中产阶级和穷人的教育和健康水平已经严重落后于更为富裕的美国人。[61] 此外，美国的企业家精神也出现衰落，许多可能的经济领袖无法利用自身的人力资本优势，因为中产阶级再也没有足够的资金创办企业。[62]

简而言之，美国中产阶级的衰落使人力资本受限、消费需求萎缩、政府问题恶化、互信丧失，从而损害了美国经济。[63] 中产阶级正在用各种办法挣扎求生，这些办法也在用不同的方式影响经济增长的机制。例如，高昂的债务水平会严重削弱消费需求，中产阶级相比于富人的地位衰落会影响政府的执政质量，中产阶级的资金缺乏在解释他们为何无力创办企业时显得尤为重要，而极端的不平等又破坏了社会互信。收入停滞、债务激增和创纪录的不平等程度都会对经济增长产生影响，没有任何一个因素可以被忽略。

对于脑海中已经存在经济学模型的人来说，中产阶级的衰落可以被认为是通过生产（即供给侧）和消费（即需求侧）双重机制来损害经济的。疲软的中产阶级消费削弱了总需求量，与此同时，不断下降的社会互信以及人们无法利用自身人力资本的现实局限了经济的生产能力。政府对基础设施和教育的投资不足减少了国家的潜在产出，也在一定程度上解释了为什么在大衰退爆发后需求不足拖累了经济复苏。曾因其对经济增长的分析而荣获诺贝尔奖的罗伯特·索洛（Robert Solow）在 2013 年的一次演讲中解释说："无论从什么角度来看，一个高度不平等的社会都无法发挥出经济增长的全部潜能。"[64] 此外，由于中产阶级的衰落而引发的需求疲弱、政府执政质量下降、人与人之间互信不足和人力资本浪费等问题经常会相互影响。当政府政策维护华尔街的利益时，华尔街就会获准采取新型金融手段，这不仅给经济带来了巨大风险，还导致债务水平激增，让经济变得更加脆弱，削弱了消费者在大衰退爆发后的消费能力。美国的大学毕业率之所以陷入停滞，不仅因为中产阶级和穷人家庭在收入减少的情况下很难支付起高昂的学费，还因为在富人阶层日益增加的政治权力的影响下，政府对高等教育的投资严重不足。

越来越多的人开始认识到经济不平等是如何损害经济的，这也为政治变革奠定了基础。我们如今正处在美国经济政策发生剧变的时刻。

我们这个时代的辩论

在供给经济学主宰政治 30 年后，很明显它在很多方面都失败了，因此在面对中产阶级经济学的挑战时十分脆弱。供给经济学破坏了消费需求、鼓励了对华尔街放松监管，从而引起了 2007–2009 年的大衰退，这导致美国损失了 870 万个工作岗位，经济增长规模也减少了数万亿美元。[65]仅仅是大衰退本身就足以让我们放弃供给经济学。但即使排除掉大衰退及其后果的影响，在过去几十年涓滴经济学权势日隆之际，经济增长也要比再之前几十年慢得多。[66]即使是在供给经济政策实施过程中，我们也依然能发现，在乔治·W·布什总统为富人减税之后的经济增长比比尔·克林顿总统对富人加税之后要更为疲软。[67]

此外，涓滴经济学所谓的经济增长机制并没有像该理论预测的那样奏效。一系列研究显示，在涓滴政策实施后，储蓄、投资、就业和生产率并未相应提高。[68]在减税政策无法带来收益时，预算赤字就会开始飙升，这与涓滴政策支持者的说法截然相反。[69]

供给经济学的失败提供了一个契机，而在利用该契机方面，奥巴马总统迈出了重要的第一步，他在多次重要讲话中强调，“我国经济不是由上至下地增长的；它的增长动力来自中产阶级。”[70]重要的是，奥巴马总统用这一观点来直接挑战供给经济学的基础，指出“我们需要消除所谓经济增长与消除不平等这两大目标相互矛盾的迷思”。[71]奥巴马总统甚至开始解释中产阶级经济学的部分机制。例如，他指出了中产阶级消费需求对经济的重要性。[72]此外，还有许多拥有进步思想的州长和其他新兴政治领导人也开始发表类似的观点。[73]

这些讲话以前所未有的方式对供给经济学发起了挑战。

此前的批评主要是间接地攻击供给经济学，如强调减税会增加政府为至关重要的教育投资提供资金的难度，但并未直接挑战这种理论的基本前提，即富人创造就业，也没有为经济增长提出一种广泛的替代性理论。

然而，即使遭受了直接挑战，供给经济学理论也不会轻易消亡，因为它已经深深植入了民主、共和两党的思维模式之中。供给经济学不仅支配着共和党，许多著名独立人士和民主党人也认同它的逻辑。自 20 世纪 70 年代以来，针对富人的减税幅度比中产阶级要大得多，这不仅仅是共和党人的功劳，在很大程度上还因为民主党人也支持这些政策。[74] 当然，也有许多民主党人是反对这些政策的，但通常来说正是民主党人提供的关键支持才让这些提案变成了法律。[75] 例如，比尔 · 克林顿总统曾签署一项法案，降低资本利得税（capital gains tax），这显著降低了富人，尤其是超级富豪的税负，却对中产阶级影响甚微，当然他也提高了收入税，这是与正统涓滴经济学理论向左的。[76]

此外，涓滴经济学的逻辑还经常在一些著名非共和党政治家的演讲中出现。简单举几个例子：纽约州州长、民主党人安德鲁 · 科莫（Andrew Cuomo）曾说，对企业和个人减税是他的“核心”目标，他还在 2014 年宣布成立一个委员会来研究如何减税，这一举动也被视作他竞选连任的开端。[77] 在 2013 年，独立人士迈克尔 · 布隆伯格（Michael Bloomberg）

指出，增加纽约市内亿万富翁的数量将会是一场“福音”，尽管这样也会增加不平等程度，因为“富人会在商场和餐厅中消费大量金钱，并且构成我们经济的支柱”。[78] 参与竞选 2014 年马里兰州州长的民主党候选人道格拉斯 · 甘斯勒（Douglas Gansler）宣布，他计划削减对企业的税收，以促进经济增长。[79]

涓滴经济学的逻辑还在媒体中被无休止地反复提到，媒体经常将这种逻辑视为一种理所应当的事实。美国西方学院（Occidental College）政治学家彼得 · 德赖尔（Peter Dreier）与北艾奥瓦大学（University of Northern Iowa）信息学教授克里斯托弗 · 马丁（Christopher Martin）共同发表的最新研究指出，在 2009 年至 2011 年间，四大精英媒体机构，即美联社（AP）、《华尔街日报》（*Wall Street Journal*）、《纽约时报》（*New York Times*）和《华盛顿邮报》（*Washington Post*）经常在报道中以引述他人讲话的方式提到“就业杀手（job killer）”一词，或者不加出处地随意使用该词。[80] 在 90% 以上的案例中，媒体都没能为这些说法提供佐证，仅仅是简单地接受了供给经济学的教条。被描绘成“就业杀手”的主要是那些对企业或富人加税或者提高最低工资的提案。为了增加政府收入从而给学校和公路建设提供资金的提案，以及为了给工人增加收入而提出的提案遭到抹黑，这正是 30 多年来涓滴经济学横行所带来的结果。

因此，我们可以说，涓滴经济学的世界观影响了政府决策 30 多年。涓滴经济学不仅根深蒂固，而且自从大衰退爆发以来，供给经济学的支持者们还变本加厉地实施这一政策。这些支持者们也许口头上变得更加支持中产阶级，但他们的政策却变得更加极端。

曾在 2012 年与奥巴马一较高下的共和党总统候选人米特·罗姆尼在竞选中提出为富人减税，而且幅度远比乔治·W·布什总统实施的减税政策还要大。[81] 美国国会共和党议员 2013 年提交的预算案甚至提出了比罗姆尼幅度更大的减税计划。[82] 此外，许多分析显示，这些提高对富人减税幅度的联邦提案可能还会包括对中产阶级增税的内容。[83] 类似的，像北卡罗莱纳州（North Carolina）州长帕特·麦克罗里（Pat McCrory）、堪萨斯州（Kansas）州长萨姆·布朗巴克（Sam Brownback）、威斯康辛州（Wisconsin）州长斯科特·沃克（Scott Walker）和新泽西州（New Jersey）州长克里斯·克里斯蒂（Chris Christie）这样的共和党籍州长最近都提出了对企业和富人减税并且对中产阶级增税的政策。[84] 相反，过去符合供给经济政策的提案虽然通常是对富人大幅减税，但同时也会给几乎所有人都减税。[85]

供给经济政策的支持者在大衰退发生后变得更加教条主义并不令人特别意外。美国历史告诉我们，主流理论的支持者通常不会承认该理论的错误，反而会在越来越多证据显示他们的逻辑是错误的时候变得更加坚定。

19 世纪末到 20 世纪初的主流经济学思想被称作自由放任主义（laissez-faire）经济学。与供给经济学一样，自由放任主义的基础是这样一种思想，即高度不平等在道德上是正当的，在经济上是有益的。[86] 类似的，自由放任主义的支持者们也大力推动为富人减税并且减少对企业的监管。[87] 安德鲁·梅隆（Andrew Mellon）是一名富有的银行家，曾在多任共和党总统——从沃伦·哈丁（Warren Harding）到卡尔文·柯立芝（Calvin Coolidge）再到赫伯特·胡佛（Herbert Hoover）——任内出任财政部长，可以说代表了那个时代的主流思想。他曾指出，“高税率会不可避免地给纳税人带来压力，迫使他们从生产活动中撤出资金。”[88]

即使是 20 世纪大萧条期间经济的完全崩溃也没能改变自由放任主义支持者的思想。在 1929 年经济崩溃后，自由放任主义的支持者们继续推行他们所钟情的政策。梅隆说，大萧条是一个“从制度中清除腐烂成分”的良机，并且“消灭劳工、消灭存货、消灭农民”，进一步增强剩余富人的经济实力。[89]

1936 年，约翰·梅纳德·凯恩斯发展出一种新型经济学理论，这种理论解释了自由放任主义的优惠政策之所以适得其反，是因为低水平的消费需求造成经济被困在长期衰退之中。在进行了多年的政治辩论后，这种新型、有效的经济学理论才最终得到了广泛支持。[90]在二战结束后，凯恩斯主义牢牢站住脚跟，并且在一代人以上的时间里主导了美国经济政策的制定。从富兰克林·罗斯福总统（President Franklin Roosevelt）开始，一直到理查德·尼克松总统（President Richard Nixon），凯恩斯主义的统治地位都不可撼动。[91]

但在20世纪70年代,（主要因海外石油市场震荡引起的）高度通货膨胀与居高不下的失业率共同作用，为挑战凯恩斯主义经济学提供了契机。凯恩斯的追随者们对如何应对这些问题毫无准备，他们在就业充分时期推行的政府刺激政策造成通货膨胀问题不断恶化，这与凯恩斯提出的政府刺激措施只能在经济萧条时期采取，其他时期应当严格维持预算平衡的看法截然相反，因而丧失了自身的信誉。[92]到70年代末，随着经济日益恶化，供给经济学得到的政治支持越来越多，人们开始认为供给经济学似乎可以为经济提供一个更吸引人的解决方案。[93]在接下来的多年时间里，凯恩斯主义与供给经济学的支持者之间交锋不断，但随着罗纳德·里根当选总统并且将其经济目标交由国会审议通过，供给经济学最终取代了凯恩斯主义经济学，成为决策者的主导思想。

如今，挑战供给经济学的契机显然已经出现。但该理论仍然拥有巨大的政治影响力，这不仅仅是因为它拥有强大的支持者，根本上还因为尚未出现一个可以取代它的替代性理论。因为如果没有另一种对经济的不同理解，政治家们就不得不依靠已有的知识。现在有太多政治家仍在继续推动让经济困境不断恶化的供给经济政策，这与 20 世纪大萧条之后的情况如出一辙，当时的政治家们坚持推行自由放任主义政策，从而使经济进一步衰退。正如凯恩斯在 20 世纪 30 年代末解释的那样："那些认为自己不受任何思想影响的实干家们通常都是某些过时经济学家的奴隶。"[94] 思想，无论对错，通常都比既得利益更为强大。[95]

若要取代供给经济学理论，肯定不可避免要发生一番交锋。不仅如此，更多的还是需要理解为什么供给经济学这种理论未能奏效，为什么中产阶级经济学解释力更强。政治演讲是这一教育过程的重要组成部分，但它们无法表达出能够支持中产阶级经济学理论的丰富信息。

我们在这本书中对中产阶级经济学的理论基础进行了阐释。

一些重要著作已经突出强调了中产阶级经济学的构成元素，最突出的是解释了为什么一个强大的中产阶级对于维持充足需求是至关重要的，但中产阶级经济学理论的不同研究分支还没有得到充分探索。[96] 正如这本书所解释的那样，不仅不充分的消费需求导致企业减少雇员规模，而且中产阶级的衰落还导致了一系列其他问题，而这些问题在很长时间里一直没有得到关注。中产阶级的衰落正在破坏信任、恶化政府治理、限制人力资本开发，以上这些都在损害经济。此外，这本书还就极高的不平等程度如何损害美国经济提供了具体例证。中产阶级的疲弱导致安保人员和律师的比例急剧上升，企业日益关注短期效果，政府腐败程度激增，基础设施等公共产品的支出减少，而且美国在包括教育、健康、企业精神和流动性等一系列人力资本指标上逐渐落后于国际竞争对手，更别提大衰退期间的经济崩溃。除此以外，本书还解释了这些事实在政治上的重要性。

中产阶级经济学的主张以特定的时间和地点为基础，而且其观点是以现实而非抽象的理论为基础的。

涓滴经济学的捍卫者们经常提出普适的主张，即不管税率到底有多低，减税政策都有必要施行；无论不平等程度有多高，更高的不平等程度都是有利的。为了在辩论中一锤定音，他们有时会提出一种观点，那就是彻底的平等，即所有人都有同等的财富，会扼杀经济增长。2012 年共和党副总统候选人、现任国会众议院筹款委员会主席的保罗·莱恩（Paul Ryan）错误地强调，涓滴经济学的反对者“坚持要求结果平等”。[97]类似的，哈佛大学经济学家、前总统乔治·W·布什和共和党总统候选人米特·罗姆尼的首席经济顾问格雷格·曼丘（Greg Mankiw）在 2013 年发表的一篇题为《捍卫百分之一》（*Defending the One Percent*）的文章中开篇第一句就写道：“（中产阶级经济学）想象一个实现经济完美平等的社会”。[98]

当然，绝对平等会扼杀经济动力，从而减缓增长。就像在一个彻底的不平等社会中，一个人拥有全社会的所有财富也会减缓经济增长，因为没有人有钱买任何东西。一定程度的平等是好事，同样，一定程度的不平等也是好事。

但是，真正的问题是，现有极高的经济不平等程度是否在损害美国经济。答案绝对是肯定的。正如本书将会解释的那样，经济是一个由人、法律和文化组成的相互关联的系统，由于不平等水平极高、中产阶级衰落，这一系统的稳定性遭破坏。要想让经济正常运转，我们需要重建中产阶级，并且确保每个人都有成功的机会。

第 2 章

信 任

意大利南部小镇基亚罗蒙特（Chiaromonte）位于群山环绕之中，周边分布着农田、橄榄树、小型葡萄酒庄园和橡树林。那里气候宜人，夏天气温通常在华氏85度（约为29.4摄氏度）左右。冬天则保持在冰冻线之上。尽管这种气候条件完美得就像是明信片上的美景一般，但正如哈佛大学政治学家爱德华·班菲尔德（Edward Banfield）在其经典著作《落后社会的道德基础》（*The Moral Basis of a Backward Society*）中所解释的那样，那里的生活孤寂又荒凉。大多数居民十分贫穷，很难有机会改善境遇。雇工们时刻担心会被雇主欺骗。镇子上没有一家银行，也没有任何其他信贷渠道可以帮助农民购买肥料或者灌溉设备。农民们拒绝寻找未被使用的土地进行租种，尽管这么做可能带来高额利润，因为他们担心地主会用某种方式获取不公平的优势。

问题不在于法律的缺失。事实上，镇子上法律森严，连砍伐邻居的树木都要坐半年牢，警察也经常在镇子上巡逻执法。但法律和执法不足以克服那些阻碍人们一起做生意的障碍。

基亚罗蒙特的问题在于，那里的居民对彼此没有丝毫信任。他们既不信任别人，连他们自己也不值得别人信任。他们想的只有自己的短期利益，愿意为了改善自身境遇做任何事，并且先入为主地认为其他人也会这么做。班菲尔德解释说，当地居民无法联合起来实现“任何超出核心家庭直接物质利益的结果”。[1]

之所以说信任是强大经济的必要基础，是因为它让人们得以开展合作。尽管从任何角度来看美国都跟基亚罗蒙特相距甚远，但在过去几十年里，人与人之间的信任已经出现了严重下滑，这在很大程度上是因为经济的不平等程度急剧上升。[2]高度的经济不平等增加了人与人之间的社会疏离感，这让人们越来越难以相信其他人与自己有着共同的经历与价值观，而这些正是信任的基础。[3]

随着人们的收入差距越来越大，不同阶层的人越来越倾向于在不同的社区居住、在不同的商店购物、开不同的车、把孩子送到不同的学校、用不同的方式度假，并且对工作保持不同的态度、操心不同的事情、过着不同的生活。他们不像过去收入水平较为相近之时那样在许多层面上与他人保持交往，相反，最重要的是，他们认为其他人与自己是不同的。正如世界银行经济学家菲利普·基弗（Philip Keefer）与斯蒂芬·纳克（Stephen Knack）解释的那样，“当社会疏离感增加时……对其他人内在可信度的信心就会减弱。”[4]

美国信任水平的下降对经济产生了巨大的负面影响。这是因为几乎每一笔经济交易都需要包含一定程度的信任。雇主必须相信自己的工人会努力工作，而工人则必须相信雇主不会占他们的便宜。消费者需要相信生产商会提供合格的产品，生产商必须相信消费者会为自己的订单付款，供应商也会按需提供零部件。反过来，供应商也必须相信生产商会在月底结清账单，并且不会窃取他们的知识产权。为生产商提供贷款的银行必须相信这家公司会偿还这些贷款。投资人也必须相信他们所雇佣的经理人会按照公司的最大利益行事。

如果担心对方不信守承诺的话，这些交易的参与者可以采取行动保护自己，但这么做代价高昂。例如，一场诉讼给消费者带来的成本可能远高于他们所购买商品的价值。即使交易涉及大量资金，如银行贷款，诉讼仍然成本高昂，有时甚至会让人望而生畏。如果不诉诸法律的话，参与者可以紧密监视另一方的行动，寻找任何破坏协议的迹象。他们也可以尝试撰写一份滴水不漏的合约，将所有可能的意外情况都考虑在内。但是，正如诺贝尔经济学奖获得者奥利弗·威廉森（Oliver Williamson）所指出的，要想在一份合约中涵盖所有重要问题完全不可能，因为总有一些没有考虑周全的事情会出现。[5]

所有这些行为，如监视以及撰写合约，都需要耗费时间和金钱。[6]此外，它们甚至还会导致相反的结果，因为参与者只会采取可以获得奖励或者在合约中写明的行动，其他重要行为会被忽略。最糟糕的可能是，信任缺失会让某些交易的成本变得极为高昂，以至于这些交易根本不会发生。

经济学家将这种成本称作交易成本。交易成本有点像机器零件中的沙砾：沙砾会让机器运行变慢，让它无法以最高效率运行，甚至有可能完全阻塞零件，让机器停摆。

几乎所有经济活动中都存在交易成本。寻找可靠商品、讨价还价、确保对方履行承诺，这些都需要耗费时间和金钱。因此，减少交易成本可以带来很大的经济利益。[7]

律师这一行业为现实中的交易成本提供了很好的注解。当律师可以为企业和个人提供至关重要的服务时，他们的工作本质上就代表了交易成本。律师开销对于完成某个特定行为，如收购一家企业来说是必不可少的，但律师所起的作用并不能给这笔交易带来额外的价值。丝毫不令人意外的是，随着美国信任水平降低，对律师的使用也出现了激增。

信任可以减少交易成本，从而降低做生意的成本，并且让经济变得更加高效。信任甚至有助于促进创新，主要是通过缓解人们的担忧，让他们不再担心自己一旦冒险尝试新事物，就会被别人占便宜。信任之所以能实现这一点，是因为信任就像是一种社会润滑剂，可以帮助人们在一起做生意。正如《华尔街日报》上刊登的一篇有关信任重要性的专栏文章所说："除非你认为某个人会信守承诺，否则你不会把钱交给他，也不会对他许下承诺。"[8]因此，诚信文化给经济的良好运行提供了至关重要的基础。

遗憾的是，经济运行的日益法制化仅仅是信任水平下降导致成本显著增加的开始。本章的余下内容将展示，由于信任水平下降，保安人员在美国劳动力大军中的比例翻了近一番，股东和首席执行官们也越来越注重短期利益。但在举出具体案例前，本章首先将探讨一些有关信任的基本概念。首先，我们将详细解释究竟什么是信任，为什么经济学家通常会忽略它。随后，本章还将揭示出，信任水平已经出现下降，其原因正是不平等程度的上升。

什么是信任，它来自哪里？

信任可能乍看上去似乎是一个略为模糊的概念，但实际上就这一问题已经有了大量研究。信任有很多种，如家庭成员之间的信任。但对经济产生最直接影响的是陌生人之间的信任，而基亚罗蒙特所缺少的正是这种信任。对社会中其他人的信任有助于人们在亲友圈以外开展合作，并且使积极的经济互动成为可能（信任还在改善政府治理水平方面发挥巨大作用，这也会影响经济，这部分内容将在第三章中讨论）。

学者们将信任描述为这样一种理念，即社会中的大多数其他人在大部分情况下都会做正确的事，行为可靠而正直。正如斯坦福大学政治经济学家弗朗西斯·福山（Francis Fukuyama）所说，信任“是一种在遵守规则、诚实守信、善于合作的共同体中产生的预期”。[9]

一些经济学家认为，人类的行为完全取决于个人利益，对于他们来说，信任的存在让人困惑。如果人们认为自己可以逃脱制裁的话，为什么不采取欺骗手段呢？为什么人们会让自己处在一个弱势的位置，相信一个陌生人会公平处事？换句话说，为什么不是每个人都像基亚罗蒙特的居民那样行事呢？

一部分答案来自一个通常被称作博弈论（game theory）的经济学分支，该理论显示，人们会以长远眼光看待自己的个人利益，并且与他人开展合作。在一个人与人之间反复互动的关系中，人们通常会意识到，只有与他人合作，才能最大化地实现自己的长期利益。但是，即使是经济学家对人类行为提出的这种更为深刻的看法，也经常忽视一些至关重要的方面。当然，正如经典经济学模型坚称的那样，人类有时的确是自私的。但我们也有其他动因，而这些动因是信任得以发展的重要条件。此外，在某些条件下，信任更有可能发展，但大多数经济学理论很少涉及究竟是何种深层次的社会条件让人们更容易相信他人。

信任之所以能够存在，是因为人们能够接收到社交信号并采取互惠行为。[10] 当人们被公平对待时，他们通常也会以同样的方式回应；当他们被恶劣对待时则会予以反击。我们的内在行为方式让信任得以发展。

研究进化论的学者们认为，对社会整体来说，互惠行为是一种成功的适应手段。[11] 当人们采取互惠行为时，他们就可以相互协作，而能够实现协作的社会拥有较强的生存优势。这种生存优势在人类长期的进化史上不断重复，从而将互惠基因嵌入了人类行为之中。加利福尼亚大学戴维斯分校的彼得·里彻森（Peter Richerson）和亚利桑那州立大学的罗伯特·博伊德（Robert Boyd）强调说，进化演变过程让人类成了“有条件的合作者（contingent cooperator）”。[12] 也就是说，互惠不仅仅是注重个人利益的个体在博弈中采取的成功策略；它还让人类能够在竞争中胜过其他物种，这种互惠理念也深深地烙印在人类行为之中。

里彻森和博伊德的观点值得详细引述，因为他们精准地阐释了进化的力量是如何创造条件，让信任得以不断生长的。他们指出，人类虽然是自私的，但仍然对互惠行为有着强烈的偏好：“人类发展出了一种融合了强烈的合作倾向的社会心理，这种合作倾向源于对文化演变的集体选择；同时，人类的社会心理还包含同样强烈的自私成分，而这来自更为原始的本能倾向……我们都是有条件的合作者。很少有人会在其他人不参与合作时继续选择合作。合作的有效性不仅仅是我们的社会心理的产物；社会心理也创造了一种进化的力量，建立了道德和规则的文化体系，这反过来让像做生意这样复杂的合作体系成为可能。”人类对于互惠行为的偏好建立了社会规范和价值观。互惠行为鼓励人们相信其他人与自己一样，拥有类似的价值观、行为方式和道德准则。因此，信任取决于道德，而道德是由人类的互惠本质产生的。[13]

以德报德当然能够建立信任。但要想建立一个由互惠行为主导的诚信文化，人们还需要愿意惩罚那些违反诚信原则的人，对违反诚信的做法要以惩罚相回应，即使这么做不符合人们的利益，因为这需要付出时间或金钱成本。因此，自我利益本身不足以创造一个诚信的环境。没有惩罚措施，破坏规则的人就会获得巨大优势，越来越多的人也将效仿，这种情况会让信任他人变得没有任何意义。

互惠行为随处可见，以德报德、以直报怨的事情每天都在发生。[14]企业在进行市场营销时十分清楚人类的互惠倾向，经常会为顾客提供免费试用产品，或者送出小礼品以鼓励人们购买，因为他们知道人们会感觉不得不做出互惠的行为。如果人们只按照自我利益来行动的话，那么这些引导手段不会那么奏效的。

经济学家恩斯特·费尔（Ernst Fehr）和西蒙·格赫特（Simon Gachter）强调，人类的行为更多地是基于互惠原则，而不是纯粹的自我利益，他们对一系列实验性研究进行分析后发现，依照互惠原则采取行动的实验对象的数量是那些采取完全自私行动的实验对象的两倍。[15]费尔和格赫特提到的最为关键的一个实验在许多国家重复了多达数百次，该实验是一个博弈游戏，需要两个实验对象就如何分割一笔钱达成一致。第一个人可以提出分割方法，第二个人可以选择接受或者拒绝。如果第一个人的提议被拒绝，那么任何一方都无法得到任何金钱。如果人类是完全自利的，那么第二个人只要能平白无故获得金钱，就应当接受任何提议，无论分割方式多么不公平。但在这些实验中，人们通常会选择拒绝那些他们认为不公平的提议。这是因为人们是互惠的：他们愿意违背自身的利益去惩罚提议进行不公平分配的对手。

其他类型的实验发现，人们经常会选择信任他人并且以德报德。在一个普通的实验性“投资”游戏里，一个人可以获得一笔钱，并且有机会把部分金钱给予一名伙伴（通常来说两人并不认识）。[16]按照游戏规则，给予伙伴的金额会自动增加一倍或者两倍，随后伙伴可以将这笔钱的任何一部分还给第一个人。

第一个人是否给第二个人钱，这被认为是信任的标志；而第二个人是否还钱，则被认为体现了他是否值得被信赖。这个实验的想法是，双方如果合作就可以共赢，但实验对象也可以采取自私行为，把钱全都留给自己，这样也能实现自身利益最大化。这种类型的研究在多个不同的环境下重复了很多次，资金数量有多有少。研究人员发现，人们经常选择把金钱给予自己的伙伴，而伙伴通常也会把很大一部分钱还给前者。

重要的是，费尔和格赫特所考察的实验经常涉及陌生人在单次互动中的表现，这些实验对象此前素不相识，只能通过观察来了解其他实验对象的行为，这意味着对互惠行为产生影响的并非直接的个人关系，人们在这种关系中可能会期待获得某种个人利益，甚至也不是对于自我利益的长远期待；相反，互惠是人类的一种普遍倾向。

由于人们倾向于采取正向和反向的互惠行为，即以德报德、以直报怨，因此信任可以在一些社会中成长。诚信行为可以滋养信任成长，随着人们彼此之间的互惠行为增多，良性循环得以形成。然而，并非在所有社会里信任都以同等速度成长。

这是因为经济不平等会破坏信任的基础，将良性循环变成恶性循环，即不诚信的行为导致信任越来越少。当然，信任水平取决于很多因素，从个人经验和社会背景到国家法制体系的完善程度和民族同质化水平，但不平等是最为至关重要的一个因素。正如马里兰大学政治学家埃里克·尤斯兰纳（Eric Uslaner）所说，不平等是决定社会信任水平的最重要因素。[17]

不平等如何破坏信任

不平等在很多方面削弱了信任的基础。最为根本的是，经济不平等加剧了社会割裂，减少了人们共有的价值观和生活经验。[18] 如果人们认为彼此之间的相似之处越多，他们就越容易开展互动，也就越容易在互惠而不是纯粹的自我利益的基础上采取行动并且信任彼此。[19] 当人们的经济处境相近时，他们会认为其他人也像他们一样，因而以信任为准则采取行动。但经济不平等会让社会发生割裂，减少人们的互信程度，同时也让他们变得不再诚信，从而产生了信任程度越来越低的恶性循环。

无论来自哪个阶层，人们的态度和行为都会受到社会割裂的影响，但这种影响在上层人士的行为中体现得最为明显，他们拥有的众多经济资源使他们独立于社会其他阶层之外。加利福尼亚大学社会心理学家保罗·皮夫（Paul Piff）与同事共同进行的一项研究显示，“上层阶级拥有更多的资源和自由度，独立于其他人之外，这使他们拥有一种过度关注自我的社会认知倾向。”这项研究还发现，富人有更大的可能性在谈判中撒谎、为赢得奖励而作弊，或者支持在工作中采取不道德的行为。[20]

要想看清不平等对信任的损害，最好的办法之一是通过实验，例如上文中提到的投资游戏。在这个游戏中，参与者可以获得一定金钱，并且有机会将部分金钱给予他们的伙伴（通常是陌生人），后者还可以返还部分金钱。在一项尤为重要的研究中，研究人员让经济不平等程度成为一个变量，以检验其对信任的影响。在研究中，参与者被分为3组：第一组人收入平均；第二组人收入差别显著，但参与者并不清楚这些差别；第三组人收入差别也显著，而且他们知道这些差别。研究人员发现，经济不平等程度较高的两组参与者在游戏中表现得更为自私，给予对方的金钱较少。研究报告作者解释说："不平等程度，尤其是在双方都心知肚明的情况下会对信任产生破坏。"[21]

我们还可以通过一些更具现实意义的实验看到不平等程度对信任和诚信的影响，例如，把一个钱夹丢在地上，看看别人是否会将它归还。在钱夹归还比例较高的地方，人们的诚信水平也越高，也就更愿意信任别人。研究者在欧洲和美国的数十个城市都进行过这种类型的实验，实验中使用的钱夹内装有价值50美元的钞票。[22]在经济平等程度相对较高的国家，例如挪威和丹麦，100%的钱夹都被归还了。而在经济不平等程度最高的美国，只有大约三分之二的钱夹被归还，这一比例与英国相类似，而英国的不平等程度与美国几乎一样高。[23]对现实世界的观察尽管并非实验的一部分，但也能证明不平等程度与信任水平低有关。例如，在考试中作弊的行为在美国经济不平等程度较高的州出现的频率可能更高。[24]

但大多数对信任的研究主要是通过调查问卷来衡量其程度的，如询问受访者他们认为大多数人是否值得信赖，以及逃税或者在与路边停靠的车辆发生事故后隐瞒不报的行为是否合适。这些研究随后利用高级数据分析方法来控制其他影响信任程度的因素，例如总体收入和教育水平，以及种族和民族多样性等。在进行国家间以及美国各州之间的对比时，这些研究无一例外地发现，经济不平等与信任水平低紧密相关。[25]

例如，民调显示，在美国那些中产阶级相对较为强大的州，如明尼苏达州和北达科他州，认为大多数人值得信赖的受访者占居民总人数的比例比不平等程度较高的州，如肯塔基州和阿肯色州要高出一倍。[26]民调还显示，在经济较为平等的斯堪的纳维亚国家，即挪威、瑞典和丹麦三国，人们所表现出的信任水平是世界上最高的，而美国的排名不仅比这三国低，还比其他富裕但更为平等的国家要低，例如澳大利亚、荷兰和德国。[27]

此外，历史趋势也显示不平等程度会影响一个社会的信任水平。[28]随着过去几十年美国中产阶级衰落、不平等程度上升，信任水平出现显著下滑。在2012年，只有32%的美国人认为大多数人值得信赖，而1973年的这一数字高达47%。[29]类似的，英国的信任水平在这段时期也发生大幅下滑，因为该国的不平等程度增速与美国几乎持平。相反，在不平等程度几乎保持不变，或者增长幅度不甚明显的国家，如瑞典、丹麦、奥地利和德国，信任水平保持稳定，在某些情况下甚至有所上升。[30]如果我们进一步回顾比20世纪70年代初更为久远的时代，这么做很困难，因为当时几乎没有有关信任水平的民调数据，但仍然有证据显示，经济平等与信任水平是正相关的。在可能是20世纪60年代唯一的一次多国信任水平民调中，美国的排名比其他四个国家英国、德国、墨西哥和意大利都要高，因为当时的美国更为平等。[31]再向前追溯的话，就没有任何公共民意调查了。亚力克西·德·托克维尔（Alexis de Toqueville）在19世纪初对美国进行了研究，令他印象深刻的是，美国经济的相对平等帮助人们建立信任，从而使他们能够合作实现更大的共同目标，这在他的祖国法国是十分罕见的，因为法国的不平等程度要高得多。[32]

当然，美国信任水平和不平等程度之间的关系并不像这些结果显示的那么简单。对不平等的认知以及实际的不平等程度会产生重要影响。[33]信任与不平等还有可能产生相互作用：不仅是不平等导致信任水平降低，而且较低的信任水平还会使不平等程度进一步恶化。如果没有互信，处在社会经济底层的人就更有可能被边缘化，无法参与到经济活动中来，从而进一步增加不平等程度。

此外，不平等程度也并非造成信任水平下降的唯一原因。过去几十年里，美国的种族和民族多样性出现了急剧增加，这在很大程度上是由移民引起的，这一因素也必须考虑在内。不断增加的种族和民族多样性让人们越来越容易产生一种想法，即其他人和自己不一样，因而不值得信赖，而多项研究显示，这一点对于信任水平的下降至关重要。[34]但这些研究不仅发现不平等程度和民族多样性是影响信任水平的重要因素，它们还发现，不断增加的民族多样性通常是通过它与经济不平等的相互作用影响信任水平的。丹麦奥尔堡大学（Aalborg University）政治学教授克里斯蒂安·拉森（Christian Larsen）解释说，民族多样性本身并没有很大影响；相反，“民族隔离与经济不平等之间的相互作用降低了信任水平”。[35]

如果更加细致地观察实际趋势，我们会发现，美国民族多样性增加本身无法解释信任水平的下降，经济不平等程度在其中发挥了关键作用。在20世纪70年代初，美国是发达世界中民族多样性最高的国家之一，但按照国际标准来看，美国的信任水平仍然非常高。[36]此外，许多其他国家也在过去几十年里经历了种族和民族多样性增加的阶段，但并不是所有国家都发生信任水平下降。信任水平下降最明显的国家是那些不平等程度激增的国家。例如，在过去几十年里，美英两国都变得更加多元，与此同时，经济不平等程度也不断上升，信任水平下降。但是，丹麦和瑞典的移民增加速度至少与美国和英国大体相当，却并未经历类似的信任水平下降。在过去 30 年里，移民占丹麦人口的比例增加了 2 倍以上，瑞典的人口变化也非常巨大。[37] 如今，瑞典公民中出生地在国外的比例比美国还要高。[38] 如果种族和民族多样性是影响信任水平的关键因素的话，那么这么剧烈的人口变化应当导致信任水平急剧下降。但由于丹麦和瑞典的经济平等程度保持较高水平，信任水平也同样如此。[39]

因此，尽管不断增加的民族多样性可以解释过去几十年美国信任水平下降的某些方面，但正如民调和实验结果显示的那样，经济不平等才是关键因素。经济不平等，无论是其本身还是通过与不断增加的民族多样性的相互作用，导致了社会割裂，让其他人变得似乎不再值得信赖。

信任对经济的重要性

信任对经济的重要性得到了经济学史上最负盛名的一些思想家的认可。19 世纪最富权威的政治经济学家约翰·斯图尔特·密尔在 1848 年出版的《政治经济学原理》（*Principles of Political Economy*）一书中强调："人类相互信任带来的优势可以渗透进生活的每个角落和缝隙之中：经济或许只是这其中最小的一部分，但即便如此，它也是不可估量的。”[40]类似的，1972年诺贝尔经济学奖得主肯尼思·阿罗（Kenneth Arrow）曾写道，信任缺失可以很好地解释“为什么世界上很多地方经济仍然落后”。[41]

遗憾的是，在过去几十年里，这些观点在很大程度上被经济学家们所忽视了。相反，经济学家们重视的是以自私个体采取“理性”行动为基础的经济学模型，这些模型忽视了社会对个体行为的影响，也未能准确理解人类本性。针对这一主题的一篇评论写到，以信任为代表的文化议题“逐渐边缘化，甚至从经济学思想中完全消失”。[42]正如信任水平在美国大幅下滑一样，作为经济增长重要基础的它也被许多经济学家，更不用说许多政治家所忽视。

幸运的是，近年来，越来越多的经济学家，也包括政治学在内的许多其他学科的学者，开始着重衡量信任对经济的重要性。他们的研究发现，信任水平对经济有着重要影响。

对个体行为的研究显示，在信任水平高的地区居住的人更有可能采取在经济上有益的行为，例如偿付债务、将积蓄投资到股市中而不是以现金形式保存，以及使用更为高效的正规银行服务，而非民间借贷。[43]对工友和主管给予信赖的工人更有可能采取对公司有利的合作行为，例如更加勤奋地工作。[44]还有许多研究发现，信任水平较高的公司在经济上也更为成功，生产率、盈利能力和股票回报率也更高。[45] 在对有关企业和家庭信任程度的 21 项不同学术研究进行审视后，我们可以发现，这些研究“毫不含糊”地揭示出信任能够改善经济运行状况。[46]

对不同国家的经济增长进行的比较研究也发现信任是至关重要的。例如，世界银行经济学家菲利普·基弗和斯蒂芬·纳克比较了许多国家的经济增长，他们的研究显示，拥有较高信任水平的国家通常有着更高的经济增长率，即使在排除了影响经济增长的其他因素，如教育和基础收入水平后也是如此。他们指出，“信任水平对经济增长的重要性最终证明堪比初等教育”。[47] 教育通常被经济学家们视为影响经济增长的最重要因素，这将在第 5 章中详细讨论。因此，像这样的结果意味着，信任有着巨大的重要性。[48] 尽管不是每一项研究都认为信任对经济的重要性与教育同等重要，但即使是对这些国家间比较研究持批评态度的评论也倾向于认为信任会巩固经济增长。[49]

值得指出的是，认为信任水平有着很大影响的大多数国家间比较研究都既包含了富国也包含了发展中国家，因此，尽管研究人员竭力避免，但他们可能仅仅是因为发达国家和发展中国家的其他差别才得出这一研究结果的。然而，事实上这种可能性并不存在，因为有一些研究关注的仅仅是富国或者富国所在的地区，而它们也同样得出了信任水平促进经济增长的结论。[50]此外，只着眼于美国的研究也得出了同样的结论。在对美国各州和各县的研究中，拥有较高信任水平的地区通常都有着更强劲的经济增速。[51]一项对过去100年里美国经济增长的研究发现，信任水平的变化可以“在相当程度上”解释经济增长的变化。[52]我们针对企业和个人的研究很大一部分是在发达国家进行的，它们均表明信任水平对经济十分重要。

信任水平低是如何损害美国经济的

尽管这些研究结果有力地证明信任水平下降损害了美国经济，但仍然值得进一步深究，需要找到一些特定的细节来解释这一问题。如果没有一些坚实的例证，信任及其与经济之间的关系总会显得有些模糊。尽管某些特定的经济损失很难归咎于信任水平下降这样的宏观社会变化，但仍然可以找到一些因过去几十年信任水平急剧下降而引发经济损失的有力例证。本章序言中曾经提到，近几十年来对律师的使用日益频繁，这可以直观地解释信任水平下降是如何损害经济的。律师是一种交易成本：最重要的是，他们无法提高经济生产率或者增加社会总财富；他们所做的仅仅是确保规则得以遵守。[53]通过这种方式，律师们的工作也许的确很重要，但正是这种工作增加了做生意的成本。在律师身上耗费的资金意味着在其他更具生产效率的交易上投入的资金就减少了。有时，律师的存在甚至会扼杀某些原本应该发生的商业交易。例如，雇佣律师的成本会阻碍某些协议的签订。更糟糕的是，律师的工作有时并不出色。例如，毫无意义的诉讼会带来成本，而对这些诉讼的担心可能会导致商业机会减少。

如果经济参与者彼此信赖的话，对律师的需求就会减少。在社会上存在某种程度的信任时，人们会减少用来监视其他人行为的时间和金钱，也就用不着花大力气保护自己不被他人占便宜了。人们会感到其他大多数人，即便相互之间并不认识，都会信守自己的承诺。事实上，威斯康辛大学（University of Wisconsin）法学教授斯图尔特·麦考利（Stewart Macaulay）在 20 世纪 60 年代——当时社会上的信任水平仍然相对较高——对商业关系进行的一项研究发现，律师们经常抱怨说，企业太容易轻信别人，经常在没有签署正式合同的情况下进行交易。[54] 麦考利对企业运营的研究显示，60 年代的律师经常抱怨说，他们“厌烦了总是听到‘我们可以信任老麦克斯’这样的话。”

但是，当人们不再相信其他人会采取互惠行为并履行义务时，他们就有可能雇佣更多的律师。一旦人们不再相互信赖，对律师的使用就会几乎无止境地增长。各方都感到需要保护自己，防止对方利用规则自利——一旦一方雇佣律师，那么除非另一方也雇佣律师，否则就将处于不利境地。普林斯顿大学经济学家奥利·阿申费尔特（Orley Ashenfelter）与来自哈佛大学的戴维·布鲁姆（David Bloom）和来自加利福尼亚大学圣地亚哥分校（UC San Diego）的戈登·达尔（Gordon Dahl）共同研究了一些仲裁案例，他们在研究中强调，“对律师的使用变得几乎无一例外，尽管如果双方都同意不雇佣律师的话成本会更低，而且似乎也不会改变仲裁结果。”[55]

毫不意外的是，随着过去几十年信任水平下降，律师的数量出现激增。1970年时，每一万名劳动者中有48名律师。[56]到2012年，每一万名劳动者中有了94名律师，这意味着律师占劳动人口的比例翻了近一番。

近几十年，美国经济中制造业岗位越来越少，服务业和专业技能岗位越来越多，但律师行业的崛起却分外显眼。[57]律师占劳动人口的比例在过去40年里翻了一番，这极大地改变了过去该行业的发展趋势，与许多其他职业的发展轨迹也大不相同。哈佛大学政治学家罗伯特·帕特南（Robert Putnam）指出，从20世纪初开始，律师行业在经济中的比例一直“保持稳定”，但“随着信任水平和社会资本开始下降”，律师的比例也开始增加。[58]相反，像医生、飞行员和工程师这样的职业却没有出现如此的增长，工程师占劳动人口的比例反而还出现下降。[59]帕特南解释说，“每万人中律师数量的增加并非简单地反映了美国专业技术人员的普遍增加；这种现象仅限于律师。”

需要指出的是，除了社会信任水平下降外，还有许多其他可能的原因导致律师人数增加，例如政府监管措施变化、国际贸易的发展、城市化和日益增加的民族和种族多样性。[60]以上这些解释都有一些道理，也都能解释这一趋势的一部分。但这些替代性解释都有着巨大的漏洞，有力地证明了信任水平下降是一个重要因素。

从70年代起，政府的监管就扩张到了新的领域，例如环境保护，这催生了更多对律师的需求。[61]然而，在其他一些时候，当政府把手伸到新领域时，如20世纪60年代的医疗保障领域，联邦医疗保险制度（Medicare）和公共医疗补助制度（Medicaid）就是在当时建立的，律师占劳动人口的比例并未发生变化。[62]类似的，国际贸易的增长催生了对于理解不同国家法律规定的更大需求，这也有可能刺激了对律师的需求。[63]然而，数据显示，其他一些全球贸易增长幅度与美国相类似的国家并未出现律师占比的大幅增加。国家间的比较非常复杂，因为可供使用的数据并不丰富，而且各国对法律从业者的分类也千差万别，但数据显示，在1985年前后，美国律师占总人口的比例大约是发达国家的平均水平，但到了21世纪头10年，美国的比例就遥遥领先其他发达国家了。[64]这些趋势显示出，贸易并非产生影响的唯一因素，美国的某种特质才是主要因素。

类似的，日益提高的城市化水平让人们的接触越来越紧密，这有可能增加对律师的需求。但是，即使是在城市地区，不平等程度更高的城市也会有更多律师。[65]例如，在像迈阿密（Miami）和新奥尔良（New Orleans）这样的城市里，律师占劳动人口的比重就要比波特兰（Portland）和印第安纳波利斯（Indianapolis）这样经济较为平等的城市要高。[66]

美国不断增加的种族和民族多样性导致发生冲突的可能性也不断上升，并且很可能增加了由律师在不同群体之间解决问题的需求。日益增加的多样性的确是一部分原因，至少比其他几个替代性解释更具说服力，但数据并不支持它是唯一原因的说法。例如，在美国新墨西哥（New Mexico）、夏威夷（Hawaii）和亚利桑那（Arizona）等州，非白人居民的比例很高，最近几十年也经历了多样性的急剧增加，但律师占劳动人口的比例并不非常高。[67]相反，在佛蒙特（Vermont）这样人口构成较为单一的州，律师的比例却相对较高。

不仅仅是统计数据让这些替代性解释的说服力遭受质疑，这些解释背后的逻辑也禁不起仔细推敲。人口、贸易和政府监管发生的变化不会自动导致人们雇佣如此多的律师。如果人们相互信赖的话，他们可以用一些与法律无关的方式应对这些变化，至少在一定程度上是这样。正如哈佛大学法学教授罗伯特·克拉克（Robert Clark）所解释的那样，要想解释为什么律师在劳动人口中的比例增加，一个完整的答案需要解释为什么“除法律以外的其他秩序来源，如家庭、非正式社交群体、市场力量和宗教等，无法满足这种需求”。[68]信任水平的下降就提供了这样的一种解释，比其他替代性解释更有说服力。

律师占劳动人口比例的增加极大地损害了美国经济。我们可以通过一种方法去理解这种成本，如果律师占劳动人口的比例与1970年一样的话，现在的律师总人数将减少61.4万人。律师的年薪约为13万美元，这意味着额外增加的这些律师每年给经济带来大约800亿美元的损失。[69]

这可是一大笔钱。它不仅仅是做生意的额外成本，而且这笔钱原本可以另作他用。例如，它相当于美国公司每年研发资金的四分之一。[70]它还可以用来雇佣其他能够提高经济生产率的劳动者，如科学家和工程师等。有些研究甚至认为，工程师与律师之间的人数比是一个国家整体经济增长率的重要决定因素。[71]换句话说，雇佣额外律师的机会成本非常高，因为这些熟练劳动者如果从事其他职业的话能够对经济起到促进作用。

律师不仅会在按部就班地完成计划中的交易时带来额外成本；他们有时还会采取行动，对经济生产活动构成直接阻碍，如“专利流氓（patent trolling）”，他们就所谓的专利侵权行为起诉相关企业，随后通过谈判索取报酬或者其他补偿方案。尽管专利流氓已经存在了数十年，但研究显示，这种行为近年来大幅增加。[72]

正如近年来律师占劳动人口比例激增一样，私人保安的比例也同样出现大幅增加，他们主要负责保卫办公楼和商场，或者从事其他安全工作。[73] 从 1970 年到 2012 年，保安占劳动人口的比例增加了 73%。[74] 这一增幅比卡车司机、餐厅服务员和理发师等其他职业的增幅都要大。[75] 在过去 40 年里，保安的增加速度比服务行业的平均水平要高得多。[76]

遗憾的是，与律师一样，私人保安在很大程度上也是一种交易成本。他们不会增加办公楼的生产效率，仅仅是大楼管理人员为了吸引客户租赁而付出的必要开销。

我们可以用几种方式来理解额外的保安带来的成本。首先，我们需要耗费额外的资金来雇佣保安：如果保安占劳动人口的比例与 1970 年一样的话，那么我们为雇佣私人保安而额外支付的 89 亿美元就可以用于其他更具经济效益的用途。[77] 其次还有间接成本，例如，为递送包裹而额外耗费的时间，因为快递员必须经由保安放行，尽管这些额外时间对单个包裹来说非常微不足道，但如果乘以数以百万计的包裹，那就非常可观了。此外，还有为培训保安而消耗的资源。类似的，人们用来培训保安的技能和时间原本可以被用来从事更具生产效率的活动。

保安的增加至少有一部分是源于美国信任水平的下降。随着人们渐渐失去对他人的信任，他们感受到一种额外的需求，即由保安来确保其他人行为妥当。尽管其他因素也产生了影响，但不足以完全解释这些趋势。20 世纪 60 年代至 70 年代犯罪率上升几乎肯定在某种程度上导致了私人保安数量的增加。但近年来犯罪率已有所下降。美国联邦调查局（Federal Bureau of Investigation）的犯罪数据显示，财产犯罪如盗窃在 1960 年至 1980 年间急剧增加，但在此之后就开始减少，如今已经恢复到了 20 世纪 60 年代中期的水平。[78] 暴力犯罪率也呈现类似的轨迹。然而，即使犯罪率下降，保安占劳动人口的比例仍然在八九十年代和 21 世纪前十年居高不下。类似的，不断增加的民族多样性也有可能增加人们对他人的恐惧，导致保安人数的增加。多样性的确很重要，但仍然不能提供完整解释。在阿拉斯加（Alaska）和北卡罗莱纳（North Carolina）这种多样性程度较高的州，保安所占比例相对却较低，而像西弗吉尼亚（West Virginia）和宾夕法尼亚（Pennsylvania）这种民族构成较为单一的州，它们的私人保安占劳动人口的比例却较高。[79]

不断增加的犯罪率、种族和民族多样性，以及不断下降的信任水平都导致了保安人数的急剧增加。对美国城市私人和公共部门安保力量规模决定因素的研究发现，犯罪率、种族和民族多样性以及经济不平等程度都对安保从业人员占劳动人口的比重存在独立的影响。[80] 对美国和其他富裕国家的比较研究也得出了类似的结论。[81] 此外，许多研究都发现，与其他因素相比，不平等程度与安保人员的规模联系更加紧密。所有这些都有力地证明，信任水平下降很可能是导致保安占劳动人口比例急剧增加的重要原因。[82]

信任水平下降给经济造成的最重大损失很可能是改变了上市公司的运营方式：他们越来越注重短期效益而不是长期效益。信任水平低之所以会造成企业的短视，主要是因为它会导致投资者与企业管理者之间的监督问题发生事与愿违的变化。[83]投资者控制董事会，并通过这种权力决定对首席执行官的任命。[84]但投资者无法监督首席执行官采取的所有行动和努力。此外，对首席执行官最有利的事情不一定对投资者最有利。投资者和首席执行官都希望增加企业的利润，但投资者的主要经济目标是以最小的风险实现最高的资本回报率，而首席执行官的主要经济目标是为自己挣钱，主要是通过提高工资水平，并且确保不丢饭碗。经济学家将这种利益和信息的差别称作委托代理问题（principal-agent problem）。

当人们信守承诺并且得到信赖时，委托代理问题就会变得微不足道。问题仍然存在，但重要性会减弱，因为人们倾向于采取适当的行为。此外，信任也可以帮助人们找到更高效地解决委托代理问题的办法。[85]例如，当信任水平较高时，雇主和雇员就可以达成一致，给予雇员相对较高且稳定的薪水，这对于双方都有利：雇员会获得安全感，因为他们知道，如果发生他们无法掌控的事件导致他们的生产效率下降，自身的薪水仍然不会受太大影响；雇主获得的是雇员的加倍努力，而且无须放弃过多的利润来实现这一点。[86]

然而，随着美国信任水平下降，为解决委托代理问题，投资者不得不提供额外的激励措施，以鼓励“正确”的行为，并且更加细致地监控企业产出。遗憾的是，这种应对方法会产生灾难性的影响。

首席执行官的工作合同如今越来越多地强调“绩效”工资，这些合同给职业经理人提供了大量股权和其他选择，目的是统一经理人与投资者之间的奋斗目标。据一项研究估计，这种绩效工资从1992年占首席执行官总收入的约50%增加到2008年的78%。[87] 类似的，投资者还开始更为紧密的监督首席执行官的工作，解雇首席执行官也更加果断，而他们所关注的是短期收入报表。首席执行官的平均任职时间从20世纪70年代的10年左右降至21世纪前十年的6年左右。[88] 企业管理咨询企业麦肯锡公司对大企业进行的一项评估显示，从1994年到2001年，提供业绩指引的企业数量增加了13倍。[89]

加强对企业经理人的监督并且更紧密地协调他们与投资人的目标，这种做法已经产生了恶劣影响。换句话说，针对低信任环境采取的典型应对措施，如加强监管和增加激励手段，对长期增长产生了损害。

不出预料的是，企业经理人为了实现季度营收目标，不得不牺牲长期增长前景，这是因为他们知道自己的收入和工作都取决于这些短期目标。许多研究都显示，企业削减了在研发、资本投资甚至是基本的设备维修方面的投入，仅仅是为了实现营收预期。[90]研究还显示，经理人经常利用记账技巧来实现合同中规定的财务目标。[91]一些分析人士指出，除了为实现营收目标、维持高股价而采取这些有害却合法的方法外，短期压力的增加还导致有些经理人主动曲解甚至违反法律。[92]

不仅仅是学者们能够发现企业财务报表中的短视主义，连企业经理人也用这种方式描述制度的运作方式。杜克大学（Duke University）金融学教授约翰·格雷厄姆（John Graham）及其同事对企业经理人进行的一项调查颇具启发性，他们发现，受访者对于为什么要实现短期营收目标非常直言不讳。[93]在调查中，80%的首席财务官都表示，他们愿意削减研发投入以实现营收目标，而大部分经理人表示，如果某个新项目对于实现本季度的营收预期没有任何帮助的话，即使他们知道该项目能够盈利，也不会启动它。

简而言之，人人都知道，加强监管和激励措施导致经理人采取了对企业长期增长有害的行为。正如西北大学（Northwestern University）商学院退休教授阿尔弗雷德·拉帕波特（Alfred Rappaport）在《从短视行为中拯救资本主义》（*Saving Capitalism from Short Termism*）一书中所说：“短视主义对企业管理者来说是一种理性选择，他们的就业安全、职业声誉和薪资都与短期业绩息息相关。”[94]

毫不意外的是，最近的一个完整商业周期，即从2001年到2007年的经济复苏有着记载中最低的经营净投资（net business investment）水平，而股份回购（share repurchases）与股息支付率（dividend payouts）都创下历史新高，后两者可以在短期内提升股票价格。[95]

当然，这其中也有其他因素发挥影响，但信任水平的下降显然造成了短视主义的抬头。[96]当信任水平较低时，加强监管和激励措施就是应对委托代理问题的标准做法。此外，低信任水平还为短视主义的其他解释提供了辅助作用。

当然，“企业的职责是使股东利益最大化”这种想法的崛起也助长了短视主义。[97]但这一股东利益理论的背后仍然是股东与首席执行官之间最基本的委托代理问题以及信任问题。[98]根据股东利益理论，股东无法相信企业管理者会最大化企业价值，因此需要对首席执行官所认知的利益施加更大的影响力。因此，股东利益理论在很大程度上仍然是在说信任缺失的问题。

与个人持股相对的机构持股的增加也助长了短视主义。但是，由机构持有股票，如共有基金，让各方之间的信任变得更为重要，因为它让委托—代理关系变得更加复杂。[99]投资者仍然是委托人，但他们的代理人变成了共有基金的经理，负责监督首席执行官。如果投资者相信共有基金经理会按照他们的最大利益采取行动，那么在过去几十年里，他们本应按照长期业绩来判断共有基金经理的表现。但投资者更多关注的是他们的短期效益。[100] 由于共有基金经理很清楚他们的表现是依据短期收益来判断的，因此他们也就要给首席执行官们施加短期压力。[101]

结语

尽管信任看起来似乎是一种较为中庸的概念，但它对经济却有着实实在在的影响，这一点正是涓滴经济学理论所忽视的。信任是经济良好运行的基础：它可以减少交易成本，从而有助于人们开展合作，让做生意变得更具效率。如果没有互信的话，人们会像基亚罗蒙特的居民一样，只关注自己的短期利益，无法开展合作并产生互惠的结果。一个运转良好的经济既需要自利行为，也需要互信行为。正如爱德华·班菲尔德在他对基亚罗蒙特进行的研究中所解释的那样，“从经济角度来说，自利是一件很好的事情，只要它不那么极端，以至于让合作行为完全无法展开就行。”[102]

遗憾的是，经济不平等破坏了信任，因为它让人们产生了社会疏离感。由于缺少社会纽带，人们彼此之间的共同点较少，因而不太可能彼此信赖并且表现得值得信赖。随着美国中产阶级被削弱，国家变得更加不平等，信任水平也因此出现了显著下降。

信任水平的这种下降对美国经济造成了巨大损害，极大地增加了交易成本。从律师和保安比例的急剧增加，到企业日益关注短期效益，信任水平下降的迹象及其产生的经济成本十分明显。更严重的是，信任水平下降导致的如商业协议无法完成，以及创新思想被扼杀等隐含成本可能更高。

第 3 章

良治

美国的建立是对英国精英阶层制定规则侵害普通美洲人利益所做出的回应。不足为奇的是，我们的建国先贤们认识到，如果社会陷入贫富两极分化的话，他们当时正在建立的新型民主政府将无法正常运转。托马斯·杰斐逊认为，一个运转良好的民主国家所依赖的是一个能够自给自足的小地主阶层，如中产阶级、自耕农等，他们拥有足够的经济自由度和独立性，从而能够成为良好的公民。[1]类似的，詹姆斯·麦迪逊（James Madison）认为，富人与穷人之间的巨大鸿沟会导致政治冲突，从而损害美国政府治理的质量。正如麦迪逊在《联邦党人文集》（*The Federalist Papers*）中所写的那样："造成党争的最普遍而持久的原因，是财产分配的不同和不平等。"[2]

麦迪逊和杰斐逊等人将这些有关不平等的理念写入了美国宪法。美国宪法禁止赋予个人任何贵族头衔，为的就是防止美国出现一个新的特权阶层。[3]在美国独立战争结束后，各州相继通过法律，禁止由单个继承人继承土地，强行对财富进行更广泛的分配，并且避免出现世袭贵族。[4]威廉·佩特森大学（William Paterson University）政治学教授迈克尔·汤普森（Michael Thompson）解释说："美国人对于民主共和国的概念一直都有一个前提，那就是对财产分配不均的反感，因为早期美国思想家认为，经济实力的不平等反映了一种已经被历史所淘汰的东西：即由阶级和特权构成的社会政治秩序。"[5]

自从美国建国以来，我们最受尊敬的领袖们也一直担心不平等对美国民主构成的威胁：从安德鲁·杰克逊（Andrew Jackson）否决建立国家银行的提案，因为他担心这会让富有的银行家获得过多的经济和政治权力，到亚伯拉罕·林肯（Abraham Lincoln）所秉持的奴隶制与经济不平等在根本上密不可分的理念，到西奥多·罗斯福（Theodore Roosevelt）所担心的强盗式资本家正在利用他们的巨额财富来控制政府，再到富兰克林·罗斯福（Franklin Roosevelt）在大萧条期间所认识到的"贫者无自由"，不一而足。[6]显然，对于极端经济不平等会破坏民主制度的担心是长期存在的，而且这种担心产生于美国自身。

然而，一个比较新的现象是，人们日益认识到，通过损害我们的民主制度，经济不平等还削弱了我们的经济。

多年来，经济学家们在很大程度上忽视了政府在奠定经济基础方面的巨大作用。政府经常被经济学家称作一种"制度"，并且被认为与理论模型——这些理论模型研究的是个人会采取何种行为——格格不入，因而没有得到多少关注。[7]

正如诺贝尔经济学奖得主道格拉斯·诺思（Douglass North）解释的那样，政府被经济学分析所“遗漏”了。[8]比忽视政府更恶劣的是，许多经济学家拒绝承认政府的监管对于确保市场正常运行是必要的。例如，一直到2007年和2008年发生金融崩溃之前，许多经济学家都错误地相信，政府对华尔街的监管是不必要的，因为金融市场会进行有效的自我监管。[9]这种想法当然是毫无道理的，但许多经济学家都深信不疑。

支持供给经济学的政客或许对一个好政府在经济运行中发挥的重要作用更加视而不见。尽管供给经济学的支持者有时也会承认，有些类型的政府支出，如公路和学校，对经济很重要，但他们经常贬低一切政府，无论好坏。正如罗纳德·里根所说：“政府不是解决问题的办法；政府正是问题本身。”[10]现在的参议院多数党领袖、共和党人米奇·麦康奈尔（Mitch McConnell）也表现出这种情绪，他说：“大政府让我们的经济变得更加糟糕。”[11]供给经济学的支持者还坚持要求减税，尤其是对富人减税，这将削减政府在提供重要公共产品时所能调用的资金，无论政府嘴上说得多好听都是如此。

很明显，许多经济学家未能正确理解政府治理的质量在决定经济表现时起到的至关重要的作用，这就为“新制度经济学”的建立留下了空间。这是一种正在崛起的经济学分支，主要关注政府给经济制定的规则。政府究竟站在哪一边——究竟是富裕精英一边还是普通大众一边——能够产生巨大影响。例如，这将决定人们能否接受教育，道路能否用来运输人员和商品，以及规则是否公平，是否得到充分执行。这一基本观点，即政府的质量极大地影响人口与社会以及经济，终于在经济学领域得到了应有的关注。正如这一新兴运动发起人之一道格拉斯·诺思所解释的那样："制度为人类的互动提供了框架。"[12]

如今，已经有大量研究揭示出政府治理的质量对经济增长的根本性影响。[13]其中一些研究需要得到特别强调。例如，世界银行经济学家斯蒂芬·纳克指出，"所有证据都指向同一个方向，那就是良好的政府治理对经济增长是至关重要的"；与此同时，普林斯顿大学经济学家达尼·罗德里克（Dani Rodrik）与同事在文章中写到，在决定一个国家的经济发展水平方面，"制度的质量'胜过'其他任何事"。[14]遗憾的是，这一研究通常被认为只适用于发展中国家而非美国。但情况并非如此。

当经济学家们研究为何政府对经济增长很重要时，他们发现，政府的行为，如对教育和基础设施的投资，非常有帮助作用。教育和基础设施能够增加经济的生产效率，但私有部门在这方面的供应明显不足。因此，当政府花钱提供这些公共产品时，整个经济都会受益。美国经济政策研究所（Economic Policy Institute）经济学家乔希·比文斯（Josh Bivens）对有关公共投资的研究发表评论称，有"大量经济学证据能够证明，公共投资是生产效率提高的重要长期驱动力，因此，也是平均生活水平提高的驱动力。”[15]以贝茨学院（Bates College）的戴维·阿肖尔（David Aschauer）和波士顿学院（Boston College）的艾丽西亚·芒内尔（Alecia Munnel）为代表的经济学家发现，在基础设施方面进行的公共投资能够与私有投资形成互补并促进经济增长。[16]公共投资非但不会挤走私有投资，反而会促使私有资本“涌入”，从而刺激增长。类似的，教育投资对经济也是至关重要的。[17]据普林斯顿大学经济学家艾伦·克鲁格估计，每接受一年学校教育，能让一个人的收入增加10%。与此同时，哈佛大学经济学家劳伦斯·卡茨（Lawrence Katz）与克劳迪娅·戈尔丁（Claudia Goldin）发现，从1915年至1999年，美国人教育水平的提高为GDP增长做出了巨大贡献。[18]

经济学家们还指出，某些政府行为会削弱增长。在此，他们倾向于关注“寻租”行为造成的损害。“寻租”指的是政府帮助某些企业或个人获得特殊利益，如个人或企业从政府手中以低于成本的价格购买物品，以高于成本的价格向政府出售物品，获得特殊保护，或政府选择性执法等。[19]这些特殊利益会让纳税人的钱浪费在不必要或者低效率的项目上，从而让经济资源无法投入到生产效率更高的活动之中。[20]它们还会阻碍经济竞争，如让有政治背景的企业获得垄断地位。最后，如果寻租行为普遍存在，就会从根本上改变经济形态，因为经济资源经常是以掠夺的方式聚集在一起的，无法产生经济增长。

正如诺贝尔经济学家得主约瑟夫·斯蒂格利茨所写：“最基本形式的寻租不过就是从社会的一个部分向寻租者进行的资源重新分配……但这会产生更广泛的经济后果：人们努力的目标变成分到更大比例的蛋糕，而不是增加蛋糕的大小。但是，更糟糕的是：寻租行为扭曲了资源的分配，削弱了经济。寻租能够带来的利益变得如此巨大，以至于越来越多的能量被投入这个方向，让其他一切都受到损害。”[21]

寻租发展到最为肆无忌惮、伤害最大的形式就变成了腐败，即官员利用政府权力为自己谋利。[22]腐败让开设企业或者运输商品这种一般经济活动变得更加难以开展且成本更高，从而扼杀了经济增长。[23]腐败对商业交易来说是一种额外的负担，更恶劣的是，它还会保护某些企业，打压潜在竞争者。腐败行为尤其会伤害那些没有资源或者没有关系，无法用贿赂铺平从商道路的企业家。[24]

寻租和公共投资不足等问题通常被认为是只有发展中国家才会有的问题。然而，如果我们用对其他国家的这种关注度来审视美国，很容易发现美国也存在这种问题。当然，美国政府比许多其他国家的政府都要好，但在世界其他地区经常能看到的经济高度不平等导致政府治理疲弱、经济增长不足的现象同样也正在美国上演。正如发展中国家一样，高度的经济不平等让富裕精英获取了更多经济寻租的能力，削弱了我们对学校和基础设施进行充分投资的能力。

华尔街的寻租就是一个典型例证，它展示出经济精英在美国的力量和影响已经达到了与其他一些国家相近的水平，而我们此前一直对这些国家的贫富分化大加批判，认为其对经济十分有害。在过去几十年里，华尔街的银行家们利用他们的财富和权力成功地推动政府减少了监管，以便他们能够开展利润高但风险也高的业务。但是，当这种风险让他们的大企业以及整个经济处在崩溃边缘时，他们又成功地劝说政府对他们无偿施以援手，这与美国在新型市场经济体遭遇银行业危机时提出的建议截然相反。

经济不平等破坏政府治理从而削弱经济的另一个重要表现是美国公路、桥梁和公立大学的糟糕状况。随着中产阶级的衰落，政府在公共设施上进行投资的能力逐步减弱。类似的，高等教育方面的支出也未能满足需求。尽管公众广泛支持在基础设施和教育方面的支出，而且这些支出能够带来巨大的经济收益，但美国政府却未能进行必要的投资，因为日益恶化的经济不平等破坏了政府回应公众需求的能力。正如发展中国家一样，富人能够影响政府的政策，而这些政策会将现有发展水平锁死；中产阶级所偏好的政策对整个国家的未来有利，却未能得到实施。

为了论证这些观点，本章将回顾一些历史性和国际性研究，展示在高度不平等的社会中，富人是如何利用他们的经济资源控制政府并损害经济的。随后，本章将解释在当今的美国，日渐提升的不平等水平是如何帮助富人获取政治影响力、促进政治两极分化并且削弱美国的“公民精神”，从而侵蚀了政府治理质量的。最后，本章还将展示这些变化是如何导致特殊利益的输送和公共投资的不足，从而损害经济的。

中产阶级的强大对政府的良好运转至关重要，这一思想是大量政治学研究的核心。与此同时，政府治理的质量对经济有巨大影响的思想终于为经济学所接受。尽管这两个研究领域存在明显关联，但它们很少被结合起来审视美国的政府和经济。本章将把这两个成熟的研究领域以全新的方式结合在一起，展示不平等是如何削弱美国政府和经济的。

历史上不平等是如何破坏政府和经济的

18 世纪初，当新世界仍处在列强的殖民统治下时，北美殖民地即后来的美国和加拿大比美洲的许多其他殖民地都更为贫穷，尤其是那些位于加勒比海的殖民地。[25]但随着时间的流逝，美国与加拿大远远超过了北美和南美的其他国家，呈现出了一个让许多经济学家努力求解的难题。对于美国和加拿大令人瞩目的经济增长，一般的解释是将其与它们的邻国进行对比，但这种解释禁不起仔细推敲。尽管美国和加拿大都曾是英国殖民地，并且因此拥有相似的政治架构和文化，但这种相似性可能无法解释它们的成功，因为英国在地区内的其他殖民地，如牙买加（Jamaica）、伯利兹（Belize）、圭亚那（Guyana）等，增长却非常缓慢。类似的，美国和加拿大的气候比许多其他殖民地都要更加凉爽适宜人类生存发展。但阿根廷和智利等国的气候条件也很好，而它们直到相对晚近才出现经济增长，并且仍然落在后面。

让美国和加拿大从新世界殖民地中脱颖而出的是它们在经济上的平等性。它们的经济（尤其是在除美国南方以外的地区）主要基于小规模种植业和其他小型业态，而在其他殖民地，大规模种植园农业和大规模采矿业催生了经济高度不平等的社会。由于加拿大和美国更为平等，它们的政府也就变得更加民主，因而能够提供更多像教育这样的公共产品，这对未来的经济增长产生了决定性影响。美洲大陆上其他那些此前十分富裕但同时也十分不平等的殖民地在经济上陷入停滞，这是因为精英阶层控制了政府，并且利用这种控制力维持自身权力，而不是对整个国家的发展进行投资。换句话说，由于美国和加拿大经济上更为平等，它们的政府也有着更高的质量，因而它们的经济能够以更快的速度增长，尤其是在经济不再以农业为基础之后。

加利福尼亚大学洛杉矶分校（UCLA）经济史学家肯尼思·索科洛夫（Kenneth Sokoloff）生前曾与罗切斯特大学（University of Rochester）经济学家斯坦利·恩格曼（Stanley Engerman）共同指出，美国和加拿大在19世纪初赶上了许多其他前殖民地，并且最终将它们远远甩在身后，这是因为它们的人口中拥有民主权利的人比例更大，选民们会利用他们的民主权利扩大学校、提高识字率，这又让公民们能够更为充分地参与经济活动。[26]美国和加拿大在前殖民地国家中率先消除了将投票权局限于精英阶层的财富、土地和文化程度等要求，从而提高了民众在民主制度中的参与度。普通公民的更多参与导致两国在财产权利保护、工业发展、土地等其他自然资源的获取以及公立教育等问题上采取了更好的政策。公立教育尤为重要，因为它帮助加拿大和美国，尤其是后者，拥有了比其他前殖民地国家更高的识字率。索科洛夫和恩格曼写道："在19世纪初，几乎所有的新世界经济体都足够繁荣，能够建立起广泛的初等学校网络。"但"很少有国家真正进行这种大规模投资造福普通民众。"其结果是，美国和加拿大的识字率在19世纪70年代达到80%，几乎是古巴、阿根廷、巴西、智利和牙买加等国的三倍，而这些国家的经济不平等程度要比美加两国高得多。

在经济高度不平等的殖民地中，精英阶层利用手中的权力建立起主要为自己谋利的政府和经济形式。索科洛夫和恩格曼解释说："财富不平等程度的升高带来了制度的变化，使精英阶层的特权得到保护，而广大民众充分参与商品经济的机会却受到限制，即使在奴隶制被废除之后也依然如此。"富人所偏好的政策倾向于锁死现有的发展水平，而中产阶级所偏好的政策，亦即美国和加拿大所采取的政策，对整个国家的未来有利。

麻省理工学院（MIT）经济学家达隆·阿杰姆奥卢（Daron Acemoglu）与哈佛大学政府学教授詹姆斯·罗宾逊（James Robinson）在回顾世界历史中的经济增长时也讲述了一个类似的故事。[27]这两位学者指出，威尼斯在中世纪时之所以能够富甲一方，部分原因是它发展出了一种金融契约，使普通人能够筹钱出海远航，随着这些企业家不断开发市场，城市也日渐繁荣起来。但是，威尼斯很快就衰落了，这是因为富裕精英阶层利用他们的政治权力限制了这种契约，阻止了新竞争者的出现，从而阻断了普通人的上升通道，保护了自己的利益。两位学者还举了一个更为晚近的例子。他们解释说，亚利桑那州的诺加利斯变得相对比较富裕，而它的邻居墨西哥索诺拉州的诺加莱斯市相对而言一直较为贫穷，这是因为在历史上，与墨西哥政府相比，美国政府始终更为积极地回应民众提出的建设更好的公路、学校和公共卫生体系的要求。

经济学家使用高级统计学方法进行的研究也得出了类似的结论。这些研究发现，在经济不平等的国家，政府提供的公共产品更少，给予上流阶层的优待却更多，即使控制了那些据信与经济增长有关的一系列因素，如现有收入水平、地理位置、气温、自然资源和殖民历史等，情况也没有什么不同。[28]例如，纽约大学经济学家威廉·伊斯特利在分析了过去几十年的经济发展后指出，在中产阶级较为弱小的国家，“精英阶层在人力和基础设施资本方面的投资严重不足，因为他们担心这些投资会增强反对者的力量。”[29]加利福尼亚大学圣迭戈分校国际关系教授俞钟星（Jong-Sung You）与美国西方学院公共政策教授桑吉夫·卡格拉姆（Sanjeev Khagram）也共同指出，在经济不平等的国家，“富人既有更多的动机，也有更多的机会去参与腐败行为，随着不平等程度增加，穷人更容易受到勒索，监督富人和权力阶层的能力则更弱。”[30]

政府总是有着这样或那样的缺点，如在公共产品方面投入不足，并且让富人能够在经济上寻租。但是研究显示，高度的经济不平等和衰落的中产阶级让这些问题变得更加糟糕。正如我们在全世界所看到的，从俄罗斯的寡头到塞拉利昂（Sierra Leone）的克里奥尔人（Krio），经济精英们经常利用自己的权力影响政府政策，阻碍长期的经济增长。[31]

美国历史上的不平等和糟糕的政府治理

美国可能会有所不同。美国是世界上延续至今的最古老的民主国家之一，以国际标准来看还非常富有。因此，我们的政治制度也许不容易出现这些问题。但即使粗略回顾一下我们的历史，从支持奴隶制的南方贵族阶层到黄金时代（指美国内战后的28年时间，约1870年至1898年）的强盗式资本家，我们也能发现这些事情在美国历史上早已发生。当然，在富裕精英想要为一己私利滥用政府权力的欲望面前，美国民主制度显得更加坚韧，一直在回应和重申大众对政府的控制。但是，我们也无法避免出现富裕精英获取对政府不相称的影响力并且损害社会与经济的现象。

在南北战争前，富裕的奴隶主让美国南方变得极为不平等，即使在白人之间也是如此，而且比美国其他地区要不平等得多。[32] 在 1860 年，只有 25% 的南方家庭拥有奴隶。[33] 但仅仅 8000 名奴隶主——他们约占奴隶主总数的不到 1%——就拥有美国 400 万奴隶之中的 100 万人。[34] 如此集中的奴隶所有权使得美国南方前 1% 富人所获得的收入占整个地区总收入的比例达到新英格兰地区前 1% 富人的两倍，这也使得美国南方成为世界上最不平等的社会之一。[35]

众所周知，南方的蓄奴精英挥舞着手中的经济和政治权力压迫黑人，拒绝给予他们基本的政治和经济自由。不仅如此，在对付略为贫穷的白人时，他们还对政府施加了巨大的影响力，尤其是在州和地方政府层面。凭借着手中的权力，蓄奴精英们阻挠政府像北方那样在学校和支持设施上进行公共投资，而这些设施是有助于该地区变得更加繁荣的。正如其他国家的精英阶层经常做的那样，南方的种植园主们利用自己的经济和政治权力阻挠了大多数人对重要经济投资的支持。

到 19 世纪 50 年代，美国儿童的小学入学率比大多数其他国家都要高。[36] 但这完全是美国北方取得的成就，因为南方白人儿童的入学比例仅有北方的三分之一。[37] 而且，对大多数南方黑人来说，求学甚至都不是他们的人生选项之一，因为在南方许多州，为奴隶提供教育是非法的。[38]

北方之所以能够取得这一成就，很大程度上是因为那里的公民通过投票为学校教育提供了普遍的税务支持，极大地降低了家庭为支付孩子学费所要承受的经济负担。[39] 公共开支帮助中产阶级和穷人家庭的孩子能够上得起学。北方的地方政府为公立学校所募集的资金按人均来看是南方各州地方政府的三倍,而且北方政府用更多更为适当的方式降低了学费。[40]在南方，每个学生的平均花费实际上比北方要多，但大多数花费都用在了私人教育上，这对富裕的种植园主来说不成问题，但对其他人来说问题就很大了。[41] 加利福尼亚大学戴维斯分校经济史学家高顺（Sun Go）和彼得·林德特曾写道："在依赖公共资金和公立学校方面，北方各州要领先于欧洲和南方。"[42]

富裕的南方奴隶主用一系列政治手段来防止不那么富裕的公民提高税率并借此为教育等公共服务提供资金，他们担心选民会对拥有奴隶征收高昂赋税。[43] 从要求拥有非常高的财产水平才能担任民选职位，到拒绝在自耕农居住的地区修改州选举表决方式以反映人口增长，再到要求给予穷人投票权的任何改变都必须同时伴随着禁止对拥有奴隶征收高昂税赋的宪法保护，通过这些手段，南方精英阶层保护了自己的权力，并且拒绝提供大众想要的公共服务。[44] 加利福尼亚大学伯克利分校经济史学家罗宾·艾因霍恩（Robin Einhorn）写道："简而言之，奴隶主就是不想让不蓄奴的大多数人来决定如何征税。"[45]因此，南方不仅仅在教育领域，而且在公路和运河等能够促进经济增长的其他公共产品方面都没能投入足够资金。[46]艾因霍恩解释说，奴隶主"认为任何他们无法控制的政治行为都是对其'财产'的威胁，即使自耕农所要求的实际上只是公路、学校等普通的公共产品而已。"[47]

重要的是，在南北战争结束后很长一段时间里，对公共产品的投资不足一直在持续，这使得经济受到的损害无法轻易扭转。而在美国较为平等的地区，地方政府在20世纪初率先建立了公立高中。[48]

在美国历史上，南方在南北战争之前的这段时期并非经济高度不平等损害政府治理和经济运行质量的唯一时期。在黄金时代大致是南北战争结束后到20世纪初这段时期，经济不平等程度也非常高，有一项研究估计，在1890年，美国前12%的富裕家庭拥有全国86%的财富。[49]在这一时期，富人的商业利益主导了政府决策，超越了大多数人的利益。[50]历史学家凯文·菲利普斯（Keven Phillips）写到，在黄金时代，"企业和富人"控制了政府。[51]类似的，哈佛大学经济学家爱德华·格雷泽（Edward Glaeser）与其他学者共同写到，富有的商业领袖"破坏制度就像是家常便饭"。[52]我们只需要举一个例子就能说明在这一时期企业是如何利用权力攫取经济优势的。通过一系列或欺骗或违规的手段，铁路、伐木和采矿等行业的大型企业以优惠价格获取了大量此前是公共所有的土地，而它们的行为在很大程度上都得不到监督。[53]

人们之所以能够意识到极端不平等正在腐化民主制度，不仅仅是源于后见之明。曾在1877年至1881年担任总统的拉瑟福德·B·海斯(Rutherford B. Hayes)退休后在日记中写道:“这已经不再是一个民有、民治、民享的政府了，已经变成一个为企业所有、为企业所治、为企业所享的政府。”[54]富人在黄金时代所拥有的巨大影响力慢慢变得让人司空见惯，以至于在1896年，来自宾夕法尼亚州的参议员博伊斯·彭罗斯（Boies Penrose）在谈论企业、金钱与政治之间的关系时表示:“我认为社会分工是有道理的。你们把我们送进国会;我们通过法律让你们挣钱……利用你们的利润，你们进一步为我们的竞选资金做贡献，把我们再一次送进国会，通过更多的法律让你们挣更多的钱。”[55]

黄金时代富人对政府的控制究竟在多大程度上损害了经济，这一点难以统计，因为在这一时期，美国发生了工业革命，因此尽管遭遇了多次金融危机，经济仍然取得了巨大增长。[56]但是，很难说这么多针对富人的优惠政策对经济发展有益。最有可能的情况是，尽管富人对政府存在不相称的影响力，经济仍然取得了快速增长。但如果大企业没有引导政府将资源投入它们的金库并且打击竞争的话，也许经济增长规模还会更大。

的确，在黄金时代结束后，经济增长速度甚至更快了，而在这时，经济精英对政府的控制已经有所减弱。随着大众的政治影响力不断增加，富人的优惠待遇减少，经济增速变得更快。一系列进步政策得以推行，削弱了富人的影响力并且结束了黄金时代。这些政策包括：反托拉斯法、竞选活动财务规定、民众直选参议员、全民公投，以及具有进步意义的收入税等。在对民主制度进行重申的同时，更快的经济增长也出现了，当然，前者有可能正是经济增速加快的原因。正如哈佛大学的格雷泽与其他学者在书中共同写到的那样："经济扩张带来的这种声誉不应蒙蔽这样一个事实，那就是在1860年至1910年间，经济增速比1910年以后要低得多……制度性的失败有可能对经济扩张构成了过度的限制。"[57]

中产阶级与良治

当然，问题在于，黄金时代和美国南方贵族的历史是否与当今的美国存在关联。衰落的中产阶级和高度的不平等是否会破坏当今的政府治理？它们又是否会损害我们的经济？要想回答这些问题，我们需要深究一个强劲的中产阶级和较低的不平等程度是如何让政府运转良好的。

强劲的中产阶级和较低的不平等程度对民主政体的政府治理来说有三个好处。首先，这些因素会改变社会中的权力态势，削弱富人的权力优势。其次，它们可以缓和政治冲突。最后，它们可以提高公民的“公民精神”。以上这些好处共同作用，就能让政府运转良好。遗憾的是，美国收入不平等的急剧上升导致富人获得了不相称的政治权力，加剧了政治冲突，也减弱了普通公民的“公民精神”。这些变化让美国政府日益机能失灵，越来越像是内战前的南方政府以及黄金时代的美国政府。

富人获取权力

自从亚里士多德最早就政府问题发表著作以来，学者们就一直认为，一个强劲的中产阶级在民主制度中发挥着重要作用，可以平衡不同经济阶层之间的权力。[58]亚里士多德写道：“很明显，最好的政治共同体是由中产阶级公民组成的……因为中产阶级的加入能够扭转力量天平，防止任何一个极端力量成为主导。”[59]美国民主并不存在陷入独裁或者无政府状态的风险，而这两种极端正是亚里士多德和其他作家担心没有中产阶级的国家会发生的事情。[60]但对于21世纪的美国来说，这些学者提出的最重要的观点是，一个强劲的中产阶级可以削弱精英阶层有效控制政府的能力。

随着过去30年中产阶级不断被削弱，美国富人阶层获得了比此前更大的影响政府的能力。尽管没有任何一个指标可以令人信服地证明富人的政治权力在近几十年里取得增长，但有许多迹象表明这的确就是事实。美国公众当然也认为富人精英获得了更多权力。在1964年，只有不到30%的民众认为联邦政府是由“少部分大型利益集团”控制的，而在过去几十年，这一比例显著增加，以至于到了2012年，有78%的民众持这种看法。[61]

对富人权力的更多学术研究也讲述了一个类似的故事。几十年前，当美国在经济上更为平等之时，那些经常撰写有关穷人和中产阶级拥有巨大政治权力等内容的政治学家经常能够获奖。如今担任耶鲁大学政治学名誉教授的罗伯特·达尔经常被人称作“美国政治学泰斗”，他在1961年曾撰写了一本名叫《谁在统治？》（*Who Governs ?* ）的书。[62]他在书中指出，美国政府应当对所有公民做出回应。也许政府无法平等地回应富人和穷人，但达尔认为，所有群体都拥有重要的影响力。[63]

尽管当时对于这本书有一些批评的声音，但政治学家普遍还是对这本书的视角表示赞赏，它也很快成了该领域内的一本权威著作，赢得了美国政治学协会（American Political Science Association）颁发的年度最佳图书奖。[64]类似的，1964年的年度最佳政治学书籍主要强调说，企业很少能够促使政治家改变立场。[65]1965年的年度最佳书籍指出，政党“并非是恰好金字塔状的官僚机构，也不是精英阶级或者寡头……政党是一个开放的以支持者为中心的结构，无论在顶层还是底层都具有渗透性”。[66]

与之形成鲜明对比的是，如今的政治学家，更别提记者、历史学家和政治家自己，经常撰写广为流传的文章和著作，解释富人是如何主导政府的。[67]西北大学政治学家本杰明·佩奇（Benjamin Page）曾经是普通公民对政府有巨大影响这一观点的主要支持者，但他在2014年发表的论文修改了此前的观点，认为富人和企业领袖的意见在很大程度上决定了国会的行事方式。佩奇与他的论文合著者解释说，如今，“经济精英和代表企业利益的团体对美国政府的政策有着巨大影响，而普通公民和以大众为基础的利益团体所拥有的独立影响力近乎为零。”[68]

最近的许多其他研究也得出了类似的结论。例如，范德比尔特大学（Vanderbilt University）政治学家拉里·巴特尔斯（Larry Bartels）在2009年对美国参议院进行的一项研究就尤为发人深省。他在研究中将参议员的投票结果与他们的选民在一系列问题上的看法进行了对比，这些问题包括政府支出、最低工资、公民权利和堕胎等。巴特尔斯发现，参议员的投票结果更多反映的是较富裕选民的意见，中产阶级选民的意见反映得较为不明显，而较贫穷选民的看法则与投票结果完全脱节。巴特尔斯写道：“几乎在每一个例子中，参议员们对富人选民意见的回应都比对中产阶级选民的回应要积极得多，而位于收入分配底层的三分之一选民的意见在参议员的投票中没有产生明显的统计学影响。”[69]

2012年，普林斯顿大学政治学家马丁·吉伦斯（Martin Gilens）将公众的偏好与政府的实际政策对比，进行了或许是对该问题最为全面的一次研究。[70]吉伦斯就一系列处于提案状态的政策变化，包括税收和政府支出，以及一些社会问题对2000多人进行了问卷调查，他发现，政府对富人偏好的回应非常积极，但对于中产阶级和穷人偏好的回应得就没那么积极了。吉伦斯在总结中写道："美国政府的确会回应公众的偏好，但这种回应态度主要向最富裕的公民倾斜。在大多数情况下，大多数美国人的偏好似乎对政府是否采取某些政策没有任何影响。"

吉伦斯还发现，富人的影响力与几十年前相比大大增加。吉伦斯谨慎地指出，有许多因素影响了政府回应公民的积极性，例如国会的控制权是否被割裂。吉伦斯解释说："近几十年来，决策者回应富人偏好的积极性稳步增加，但回应其他美国民众偏好的积极性却止步不前。"其他一些研究也显示，民选官员们回应大众偏好的积极性有所下降。[71]

富人的政治权力之所以如此显著地增加，很大程度上是因为金钱在美国政治中发挥了重要作用，而政治中所运用到的金钱数量在近几十年来出现快速增长。例如，从1970年至2000年，在剔除了通货膨胀的因素后，总统大选所花费的资金总额增加了近一倍。[72]而且自那以后，近年来捐款总额的增长速度甚至更快，从2000年至2012年，花费在总统大选和国会议员竞选方面的资金总额增加了50%。[73]布鲁金斯学会（Brookings Institute）高级研究员托马斯·曼恩（Thomas Mann）指出："无论是竞选州议会议员、州长还是美国国会众议员或者参议员，竞选活动的开销几十年来一直在不断上涨。现在再回看20世纪70年代，我们甚至会感觉到有些忍俊不禁，当时的许多议员花费了7.5万、10万或20万美元竞选成功，而如今，这笔钱几乎是可以忽略不计的。"[74]

政治中的金钱让富人获得了更大的影响力。马丁·吉伦斯直言不讳地解释说："金钱是政治的'母乳'，是代议制民主不平等的根源。"[75]除了不平等以外，其他一些因素也促成了金钱在政治中的崛起，如媒体环境的变化、越来越多地使用费用高昂的民调手段，以及不断演变的竞选活动财务规定等。但最基本的一点是，随着不平等程度上升，富人的可支配资金比以前更多了，他们的资金可以用来增加自身影响力，这一点毋庸置疑。

从投票到联络政府官员，再到担任竞选活动志愿者，甚至参与一场抗议示威，在所有这些政治活动中，但凡涉及金钱，富人就有着最大的优势。[76]很少有中产阶级或者穷人会捐钱给政客，即使真的捐钱，数额也很小。竞选捐款的大部分资金都来自富人，而富人的捐款数额在过去几十年来快速增加。[77]我们可以举一个例子来说明富人捐款的增幅有多大。在2012年的大选中，美国前0.01%的捐款者，也就是捐款总数最多的万分之一，贡献了总捐款额的40%，这一比例与20世纪80年代初相比有了巨幅增加，当时仅为10%多一点。[78]而且，这些捐款总额仅包括我们能看到的部分。由于出现了像“联合公民诉联邦选举委员会案”（*Citizen's United v. FEC*）和“即刻演讲网站诉联邦选举委员会案”（*SpeechNow.org v. FEC*）这样的判例，富人和企业如今可以更加轻易地避免公布它们在竞选活动上的支出。[79]接下来一个因素是游说活动，就像竞选捐款一样，在游说活动上的开销近几十年来也迅速增加。[80]游说支出与竞选捐款的总额几乎不相上下，而且游说支出中为企业和富人利益服务的比例也与竞选捐款不相上下。[81]此外，与竞选捐款类似，不是所有的游说支出都需要公示。[82]

虽然判例在富人捐款增加方面发挥了一定作用，但允许富人进行大额捐款的基本法律框架已经存在了数十年。[83]事实上，超级富豪的财富不断增加才是富人捐款增加的主要原因。正如分别来自斯坦福、普林斯顿和佐治亚（Georgia）等大学的政治学家亚当·博尼卡（Adam Bonica）、诺兰·麦卡蒂（Nolan McCarty）、基思·普尔（Keith Poole）和霍华德·罗森塔尔（Howard Rosenthal）所解释的那样，政治中金钱不断增加的趋势，“反映出超级富豪阶层财富的不断增加，以及他们日益增加的在竞选活动中豪掷千金的意愿。”[84]

有些人认为，以上这些所有的资金和游说活动都能够明目张胆地购买选票——导致腐败的民选官员对富人支持者投桃报李，提供特别优待——但那种违反法律并且给政客带来个人好处的腐败相对而言还是较少出现（尽管这种腐败随着不平等程度的提高也呈增加趋势，这一点随后会在本章中进行讨论）。例如，竞选捐款通常不会进入政客们的口袋，而是被用来为竞选活动提供资金。对于政治制度中的资金，更为准确的理解方式是，它正在潜移默化地腐化整个民主程序，而不是公开地腐化某个特定的个人。哈佛大学法学教授劳伦斯·莱西格强调，“我们现有政治制度中腐败现象的核心”在于“制度诱使国会的受益者募集资金向国会议员捐款，并诱使后者采取对前者有利的行动。”[85]

大多数政客都试图服务于公共利益，但他们需要资金来竞选职位。这种对资金的需求改变了谁来竞选，政客们如何利用他们的时间，他们与谁互动、听取谁的意见，甚至他们如何思考和感受等。大多数候选人本人就非常富有，远比几十年前要富有，这在一定程度上是因为，他们能够自己负担或者利用他们与富裕程度相当的人的关系来负担竞选费用。[86]一旦当选，如今的国会议员们就会利用很多时间来募集资金，美国众议院民主党领导层最近建议国会的新进议员在每个 10 小时的工作日都至少拿出 4 个小时来进行筹款。[87]那些尤为擅长筹款的政客可以把部分资金赠予竞选活动中的盟友，进一步扩大他们的影响力。

对于竞选捐款和游说活动究竟有多少影响力，政治学家们之间还存在分歧。有些政治学家发现了这些活动的直接后果，有些则没有，但大多数政治学家都认为，这些开销有一定程度的影响力。[88]美国政治学协会不平等与美国民主特别小组（Task Force on Inequality and American Democracy from the American Political Science Association）的一份报告指出，"富裕公民和资本家……从大笔捐款中得到的东西是能够决定谁来竞选公职的影响力。"[89]不过，捐款还可以帮助富人获得与民选官员接触的渠道，并且将自己的观点表达给他们，这一点是很少有中产阶级或者贫穷公民能够做到的。[90]而且，强有力的证据显示，至少在某些时候，捐款和游说会影响议员的行为，包括投票、给监管机构写信以及决定是否拥护某个法案等。[91]该特别小组在报告中说："金钱的确能'买到'一些东西，捐款者可以获得与官员接触的特权，并且得到这些官员的特别关注，后者会向他们提供有力帮助，在国会的委员会会议中为他们的生意提供特别照顾。"

有些政府官员还会穿越职业生涯的旋转门，自己摇身一变成为说客。只要利用自己的知识和关系就能让薪水提高两倍，这种诱惑无疑影响了一些仍然在政府中就职的政客，即使这些政客真的相信他们最终为之游说的事业。杰克·阿布拉莫夫（Jack Abramoff）是一名臭名昭著的说客，同时也是一名已被定罪的重罪犯。他曾说，要想让一名国会工作人员为自己办事，最好的办法就是与他讨论谋得一个薪水高得多的职位的可能性。[92]

如今，旋转门转得似乎更快了。据估计，在20世纪70年代，有3%的国会成员在离开国会后成了说客，但到90年代，这一比例已经增至22%以上，而且自那时起，这一比例仍在继续增加，如今估计已经达到40%以上。[93]

正如政治学家多年来所担心的，高度的不平等和衰落的中产阶级让富人获得了对政府的过度影响力。显而易见的是，随着不平等程度上升，富人为影响政治花费了前所未有的资金，而且他们的努力非常成功。

两极分化加剧

强劲的中产阶级在民主国家中发挥的第二个作用是削弱政治的两极分化。因此，一个强劲的中产阶级不仅有助于防止富人主导政府，还有助于确保不同群体之间的冲突处于可控状态。在经济不平等程度相对较低的社会，人们的经济利益趋于一致，不同阶层之间有着更多的联系，因此需要争夺的东西更少，分歧也不那么容易使不同阶层出现两极分化。美国政治学协会前会长、斯坦福大学政治社会学家西摩·马丁·利普赛特（Seymour Martin Lipset）指出：“在一个国家里，庞大的中产阶级可以惩罚极端主义团体并且奖励温和团体，从而缓和冲突。”[94]当中产阶级社会出现冲突时，对立双方更有可能实现合作。然而，近几十年来，中产阶级逐渐萎缩，这导致取得共识越来越难，互信逐渐减少，从而使得达成妥协越来越难，政治斗争变得更加公开化。[95]

不难看出，美国政党之间的政治斗争已经变得尤为恶劣了。美国企业研究所（American Enterprise Institute）和布鲁金斯学会高级研究员诺曼·奥恩斯泰因（Norman Ornstein）和托马斯·曼恩长期致力于研究美国国会，他们指出，近年来，美国党派斗争的激烈程度日益增加，民主、共和两党之间的斗争变得令人越来越无法接受，它们肆意歪曲规则的意愿也变得愈加明显。他们强调，如今的国会斗争"更像是黄金时代，而不是冷战时代"。[96]例如，在2013年，美国国会和总统无法就预算问题达成一致，这种情况在历史上经常出现，很少被视为斗争加剧的迹象。然而，不同寻常的是，他们的分歧导致联邦政府出现了长达两周的停摆，约80万名联邦雇员被迫休假，而与政府有业务往来的私人企业则有更多人被迫休假，这给美国经济造成了大约240亿美元的损失。[97]2015年早些时候，由于一次类似的分歧，联邦政府差一点就被迫债务违约，如果真的违约的话，在美国历史上将会是前所未有的奇闻。[98]尽管这一年时间里发生的少数几个例子本身无法证明美国政治已经变得更为两极分化，但它们的确极为发人深省。

当这些奇闻轶事与量化统计数据相结合时，就能有力地证明美国政治在过去几十年里变得日益两极分化。议员们越来越多地阻挠议事日程就是一个很好的例子：在1969年至

1970 年间，国会发生了总共 7 起类似事件，但到了 2011 至 2012 年，有 115 起类似事件被记录在案。[99] 在或许是有关政治斗争的一次最详尽的研究中，诺兰 · 麦卡蒂、基思 · 普尔和霍华德 · 罗森塔尔研究了从 1879 年至今的国会投票模式。他们的研究不仅显示出政治两极分化的态势在近几十年出现显著增加，还显示出经济不平等水平与政党分歧的扩大是紧密相关的。[100] 在过去的一个半世纪里，经济不平等和政治两极分化之间的关系极为紧密，正如图表 1 所示。

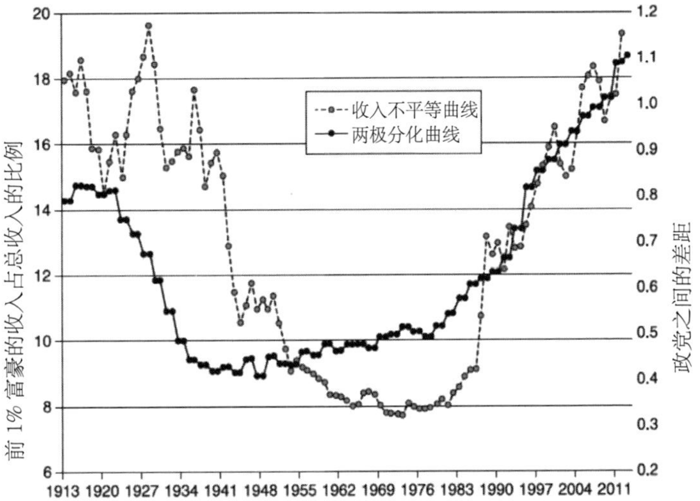

图表 1：1913 年至 2012 年美国前 1% 富豪的收入占总收入的比重和美国国会众议院的两极分化趋势。

来源：整理自亚当·博尼卡等. 为什么民主制度没有减缓不平等程度的上升？[J]. 经济展望杂志，2008,27（3）：103-124.

两极分化对任何政府来说都不是好事，对美国政府来说尤其如此，因为它面临着各种各样的制衡。众议院、参议院和总统之间的制约和平衡就是为了鼓励妥协，但当对立双方都不愿意妥协时，他们就会让美国政治制度崩溃，这比议会制度的崩溃还要严重。[101] 因此，日渐抬头的两极分化趋势让美国政府越来越难以对公众偏好或者社会需求做出反应。

公民精神衰落

一个强劲的中产阶级之所以能够改善政府治理质量，第三种方式是提升公民的“公民精神”。要想政府运转良好，人民就需要共同努力，相信彼此会公平处事并且遵守法律，参与政治，以便向民选官员表达自己的需求，并要求他们实现既定目标。[102] 一个强劲的中产阶级和相对较低的不平等水平对于鼓励这些符合公民精神的行为和态度是至关重要的。

公民精神的基础是经济的平等。经济平等有助于让人们感受到彼此之间的联系，以及对共同体的归属感，这会有助于人们采取具有公民精神的行为。法国人亚力克西·德·托克维尔曾在19世纪初来到美国观察我们的民主制度，他指出，美国人经常结成团体并共同努力实现更大的目标。[103] 托克维尔将这种公民精神归因于美国经济的相对平等，他认为这让人们能够看到彼此的共同利益。

以分别来自普林斯顿大学和加利福尼亚大学洛杉矶分校的政治学家卡尔·布瓦（Carles Boix）和丹尼尔·波斯纳

（Daniel Posner）为代表的现代学者也就经济平等在促成公民精神方面的重要性发表了类似的观点。他们指出："一个共同体的合作能力会随着该共同体在历史发展进程中经历的社会和政治不平等水平的变化而变化。"[104] 来自世界上不同地区的一系列研究都发现，经济不平等水平较低的地区通常更具公民精神，人们参与政治和公民组织的程度也较高。[105] 类似的，信任也让民选领袖、政府官员和普通民众之间更有可能出现合作与妥协。[106] 为了能够更有效地彼此合作，人们需要信任他人，而且正如第二章所展示的，经济平等对于信任水平有着至关重要的影响。

这种公民行为已经被证明能够在全世界的不同环境下催生更好的政府治理。哈佛大学政治学家罗伯特·帕特南是最早将公民精神称作"社会资本"的专家之一，他在对意大利进行研究时发现，公民精神水平较高的地区通常都有着更为高效和负责的政府。[107] 帕特南用一系列测试来考验地方政府，如通过邮寄信件或者直接前往政府办公大楼反映行政问题，并借此证明，在公民参与程度较高的地区，政府能够更为有效地迅速应对公民需求和提供高质量服务，即使这些地区在经济上也许不够发达。[108] 类似的，艾奥瓦大学（University of Iowa）政治学家汤姆·赖斯（Tom Rice）在对艾奥瓦州的城市进行研究后发现，在社会平等水平较高的城市，公民在民调中对政府的反应速度和工作效率评价也较高。他还发现，以客观标准来衡量，在这些地区，政府在公用街道和公园的维护方面表现也更好。[109]

信任对于政府治理的质量也有着类似的影响。[110]世界银行的斯蒂芬·纳克以35项技术指标对美国各州政府的表现进行了评估，这些指标包括财政收支预测准确度、长期债务管理能力以及预算通过的及时性等。他发现，在信任水平较高的州，州政府的表现也明显要更好。[111]马里兰大学政治学家埃里克·尤斯兰纳指出："在信任水平较高的社会里，制度的运转也更好。"[112]

然而，随着不平等水平上升，美国公民的公民精神有所减弱。帕特南在2000年提出，近十年来，美国的"社会资本"出现了显著下降，因为美国人加入公民团体、参与志愿活动和社交活动的积极性显著下降，这一观点在美国引起了一阵轰动。美国人不再热衷于参与保龄球联合会，而是更喜欢独自打保龄。帕特南把他的这本书也取名为《独自打保龄》（*Bowling Alone*）。[113]例如，从1990年到1997年，尽管进入公立学校学习的儿童数量增加了500万人，但家长—教师协会（parent-teacher association）的成员数量却减少了50万人，而且自从帕特南的《独自打保龄》一书出版以来，这一下降趋势还在不断延续。[114]人们对于其他人和政府的信任显著下降。美国全国公民权大会（National Conference on Citizenship）对美国公民精神进行了或许是最全面的衡量，该组织是由美国国会在1953年创建的，目的是加强公民参与。

全国公民权大会对公民参与和公民态度的数十个不同指标进行了评估，结果显示，自 20 世纪 70 年代中期起，美国的公民精神下降了 15 个百分点。[115] 2014 年美国中期选举的选民投票率创下了二战以来的最低点——要知道，上次出现这么低的情况，还是由于许多公民因为战争而无暇他顾——这显示出了这个时代的大趋势。[116]

当然，在公民精神的相关指标中，并非所有指标都出现大幅下降，有些甚至没有任何下降。例如，自 20 世纪 70 年代以来，总统大选的投票率仅仅略有下滑，从 1972 年总统大选的 63% 降至 2012 年总统大选的 57%，因为除了不平等以外，还有许多其他原因会影响人们是否参与政治。教育水平尤为重要，人们是否被要求参与以及候选人的号召力也很重要。[117] “9 · 11”恐怖袭击短暂激发起了公民的参与热情，这类事件也会产生重要影响。极高的不平等程度有时也会暂时性地引起公众的愤怒和政治参与。但是，在剔除了其他所有因素的影响后，经济的高度不平等还是会减少公民参与。加利福尼亚大学洛杉矶分校经济学家多拉 · 科斯塔（Dora Costa）和马修 · 卡恩（Matthew Kahn）发现，“在解释社会资本的下降方面，最重要的因素……是收入不平等程度的上升。”[118] 有时，人们能够克服公民参与的障碍，但在大多数时候，障碍都会胜利。

糟糕的政府是如何伤害经济的

过去30年，随着不平等程度不断上升，政治权力也逐渐向富人倾斜，政治变得更加两极分化，公民参与受到严重损害。对美国民主制度来说，这些都是令人担忧的迹象。当然，这些指标本身不会必然导致政府治理的质量出现足以伤害经济的下降。尽管可能性不太大，但美国政府仍然是有可能很好地支持经济增长的。

为了了解政府质量的下降是如何伤害经济的，我们需要更加细致地观察美国政府的实际表现。遗憾的是，在近几十年里，美国政府未能提供足以支持经济强劲增长的治理架构。在教育和基础设施等重要公共产品方面，美国政府投资严重不足，而且还变得更加倾向于给富人提供优惠待遇，损害了公共利益。

公路和学校投资不足

与南北战争前的南方和中南美洲的前殖民地国家一样，美国未能对能够促进未来经济增长的公共产品进行投资。我们之所以没能进行这些投资，是因为中产阶级缺少足够的政治权力将自己的偏好转化成政策。民调结果清晰地显示，大多数美国人强烈支持增加在教育和基础设施方面的支出。但这些公共产品对富人来说通常不如对中产阶级那么重要。尽管富人经常也会支持在学校和公路方面的支出，但他们对于通过交税来提供支持的兴趣不大，而且他们普遍有能力在私下里获得这些公共产品的替代品。当情况不妙、优先事项已定时，也就是需要就开支项目和税率等问题做出决定时，富人的优先选择有着更大的影响力。这就意味着美国在基础设施和教育方面的投资会出现不足。

很明显，美国的基础设施情况非常糟糕。美国的桥梁发生过突然垮塌，堤防工程也遭遇过惊人的失败。交通延误日益严重、能源网络日益衰败以及运输系统的可靠性日益下降等问题也许显得较为司空见惯，但也仍然很重要。美国土木工程师协会（American Society of Civil Engineers）给美国基础设施的评分是“D+”，该协会发现，美国有九分之一的桥梁存在结构缺陷，有 42% 的主要城市高速公路存在严重拥堵。[119] 他们预计，到 2020 年，美国的基础设施开支将有 1.1 万亿美元的缺口。[120]

美国基础设施的糟糕状况伤害了经济。2013 年，西雅图北部的一座桥梁发生垮塌，该桥梁一直被归类为“功能衰退”，因为它无法满足现代建筑要求。华盛顿州商务部门负责人当时估计，在桥梁修缮的过程中，该州的经济产出将遭受 4700 万美元的损失，因为每天约有 7 万辆汽车被迫改道，与加拿大之间的贸易也不得不另寻他路。[121] 更为普遍的损失包括延误带来的影响，通勤人员和商品每年因交通阻塞而浪费的时间和燃料成本高达1210亿美元。[122]类似的，由于自从1882年托马斯·爱迪生建立首个输电网络以来，美国的电力网络就几乎没有变化，未能进行现代化改造，这将在未来10年里给美国造成1970亿美元的损失，损失主要来自停电。[123]据管理咨询企业麦肯锡公司估计，到2020年，额外的基础设施投资可以增加180万个就业岗位，并且让年度国内生产总值增加多达3200亿美元。[124]

类似的，一个繁荣的21世纪经济需要一个受过良好教育的劳动力群体，事实上，这正是解决保守派所谓不平等问题或者说“社会流动性”问题的少数几个答案之一。[125]但在我们最需要教育投资的时候，美国却落后了。

在公民接受大学教育方面，美国曾经在世界上遥遥领先，但我们的大学毕业率却渐渐陷入停滞，被其他国家超越。简单地说，在过去几十年其他国家提高教育水平时，美国没有这么做。从20世纪70年代开始，教育水平的飞速提升就停滞了。[126]目前，在25岁至34岁的美国人中，只有约4成拥有大学学历，几乎等同于55岁至64岁的人中拥有大学学位的比例，这意味着大学毕业率在一代人以上的时间里几乎没有变化。[127]与之形成鲜明对比的是，像加拿大这样的国家显著提升了大学毕业率，以至于如今在加拿大年轻人中，有57%的人拥有大学学历，比上一代人有了显著提高。[128]而且，加拿大并不是唯一超越我们的国家。一直到1995年，美国都是世界上大学学历拥有者占总人口比例最高的国家，但如今，美国只能排到第 14 位。[129]

高等教育方面的公共支出未能与需求同步至少能够在一定程度上解释这种停滞。劳动者需要接受更高级的培训才能在国际经济中竞争，但我们却没有花钱帮助他们做好足够的准备。尽管对高等教育的需求已经增加，但高等教育方面的总体公共支出占经济的比重在过去 30 年里几乎保持不变。[130] 更糟糕的是，学生和家庭需要为高等教育支付的费用大幅增加。公立大学的学费在过去 30 年里增加了 2.5 倍以上。[131] 相比之下，家庭平均收入在同一时期仅增加了 16%。[132]

如今，美国大学从私人学费上获得的收入占总成本的比例约为 20 年前的两倍。[133] 总体来看，约有不到 40% 的高等教育支出来自公共部门，而在其他发达国家，这一比例几乎是美国的两倍。[134] 佩尔高等教育机会研究所（Pell Institute for the Study of Opportunity in Higher Education）高级学者托马斯·莫滕松（Thomas Mortenson）指出："公立高等教育正在逐渐被私有化。"[135] 大学学费的大幅增加使得高等教育的成本对有些家庭来说成了一个不可逾越的障碍，对某些中产阶级家庭来说则构成了庞大的财务负担。由于大学学费越来越贵，毕业人数也越来越少。

自从大衰退以来，用在大学教育方面的公共支出进一步减少。作为许多学校主要公共资金来源的各州政府不仅没能投入足够的资金，如果计算平均每个大学生获得的公共支出金额的话，这一数字在2008年至2013年间甚至还有下降，平均降幅达到28%。[136] 当然，有许多因素在起作用，包括经济萧条对州政府预算的影响。但中产阶级政治权力的衰落发挥了一定作用，尤其是因为，州政府的税收收入已经开始有所恢复，2013年的税收收入仅仅比2008年的水平低1.6%。[137] 预算反映出政府对于收入和支出的政策选择。在中产阶级更为强大的地方，政府的选择就更为倾向于教育。的确，在中产阶级相对较为强大的两个州北达科他州和怀俄明州，州政府在大衰退开始以来实际上增加了在高等教育方面的支出。[138]

当然，有许多原因导致这些州增加高等教育支出，这两个州非常幸运，在整个大衰退期间都有着较为强劲的经济。但如果我们更为细致地研究数据就会发现，拥有强大中产阶级的州普遍都会在高等教育上有更高的支出。笔者此前的研究显示，中产阶级更为强大的州——评价指标是中层60%的家庭所获收入占总收入的比重——在高等教育上所支出的资金占州政府收入的比例也更大。[139] 重要的是，即使排除了影响教育支出的其他因素，例如州政府收入水平、有色人种占总人口的比例，以及该州的人口年龄分布等，这一结论仍然有效。[140]

国家间的比较研究也显示，中产阶级国家在高等教育上的公共支出更高。在富裕国家高等教育支出占经济比重的排行榜上，美国只排在第 16 位。[141] 而且，随着中产阶级的衰落，我们的排名一直在下降。在 1995 年，也就是存在可比较数据的最早年份，美国的高等教育公共支出排名第 7 位，但如今已经落后于像奥地利和比利时这样更为平等的国家。

初等和中等教育支出的情形也与高等教育类似，但是还需要提出一些额外的警告。笔者此前对美国各州的研究发现，中产阶级较弱的州在初等和中等教育方面的支出也较少，即使排除了影响教育支出的其他因素之后也是同样的结果。[142] 类似的，西北大学经济学家马赛厄斯・德普克（Matthias Do-epke）和加利福尼亚大学卢万分校（UC Louvain）经济学家戴维・德・拉克鲁瓦（David de la Croix）研究发现，无论是在美国各州还是世界各国，不平等都与较低的公共教育支出水平紧密相关。[143] 他们还发现，在不平等程度较高的州和国家，接受私立教育的儿童比例也较高，这意味着在这些地区，富人选择跳出公立教育系统，对于支持公立学校也缺少兴趣。然而，这一研究并非最终定论，而且初等和中等教育方面的公共支出占经济的比例在过去几十年里还略有增加，这意味着其中的关系错综复杂，除了不平等以外，还有许多其他因素也在影响支出水平。[144] 但是，如果中产阶级更为强大的话，在初等和中等教育方面的支出可能还会更高。的确，与其他富裕国家相比，美国的初等和中等教育支出占国内生产总值的比重仅排在第 16 位，落后于挪威和丹麦这样中产阶级更为强大的国家。[145] 因此，尽管初等和中等教育支出所受的影响不如高等教育支出那么明显，但最基本的情况是，美国之所以在公立教育方面投资不足，一定程度上是由于不平等程度居高不下。

或许可以说比教育更加严重的是，当今美国在基础设施上的公共支出尤为不足。随着过去几十年不平等程度上升，公共基础设施投资稳步下降，正如图表 2 所示。美国国会预算局（Congressional Budget Office）的报告称，2007 年联邦、州和地方三级政府在基础设施方面的总开支占 GDP 的 2.4%，这是我们能够获得全方位数据的最近一个年份。[146] 如果我们的基础设施开支占 GDP 的比重与 20 世纪 70 年代中期相当的

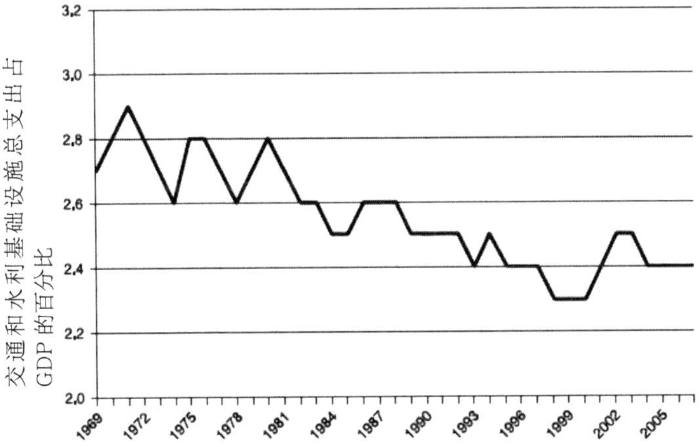

图表 2. 基础设施公共总支出占 GDP 的比例显著下滑。

来源：国会预算局，《交通和水利基础设施公共支出》（2010）。公共总支出包括联邦、州和地方三级政府的支出。基础设施在这里被定义为交通和水利基础设施。

话（2.8%），光是2007年，我们就会多出近600亿美元的额外基础设施开支。[147]如今，我们在基础设施上花的钱与40年前相当，但现在的经济规模已经比那时要大得多。[148]除了长期趋势以外，对州一级基础设施支出的分析还显示，中产阶级在支持增加基础设施投资方面发挥了重要作用。如果拿过去10年中产阶级力量最强大的10个州与中产阶级最弱的10个州相比，可以发现，前者的基础设施支出占国内生产总值的比重比后者高出50%以上。[149]

由于这种下行趋势，美国如今在基础设施上的支出要远少于我们的竞争对手。《经济学人》杂志指出："自从20世纪60年代以来，美国在交通和水利基础设施方面的总体公共支出一直在稳步下降，如今占GDP的2.4%。与美国形成鲜明对比的是，欧洲在基础设施方面的投资占GDP的5%，而中国的比例高达9%，它们正大踏步迈向未来。"[150]来自世界经济论坛（World Economic Forum）的调查将美国基础设施的状况评价为极差：该论坛2012年至2013年的报告将美国整体基础设施的质量列为世界第25位，排在巴巴多斯（Barbados）、阿曼（Oman）和巴林（Bahrain）等国的后面。在航空运输基础设施方面，美国排在第13位，在电力供应质量（即是否有停电和存在电压不稳等现象）方面排名第33位，落后于波斯尼亚（Bosnia）、巴巴多斯和葡萄牙（Portugal）等国。[151]

在数字的背后，最近联邦高速公路法案的故事凸显出不平等对政府治理造成的损害是如何伤害经济的。不平等让政治出现两极分化，即使是在争议相对较小的问题上，达成一致也十分困难，以至于国会几乎已经无法完成政府的基本功能，如花钱修路。2012 年的联邦高速公路法案将建设开支维持在现有的严重不足的水平上，未能扭转先前的趋势，也没能满足基础设施的建设需求。[152] 不过这几乎都已经不重要了，真正重要的是导致该法案获得通过的机能失灵的政治过程。

国会打破了每五年通过一项高速公路长期建设法案的传统，只能同意采取一系列暂时性措施来拖延时间：在 2009 年 9 月 30 日到 2012 年 7 月 6 日间，国会通过了 10 项不同的"临时性"延长计划，允许此前授权的支出水平得以继续执行。尽管临时性措施总比没有任何联邦资金支持要好，但用这种办法来应对长期的基础设施建设计划实际上非常糟糕，让规划建设新项目变得几乎不可能实现。正如美国商会（US Chamber of Commerce）主席托马斯·多纳休（Thomas Donahue）所说，"如果你能得到 90 天或者 120 天的延长期，州和社区里就什么也不会发生。"[153] 多纳休继续说，州长和市长们"不可能在那段时间里写出一份建设交通基础设施的合同来，原本可以增加的就业岗位也因此将会丧失掉。"国会在 2012 年取得了一项突破，当时它设法授权了一项 2 年期的高速公路建设法案，但所有人都认识到，在一项 2 年期的法案结束后紧跟着长达三年的临时性措施将是一件令人十分尴尬的事情，也无法满足美国的实际需求。[154] 更糟糕的是，在 2014 年夏天，当高速公路项目的资金按原计划即将用尽之时，国会所能做的只是提供另一项为期仅有几个月的临时性补救措施。[155]

这种党派之间的僵局，以及政府在基础设施和教育上的投资不足都源于中产阶级的衰落。中产阶级没有足够的政治权力，无法从政府那里得偿所愿。公众想要政府增加在基础设施和教育方面的支出，但由于富人对于维持低税率有着强烈的偏好，他们无法完成希望进行的投资。例如，布鲁金斯学会和西北大学在 2012 年 10 月联合进行的一项民意调查发现，81% 的美国人认为政府需要加强在高等教育体系方面的投资，还有更多的人表示，高等教育对于实现美国梦来说至关重要。[156] 其他的一些民调也得出了类似的结果：一项名为“综合社会调查”（General Social Survey）的长期学术调查发现，约有 75% 的美国人支持增加教育开支。[157] 基础设施投资也获得了较高的支持率：93% 的人认为改善基础设施十分重要；72% 的人支持“增加在建设和修缮道路、桥梁和学校等方面的联邦开支”；81% 的人准备支付更多的税款以实现这一点。[158]

尽管富人经常也会支持在基础设施和教育方面的投资，但他们的支持力度不如中产阶级那么大。中产阶级对这些基础公共服务的依赖远比富人要大。富人可以选择不接受部分公共产品，例如，他们可以把孩子送往私立学校上学。当富人无法完全抛弃公共产品时，比如他们仍然不得不使用公路和机场，他们经常会用手中的金钱来克服这些公共产品的部分缺陷。公立大学学费显著增加对于富人来说其实压力不如中产阶级那么大。飞机头等舱的旅客可以进入快速安检通道，而其他旅客就不得不在普通通道慢慢等待。[159] 一些城市如今甚至特别规定，只要花钱就可以驾车驶入拼车专用道，即使你只有一个人出行。[160] 豪华车制造商奥迪公司在推广该公司车型的时候说："道路资金缺口 4500 亿美元。如果拥有一辆对的车，你也许永远也注意不到这一点。"[161]

比起对公共服务的不同层次需求，或许更为重要的是对待税收和政府支出的态度存在巨大差异。与中产阶级相比，富人有着更为强烈的愿望想要维持低税率。吉伦斯在研究了近 2000 人的调查问卷后发现，富人对于税收和政府支出的支持率比中产阶级要低。[162]

一项对前 1% 的富人——他们最臭名昭著的特点是很少接受民意调查——进行的民意调查显示出富人与中产阶级的偏好存在着怎样的分歧。这项研究的作者是政治学家本杰明·佩奇、拉里·巴特尔斯和杰森·西赖特（Jason Seawright），他们发现，超级富豪想要的税率比中产阶级想要的还要低。[163] 重要的是，这项研究发现，富人想要降低税率的迫切程度要更甚于其他政治目标。对富人来说，在教育和基础设施上的开支不如低税率那么重要。这几位作者写道："美国富人与普通大众截然相反，他们更倾向于用削减项目而非增加税收的方式应对预算赤字，甚至是削减非常受欢迎的社会项目。"

有关教育支出的一组尤为具有启发性的问题暴露出了富人与中产阶级之间的巨大差异，显示出中产阶级比富人更加重视教育支出。佩奇、巴特尔斯和西赖特发现，只有28%的富人认为政府应当"确保所有想上大学的人都能有学上"，而普通民众中有78%的人支持这一看法。类似的，只有35%的富人感到"政府应当使用一切必要资金确保所有儿童都能上到好的公立学校"，而普通民众中有87%的人这么认为。

民调结果清晰显示，对富人来说公共产品更并非当务之急，但对中产阶级来说却非常重要。当富人拥有足够的政治权力能够无视大众的需求时，中产阶级和经济整体就将付出代价。总之，富人的政治权力不断增加，再加上政治高度两极分化和公众的政治参与减少，导致政府在基础设施和高等教育方面的投资严重不足。

寻租行为在增加

即便我们的政府在基础设施和教育方面的投入如此不足，它还是在越来越多地给富人和强大的既得利益阶层提供特别优待。当企业或者个人利用手中的金钱和权力鼓励政府为他们提供特殊好处时，这就叫作寻租。由于寻租行为通常是暗中进行的，因此也极为难以衡量。但现有证据有力地证明，随着中产阶级在最近几十年不断衰落，富人得以通过寻租行为榨取越来越大的利益。的确，如今的寻租水平可能甚至已经接近了黄金时代，至少在某些观察家看来是这样。

2003年的医疗保险现代化法案就是现代寻租行为的经典案例，这一法案得到通过的过程显示出当今寻租行为的一些关键要素：合法，通过竞选捐款、游说和职业旋转门等方式进行，有时还会采用强硬手段。该法案给医疗保险增加了一项医疗处方药福利，却禁止联邦政府就所涵盖药品的价格进行谈判。这迫使该项目不得不为药品支付过度高昂的费用，使得大量资金被从纳税人手中转移到制药公司的账户上，而且对经济造成伤害，因为这些钱原本可以得到更为有效的利用。《普通内科医学杂志》（*Journal of General Internal Medicine*）上的一篇文章估计，由于不能就药价进行谈判，纳税人每年要损失200亿美元以上。[164] 据美国国会众议院监督委员会（House Oversight Committee）估计，由于一项独立条款迫使政府不得不为适用联邦医疗保险制度和公共医疗补助制度的人群支付更高且没有任何谈判余地的药品价格，该条款在生效前两年就带来了37亿美元的额外成本。[165]

该法案之所以会演变成这样，很可能是因为制药公司每年花费1亿美元进行游说活动，而且在21世纪初的每个大选周期都要花费2000万美元用于竞选捐款。据《新闻60分》（*60 Minutes*）调查，至少有15名曾在法案得到通过的过程中发挥重要作用的政府高层官员在法案通过后不久就前往制药公司工作。[166]来自路易斯安那州（Louisiana）的众议员比利·陶津（Billy Tauzin）曾亲自起草法案文本并且帮助该法案在众议院得到通过。就在该法案经布什总统签字正式生效的同一个月，他开始就担任药物研究机构和制药厂商协会（PhRMA）主席兼首席执行官一事展开谈判，该机构是一个著名的制药公司游说团体。在任职制药行业后，他的年薪高达200万美元，大约是他在国会时薪水的10倍。[167]

来自北卡罗来纳州的共和党众议员沃特·琼斯（Walter Jones）在接受《新闻60分》采访时说："起草法案文本的就是制药行业的说客。"而来自密歇根州（Michigan）的民主党众议员约翰·丁格尔（John Dingell）也谈到了同样的内容，他指出，该法案"是由它们的说客起草的。"[168]此外，琼斯还表示，该法案及其得到通过的过程比他在长期政治生涯中看到的任何事都要恶劣。他说，投票被安排在凌晨3点，而不是正常的工作时间："我从政已有22年，这是我在这22年里见到的最为丑陋的一个夜晚。"

该法案也有可能是由于其他原因才如此偏向于制药公司。法案支持者声称，"小政府"理念是与政府进行价格谈判的做法相违背的。但是，这种"小政府"理念反对的应当是昂贵的法案，或者说至少也是反对将符合条件参与两种不同政府项目的人强行置于其中更加昂贵的那一个之中。

对经济造成伤害的寻租行为的终极案例或许是银行业利用其日渐增加的财富改变政策，使政策对自己有利，并且引发大衰退的案例。这个故事如果发生在黄金时代或者在一个发展中国家的话，可能会让人感觉更加熟悉。在过去几十年里，华尔街对政府产生了重大影响，以至于它能够进行利润丰厚但风险也很高的业务。当这些风险被证明对华尔街来说过高而无法承受，且有可能拖累整个经济时，政府对这些背景深厚的华尔街企业出手相救，却几乎没有附加任何条件，这与政府在救援政治背景不深的其他企业时的做法大相径庭。

与其他行业一样，银行业也在利用他们的金钱获得政治影响力和机会。银行和它们的高管显然有很多金钱可以挥霍。在过去几十年里，银行业占经济的比重几乎增加了2倍，以至于银行业的利润如今占到所有企业利润总和的30%。[169] 与此同时，金融从业人员的薪资也大幅增加。在收入最高的0.1%的人中，银行家的比例从1979年的11%上升到2005年的18%。[170]

凭借着这些非凡的利润和薪水，银行家们有了充足的资金可以为他们的事业提供帮助。麻省理工学院经济学家西蒙·约翰逊（Simon Johnson）和康涅狄格大学（University of Connecticut）法学教授郭庾信（James Kwak）在他们有关银行业危机的书中写到，银行的影响力是基于“流经金融部门的前所未有的巨量资金，这些资金日益集中在少数几个超级银行手中”。[171]FIRE——这个词是金融（financial）、保险（insurance）和房地产（real estate）等行业的首字母缩写，被许多人用来指代华尔街——在过去几十年的竞选活动中通常都名列行业捐款总额的第一位，在游说花费方面也是名列前茅。FIRE 的竞选捐款从 1990 竞选周期的仅 1.08 亿美元增加到 2006 竞选周期的 3.3 亿美元，这时正值危机爆发前夕。[172] 游说花费的增长也呈现出类似趋势，从 1998 年的 2.92 亿美元（这一年首次出现这一方面的数据）增加到 2006 年的 4.32 亿美元（以上数据都折合成了 2012 年的美元水平）。[173] 2006 年时，FIRE 雇佣了总计 2848 名说客，其中有一半人此前曾在政府中工作。[174] 这意味着每一名国会成员就对应着 5 名以上的银行业说客。

凭借着手中的金钱，华尔街极大地影响了政策。[175] 例如，分别来自普林斯顿大学、芝加哥大学和不列颠哥伦比亚大学（University of British Columbia）的三位经济学家阿蒂夫·米安（Atif Mian）、阿米尔·苏菲（Amir Sufi）和弗朗切斯科·特雷比（Francesco Trebbi）对一系列可能影响次级贷款的法案的最终命运进行了研究，他们的结论是，“如果以来自房贷行业的竞选捐款总额来衡量特殊利益的话，可以说这种特殊利益影响了政府政策，鼓励了次级贷款的迅猛增长。”[176]

当然，华尔街的很大一部分影响力并不直接来自捐款和游说，而是来自财富所带来的声望和更广泛的文化变迁。正如西蒙·约翰逊和郭庾信所写的：“竞选捐款和私营部门与政府服务之间的旋转门让华尔街的银行在华盛顿获得了影响力，但他们的最终胜利在于按照对自己有利的方式转变了传统智慧，以至于他们的说客所持的论点对议员和政府官员来说都是不证自明的。”[177]然而，最重要的一点是，华尔街对政治进程有着相对强大的影响力，尽管它的金钱并不是唯一起作用的因素。

在几十年时间里，华尔街推动实现了一系列法律和监管制度方面的变化，提升了银行的利润，但也增加了经济的风险。让华尔街得益的最重要的变化之一就是废除《格拉斯—斯蒂高尔法案》（Glass-Steagall Act），这项法律是在大萧条爆发后实施的，主要是通过将投资银行业务从传统银行借贷中剥离从而降低发生金融危机的风险，但各家银行认为这是阻止它们开展高利润业务的障碍。[178]另一项政策变化使得次级贷款几乎不受任何监管。[179]美联储（Federal Reserve）前董事会成员爱德华·格拉姆利克（Edward Gramlich）就这一变化如此写道：“在次贷市场，我们亟需监管，但大部分贷款却很少受到监管。”[180]

还有另一个规定变化让银行得以在账目上保留风险最高的抵押贷款证券，如果这些证券失效的话，这些银行几乎没有准备任何资本给予支持。美国《国事杂志》（*National*

Journal）解释说，这种做法“将银行业规定完全颠倒”，因为这意味着“高风险证券所需要的资本支持比更为安全的证券还要少。”[181] 另一个决定让大型投资银行得以使用内部模型而不是政府监管机构的模型来计算它们需要维持的资本数额，这让它们能够拥有极大的“灵活性”可以增加杠杆，并借此增加利润，但同时风险也毫无疑问会大幅增加。[182]

有几项令银行业受益的政策变化甚至没有一个合理的公共政策理由来为其正名。郭庾信就指出了一些最没有道理的政策变化：“美联储决定不对非银行业抵押贷款人进行消费者权益保护检查，这似乎是与1994年的《房屋所有权和权益保护法》（Home Ownership and Equity Protection Act）相抵触的……[而且]让印地麦克银行（IndyMac Bancorp）能够追溯它的资本注入，从而使估值看起来似乎比实际情况更高，并且规避了联邦储蓄保险公司（Federal Dcposit Insurance Corporation，FDIC）的额外限制。我们很难用公共利益来为这种做法辩护。”[183]

银行还寻求阻止政府对被称作“衍生品”（derivatives）的复杂金融交易实施新的监管，因为这些金融产品利润非常高。[184] 衍生品是一种金融产品，它的价值来自基础资产，比如股票，但并不涉及该资产的实际出售。衍生品可以进行更大规模的交易和投机，因为它让基础资产能够被以不同的方式分割。投资家沃伦·巴菲特（Warren Buffett）将衍生品称作“大规模杀伤性金融武器”，因为它们的价值极为不稳定，给经济带来了巨大风险。[185]

一种声名狼藉的衍生品名为“合成有抵押债务”（synthetic collateralized debt obligation），它可以帮助银行在房地产泡沫期间赚更多的钱，同时也会增加系统性风险。华尔街坚称，这些衍生品风险很低，但它们最终带来的风险比银行家们预期的要高得多，随着这些衍生品的价值一溃千里，这一事实也变得一目了然。[186]

以上这些对华尔街有利的政策变化带来的巨大风险是引发大衰退的关键。当然，这些增加了金融风险的政策变化并不是金融危机爆发的唯一原因，但它们的确是非常重要的因素。芝加哥大学金融学教授路易吉·津加莱斯（Luigi Zingales）解释说：“这场危机的根源在于糟糕的监管、透明度的缺失以及由多年的正收益带来的市场懈怠情绪。”[187]

华尔街的金钱不仅仅导致了大衰退，而且在金融危机爆发后，它还影响了国会，使它做出决定以慷慨的条款对大银行施以援手。阿蒂夫·米安、阿米尔·苏菲和弗朗切斯科·特雷比指出：“以更多的金融业竞选捐款为外在表现形式的特殊利益增加了《紧急经济稳定法案》（Emergency Economic Stabilization Act）得到支持的可能性”，该法案俗称银行救援法案。[188]据估计，在银行救援措施实施后的多年时间里，美国6家规模最大的银行获得了多达820亿美元的所谓“太大而不能倒”补贴，这是因为市场很清楚如果再次出现麻烦，政府还会施以援手，所以接受了银行收益率降低的事实。[189]事实上，一些研究发现，华尔街之所以能够获得如此高的利润和薪水，很重要的原因是过去几十年政府政策的变化。[190]

华尔街大型银行所受到的慷慨对待与政府对待中小型银行的做法大相径庭，同样也与美国鼓励其他国家应对金融危机的做法截然不同。救援银行业也许可以说是为了保护经济免受进一步的伤害，但对于这种救援方式却很难辩护。约翰逊与郭庚信解释说：“政府选择救援金融体系，这一决定没什么人会提出质疑，但它的救援方法是在最大、最有权势的银行最需要的时候给其开出空头支票。政府的选择是不强迫这些银行接受足以改革整个行业甚至替换大型银行管理层的条件……这一政策与美国财政部在 20 世纪 90 年代新兴市场金融危机期间的做法大相径庭，当时美国主要官员敦促受到危机影响的国家迅速而直接地解决结构性问题。”[191]

由于政府的决定一边倒地对华尔街有利，我们很难忽视一种令人困扰的深层次趋势。随着财富的增加，华尔街利用手中的金钱影响政府政策为自己谋利，却以损害公众利益为代价。《金融时报》（*Financial Times*）资深社论作者约翰·普伦德（John Plender）解释说，“通过竞选资金和政治捐款”，华尔街“使自己获得保护，不用对社会负担相应的责任。”[192]的确，正如约翰逊和郭庚信总结的那样，华尔街的影响力如此之大，以至于“华尔街的银行已经成了美国新的寡头，这一群体通过经济权力获取政治权力，然后又利用这种政治权力为自己谋利。”[193]

华尔街的影响力有力地证明了近几十年来富人通过寻租行为从政府那里榨取了越来越大的利益。但还有一些轶事也有助于说明寻租行为变得究竟有多普遍。《2005年能源法案》（2005 Energy Bill）被《华盛顿邮报》（*Washington Post*）谴责为“给能源行业准备的补贴大礼包”，因为该法案为石油、天然气、煤炭和核能等行业提供了数十亿美元的补贴。这一法案是又一个法案内容和批准过程十分可耻的例证。[194]据报道，时任副总统切尼曾在私下里与说客一同工作，起草出了该法案的早期文本。[195]据美国广播公司新闻网站（ABC News）上的一篇文章透露，由至少37个“先锋队员”和“突击队员”家族经营和代理的企业“注定将从能源法案中获利数十亿美元”，而所谓“先锋队员”和“突击队员”指的是那些曾在布什总统的连任竞选活动中分别捐款10万美元和20万美元的个人。[196]来自亚利桑那州的共和党参议员约翰·麦凯恩称这一法案是“没有遗漏一个说客的法案”。[197]

这一能源法案不仅浪费了原本可以得到更有效使用的资金，还给业已十分富有但未来不太可能得到增长的行业，如煤炭行业，带来了巨大优势，与此同时，能源行业未来的有力竞争者，如风能和太阳能行业，却被置于不利地位。[198]

寻租行为不仅仅是为了获得政府补贴，尽管这种补贴非常可耻。寻租行为还包括要求政府限制竞争，只让少部分背景深厚的企业获利，却以整个社会和经济受损为代价。以我们龟速又昂贵的互联网为例。处在互联网的领先地位有助于推动未来的经济增长。联邦通信委员会前主席朱利叶斯·吉纳霍夫斯基（Julius Genachowski）解释说："我们正处在一个全球性的带宽竞赛之中。一个国家未来的经济安全是与信息的快速、无障碍获取紧密相关的。人与人之间的链接速度越快，经济增长的速度就会越快……就像 20 世纪的太空竞赛一样，这场竞赛的成功将释放出一波创意浪潮，有助于决定谁能够引领 21 世纪的全球经济。"[199]

美国是互联网的发明者和先驱，我们推广和普及了互联网，以便公民和企业能够利用它所带来的优势。然而，我们却让这种领导地位慢慢丧失，因为我们的互联网速度、广度和费用都落后于其他国家。正如新美国基金会（New America Foundation）在一份报告中所说的："如果按照宽带的接入、应用、速率和价格来衡量，美国的世界排名已经从第一下降到第 15 名至第 21 名之间。"[200]

国会和监管机构将垄断权拱手交给了有线电视企业，它们是大部分互联网服务的提供商，并且允许它们规避政府监管，而其他类型的垄断服务提供商，例如电力企业，普遍都要接受政府监管，政府会要求它们保证服务质量，并且为涨价设置了条件。《金融时报》的爱德华·卢斯（Edward Luce）指出："通过十分有效的游说活动，美国有线电视企业规避了早先针对电信和电力企业设置的通用接入和价格合理条款。"[201] 有线电视企业不仅阻挠监管，还挫败了为加大公开竞争所采取的努力。本杰明·N·卡多佐法学院（Benjamin N. Cardozo School of Law）教授苏珊·克劳福德（Susan Crawford）曾出版过一本名为《被绑架的观众：新黄金时代的电信产业和垄断权力》（*Captive Audience: The Telecom Industry and Monopoly Power in the New Gilded Age*）的书，她解释了"6名来自时代华纳公司（Time Warner）的说客是如何说服北卡罗来纳州议会通过一项所谓的'公平竞争'法案，从而让该州的城市无法建立自己的高速互联网网络的。"[202]

我们还可以举出更多寻租案例，从延长知识产权期限，以便企业保留获益丰厚的产品线不进入公共领域，到"以牺牲消费者利益为代价让信用卡企业获益"的"破产改革"法案。[203] 类似的，来自长期政治观察家的语录也在不断累加，如前国会议员、罗纳德·里根总统的预算负责人戴维·斯托克曼（David Stockman）曾说，"权贵资本主义……变得越来越糟糕"；哈佛大学政府学教授托马斯·帕特森（Thomas Patterson）曾指出："19世纪末的强盗资本家与今天的资本家相比简直就是小儿科"；诺贝尔经济学奖得主约瑟夫·斯蒂格利茨则写道，当今的"寻租行为在美国经济中无处不在。"[204]

对于那些想要获得更多有关这一趋势的定量数据的人来说，只要查阅一下免税代码（tax code）中税式支出（tax expenditure）的数量就能获得更多证据，这些证据可以证明富人在过去几十年里通过寻租行为获得的利益日益增加。税式支出是一种为特定群体或行为制定的特殊税收优惠政策。[205] 少部分象征性的例子包括所谓“附带收益漏洞（carried interest loophole）”，它让对冲基金经理能够以比大多数劳动者更低的税率支付收入税，以及为石油和天然气企业设置的大量税收优惠措施，例如“无形钻井成本费用”（expensing of intangible drilling costs）等。[206]

自从20世纪70年代初联邦政府开始记录税式支出以来，税式支出的名目逐步增加。[207] 政府问责局（Government Accountability Office）的数据显示，“从1974年到2004年，税式支出的数量翻了一番，从67项增加到146项。”[208] 这一数字后来继续攀升，皮尤慈善基金会（Pew Charitable Trusts）数据显示，到2013年，税式支出的数量达到173项。[209] 尽管在这一时期通过了多项“税收制度改革”法案，但特殊减免条款数量的逐步增加有力地证明了富人越来越多地使用他们的权力来从政府获得好处。[210]

公平地说，并非所有税式支出都是明显的寻租行为。有些税式支出的确有着更广泛的目的，并且对中产阶级有利。但它们通常情况下都会包含一些寻租的成分，因为如果想要以更为有效的方式给中产阶级提供同样的好处，经常会遭遇来自相关行业的反对。[211] 此外，大部分税式支出针对的都是收入较高的人群。国会预算局的数据显示，大约一半以上的税式支出资金流向了收入排在前 20% 的人群，其中大部分都进了最富阶层的腰包。[212] 收入排在前 1% 的人获得了大约六分之一的税式支出总额。

腐败是最为明目张胆的一种寻租行为，它指的是政府雇员或者民选官员从事非法活动并为自己谋利。所有证据都显示，随着中产阶级的衰落，腐败现象大幅增加。富裕的个人和企业向政客行贿的频率似乎也大幅增加。

装满现金的纸包被秘密地交给民选官员，以换取某种形式的优待，这可能像是电影里的画面，或者是其他国家才会有的烦恼，但是，这些事情的确在美国发生了。在 2013 年，一名前华盛顿市议员承认“在办公室收受了装在行李袋和咖啡杯里的数千美元现金”，而在 2009 年，联邦调查局探员在一名路易斯安那州众议员的冰箱里发现了藏匿的 9 万美元现金，并在追查后发现这笔钱来自该议员收到的一个行李箱，这名众议员随后因腐败行为而被判有罪。[213] 阿拉巴马州杰斐逊县（Jefferson County, Alabama）的全部 5 名重要官员都被认定收受了贿赂，并且参与了最终导致该县破产的活动。[214] 这些贿赂的数额十分触目惊心，以至于决定维持腐败判决的法官写道：“‘盗贼统治’（Kleptocracy）一词描述的是‘一种以狷獗的贪婪和腐败为特点的政府’……要想更好地解释这个词，字典也许应该在定义后加上这么一句话：‘例如，从 1998 年到 2008 年期间的阿拉巴马州杰斐逊县政府’。”[215]

对官员腐败现象进行的研究发现，这种现象在美国收入不平等程度较高的州出现的频率更高，如路易斯安那州和阿拉巴马州，即使在控制了影响一个地区腐败现象的其他因素，如该地区的平均收入和教育水平后仍然如此。[216]例如，哈佛大学的爱德华·格莱泽（Edward Glaeser）和雷文·萨克斯（Raven Saks）研究了从 1976 年到 2002 年美国各州的腐败情况，发现“收入不平等会增加腐败水平”。[217]

尽管跨州别研究有助于展示不平等程度与腐败之间的联系，但它无法揭示整体腐败水平是否在近几十年有提高。不过，自 20 世纪 70 年代以来，美国司法部一直在跟踪官员腐败案件的定罪数据，他们的数据显示，被判犯有腐败罪的政府官员数量占总人口的比例在 1972 年至 2012 年间增加了近 3 倍。[218]需要指出的是，这些官方的政府数据在测算长期的腐败水平方面存在缺陷，因为它测算的是定罪数量，而非腐败行为。[219]除了腐败水平以外，有很多因素会影响定罪率。不过，这些长期的趋势数据是我们能够获得的最好的数据，而且它们与其他一些证据也是一致的。

例如，世界银行自从 1996 年以来一直在编制“腐败控制指数”（Control of Corruption Index），主要依据的是各国专家的调查。这一指数也显示出腐败水平的上升。[220] 对美国公众的民调也描绘了一个类似的图景。作为一项历史悠久的学术调查，美国全国选举调查显示，在 1972 年时，36% 的美国人认为“少部分”政府官员“有贪污行为”，而到了 2012 年，有类似看法的民众比例增加到了 60%。[221] 尽管这些针对公众的民调结果印证了官方的统计数据，不过需要指出的是，它们不仅反映了人们对严格意义上非法腐败行为的态度，还反映了对寻租行为的更广泛评估，以及非法的贿赂与合法的竞选捐款或者高薪工作旋转门之间的差别。

一系列测算方法都显示出，随着近几十年不平等程度的提高，政府越来越习惯于提供特别优待帮助富人和既得利益阶层。这种做法对经济造成了伤害，因为它浪费了税款，扼杀了竞争和创新，并且导致了 2007 年和 2008 年的金融危机。

结语

如今美国政府的表现比几十年前中产阶级较为强大之时要更加糟糕。在过去几十年里，随着不平等程度上升，富人用他们日益增加的财富获取了对政府决策的影响力，政治冲突不断加剧，公民社会的一些基本要素也遭到削弱。最重要的是，政府的这些失败对经济增长造成了损害。

富人在随心所欲影响公共政策方面不相称的权力，他们主要是通过游说、竞选捐款和其他手段来影响政策，从根本上伤害了经济的重要组成部分。寻租行为不断增加，对华尔街的无条件救援和过去几十年税收优惠项目数量翻倍就是很好的例证。明目张胆的腐败行为也显著增加。在高等教育上的支出陷入停滞，而对基础设施的投资则出现下降，尽管公众强烈希望增加在这些当务之急的事务上的支出。

由于政府的这些糟糕表现，我们再也无法在大学毕业率方面领先世界（被许多竞争对手超过），我们的互联网服务既慢又贵，我们的基础设施比一些发展中国家还要不靠谱。当其他国家的政府出现这种失败并且阻碍经济发展时，它们很容易被发现。尽管承认同样类型的失败也在美国出现要更加困难，但证据确凿无疑，它的确在美国出现了。

第 4 章

稳定的消费需求

1914年，亨利·福特（Henry Ford）的勇敢行动改变了汽车行业，并且影响了未来几十年的美国经济。在那一年，他将员工的工资提高了一倍以上，达到每天5美元，这与此前2.34美元的日薪相比是一个巨大提升，而且远高于市场的需要。[1]各大报纸头条都为这一决定欢呼雀跃。全国各地的工人蜂拥至底特律，渴望挣到这一高工资，大多数人理所当然地认为福特公司之所以这么做，是基于某种崇高的理想。许多人之所以支持福特，是因为他们认为这种行为是一种令人惊叹的善意，但其他一些企业领袖却谴责福特给工厂赋予了某种格格不入的道德价值观。[2]《华尔街日报》在一篇尖酸刻薄的社论中强调，福特的圣经式原则导致他犯下了“经济上的失误，甚至是罪行”。[3]

但福特之所以给工人涨工资，并不是出于什么崇高的原则或者对工人的喜爱。事实上，福特最为臭名昭著的做法就是设立了一个组织，专门负责在家中监控雇员并且打击工会组织者。[4] 福特的涨薪决定纯粹是基于商业利益。[5]

福特需要一批心满意足的工人能够留在工作岗位上，作为一个生产大众消费产品的企业老板，他还能够从收入日益增长的庞大消费者群体中收益，因为只有这样消费者才能买得起他的车。正如他所解释的：“大部分商品的消费者正是这些商品的制造者……我们永远不能忘记这一事实……这也是我们实现繁荣的秘诀。”[6] 的确，在工资上涨后，福特公司在仅仅 2 年时间里就实现了汽车销量翻一番，利润也显著增加。[7]

亨利·福特的例子为中产阶级的消费需求在促进经济增长方面的关键作用提供了良好的注解，并且相当精确地描绘了美国经济在二战前的几十年是如何运转的。在那一时期，工人们可以更为公平地分享经济收益，而且由于工人的收入不断增加，他们也能进行更多消费。由于消费的增加，企业有更大的动力去投资建设新工厂、生产线和产品，这又有助于生产变得更有效率并且促进经济增长。

遗憾的是，这种模式再也无法适用于美国经济。在 2007 年至 2009 年的大衰退爆发之前的几年时间里，个人消费在很大程度上依赖的是日渐增加的债务而不是收入。中产阶级消费者承受的债务让经济在冲击面前更容易受到损害，并且减缓了经济恢复的速度。[8] 如今，在大衰退正式结束后，经济仍然跛足向前，因为中产阶级消费者有所退却，他们正艰难地减轻自身的债务负担，并且在面对收入不断下降时调整自己，而收入的下降让企业不愿开始新的投资项目。企业家兼风险投资家尼克·哈诺尔（Nick Hanauer）是亚马逊公司的首个非家族投资人。他在2011年撰写的一篇专栏文章呼应了亨利·福特的思想："只要有一个好点子，我就能建立一家企业，然后招募几十或几百个工人。但如果没人能买得起我卖的东西，我的企业很快就会失败，所有这些就业岗位也将烟消云散。"[9]

因此，在未来许多年，美国经济可能都要继续在无法实现潜在产出的情况下艰难前行，这会让整体经济损失数以百万计的潜在就业岗位和数以万亿计的经济增量。更糟糕的是，在这一时期，长期失业人口（这部分人在2014年5月的数量多达340万）渐渐失去了职业技能，这让他们更加难以重回劳动力大军，即使重新就业，生产效率和收入也会打折扣。[10]如果未来利率显著升高，使得偿还债务的负担进一步加重的话，消费者可能会不得不比现在更加节约开支。因此，消费需求受限的问题将会对经济的长期增长产生巨大影响。[11]

消费需求和中产阶级的经济学

需求与经济增长之间的联系对于有着悠久和辉煌历史的经济学传统来说是一个核心问题。在20世纪30年代，大萧条持续不退，当时的英国传奇经济学家约翰·梅纳德·凯恩斯解释说，消费者和企业陷入了一个恶性循环，即低水平的消费和过高的产能导致极少的新增投资和就业岗位。在这些情况下，经济不太可能自行恢复到之前的水平，而且可能会在很长一段时期里陷入极低的增长甚至是负增长。凯恩斯强调，为了让经济恢复增长，需要在供给和需求之间找到适当的平衡。

要想鼓励新投资并借此刺激经济增长，需求的增加是必不可少的。[12] 只有在各家企业认为自己的产品有了足够的消费者时，它们才会进行资本投资或者雇佣新的工人，因为只有在这时，潜在的利润才值得冒险。它们对于消费需求的预期至关重要。凯恩斯指出："只有在未来的消费支出有望增加的情况下……新的资本投资才会出现。"[13] 商业投资对于消费需求的变化极为敏感：即使消费者仅仅略微削减支出，企业在雇佣工人或者增加投资方面也会变得十分不情愿。

需求、投资和增长之间的这种联系意味着当需求不足时，经济就会遭受长期的高失业率和低增长率甚至零增长。凯恩斯写道："有效需求不充分有可能，而且在通常情况下的确会导致就业率的增加在实现充分就业之前陷入停滞。"[14]

遗憾的是，在 20 世纪 70 年代，凯恩斯似乎已经感到自己不再受经济学领域垂青了，尽管对许多经济学家来说，需求仍然在解释经济运行方面发挥重要作用，尤其是在经济困难时期。更糟糕的是，在过去几十年里，供给经济学主导了政府的决策。正如其名称所暗示的那样，供给经济学忽视消费的重要性，反而强调供给，尤其是强调资本是投资的主要驱动力，而资本在很大程度上要受到税收和监管的影响。供给经济学的早期倡导者之一祖德·万尼斯基曾写道："经济学家不需要对供需规律的'需求'侧给予多少关注。"[15]消费者"需求能力的局限完全取决于供给。"

当然，忽视需求十分愚蠢。需求的重要性对于那些真正关注它的人来说是不言自明的，而自从大衰退爆发以来，消费和投资需求的重要性一直非常明显。美国经济在供给侧已经泛滥成灾，如曾经日渐崩溃的房地产市场，有那么多被取消赎回权的房屋空置着。经济提供更多供给的能力并不会瞬间消失：木匠不会忘记如何建造房屋，企业也不会为了不再制造商品而摧毁工厂。真正的问题在于需求不足。正如旧金山联邦储备银行（Federal Reserve Bank of San Francisco）总裁兼首席执行官约翰·威廉斯（John Williams）在2013年解释的那样："失业率居高不下的主要原因是缺少需求。"[16]

大衰退爆发以来，经济学家们纷纷回归凯恩斯的怀抱。对凯恩斯持批评态度的芝加哥大学经济学家小罗伯特·卢卡斯（Robert Lucas Jr.）在2008年经济崩溃之时打趣说："我估计每个人背地里都是凯恩斯主义者。"[17]甚至连一些著名的供给经济学支持者都不得不承认，需求总量的不足造成了美国持续的高失业率和缓慢的经济增长。[18]例如，曾在里根和老布什两届政府内身居高位的布鲁斯·巴特利特（Bruce

Bartlett）就最近的经济困境写道："傻瓜，问题在于需求总量。"[19] 只有少部分顽固的供给经济学支持者仍然对需求增长的重要性嗤之以鼻，坚信所谓供给产生需求的错误立场。[20] 当然，供给无法自己产生需求，在经济衰退期尤其如此。

尽管许多经济学家都理解需求的重要性，但在大衰退的酝酿阶段，很少有人认识到中产阶级的衰落正在改变消费需求，并威胁到经济。简而言之，他们没有考虑到不断上升的不平等程度是如何影响需求的。正如诺贝尔经济学奖得主约瑟夫·斯蒂格利茨所解释的那样："多年来，宏观经济学的主流范式忽略了不平等现象，这一范式认为收入分配不重要，至少对宏观经济来说是这样。"[21] 如果我们重新审视 2004 年时较为流行的宏观经济学教科书，我们会发现，只有一本教科书提到了收入分配会影响消费。[22]

经济学家们之所以忽略中产阶级的衰落，是因为他们的主要经济增长模型假设经济是个体"有代表性"的人。[23] 即使是更为复杂的模型，提出的假设也十分类似。[24] 这些假设让模型相对便于操控，在一段时间里，它们似乎也产生了有用的结果。但它们从根本上说是存在缺陷的。

正是因为这些有缺陷的模型，许多经济学家认为，美国消费者不断提高的债务水平不足为虑，因为平均来看，美国消费者同样也在变得更为富裕，具有代表性的消费者处境很不错。[25] 即使财富的增长大部分集中在超级富豪阶层，或者中产阶级的所谓财富增长主要依赖的是房地产泡沫也无所谓。尽管少部分经济学家的确曾在大衰退爆发前警告说经济不平等正在影响消费需求，有可能给经济带来问题，但他们的观点普遍不被主流所接受。[26]

直到大衰退爆发后，经济学家们才开始认真关注中产阶级、需求和经济增长之间的联系。对于中产阶级的力量强弱是如何通过消费需求影响经济增长的，学者们仍然在进行激烈辩论，这在一定程度上是因为这一领域的研究大部分还很新。然而，有几件事很清楚：首先，大衰退爆发前中产阶级承受的高昂债务让经济更容易发生崩溃，并且让经济衰退的严重性更为恶化。其次，由于困境中的中产阶级减少了消费，经济复苏非常缓慢。这两个事实有力地证明了美国中产阶级的衰落影响了消费需求，并极大地伤害了经济增长。

债务与大衰退的前奏

在大衰退爆发前的几十年里，通过减少储蓄、增加借贷，尽管收入增长陷入停滞，中产阶级仍然维持了较高的消费水平。中产阶级债务水平的增幅令人震惊。

从1960年到80年代中期，美国经济中家庭债务总额占可支配收入的比例保持相对稳定。[27]但债务水平从80年代末到90年代开始上升，并且在21世纪前十年出现飙升，以至于到了 2007 年，家庭债务总额占可支配收入的比例与 20 多年前相比增加了近一倍。[28] 房屋抵押贷款占据增幅的大部分，但其他形式的债务，例如信用卡债务，也出现了显著增长。[29] 在同一时期，国民家庭存款率从占可支配收入的 8% 下降到 2% 以下。[30]

不断上涨的债务水平成了中产阶级的沉重负担。[31] 对富人来说，债务占收入的比例增加很少。[32] 但对其他所有人来说，由于收入增长陷入停滞，额外的债务就意味着债务负担显著增加。在 2007 年，收入排在后 95% 的人的债务水平约为收入的 1.5 倍，而对收入排在前 5% 的人来说，债务水平仅为收入的 60% 多一点。[33] 此外，中产阶级和穷人使用了极高的杠杆，这意味着他们的债务水平与资产相比非常高，而对富人来说，如果有必要的话，他们可以用许多其他资产来偿还债务。[34]

由于消费受债务驱动，因而需求一直保持强劲，实际上还有所增加。[35] 在大衰退爆发前的几十年里，美国经济对债务的依赖高得惊人。据一项研究估计，在经济崩溃前，总需求量的约 8% 都来自收入分配底层 95% 家庭的过量借贷。[36] 在一段时间里，这种基于债务的消费的确有助于支撑经济，正如美联储经济学家威廉·埃蒙斯（William Emmons）所写的："毫不夸张地说，在经济崩溃前的一段时期，消费支出是经济增长的主要动力。"[37]

为什么中产阶级的需求如此严重地依赖债务，这一点目前仍在激烈辩论之中，但这背后可能不只有一个原因。[38] 当然，有些人只是无法控制消费冲动，入不敷出而已。但在大部分情况下，中产阶级的衰落与信贷的日益扩张共同作用促使债务激增到了创纪录的水平。信贷之所以扩张，至少在一定程度上是因为富人利用他们日渐增加的财富影响了政治进程，并且减少了对银行业的监管，正如第三章所描述的那样；不过，技术的变化也非常重要，如电脑模型就帮助实现了贷款过程的自动化操作。[39] 由于贷款标准放宽，更多的人有资格申请抵押贷款、房屋净值贷款（home equity loans）和信用卡，并且可以承担比以往更高的债务水平。信用卡，以及特别是抵押贷款变得更容易获得，对于那些信用等级低、收入不稳定且财产很少的人而言尤其如此，这一事实对于美国债务水平的上升至关重要。[40] 但如果中产阶级的境遇更好一些的话，债务不太可能达到如此高的水平，或者成为现在这么大的问题。

许多美国人之所以承担额外的债务，是因为所谓的中产阶级核心商品，如住房、教育和医疗，所需成本的增长速度比他们的收入增长还要快，而他们想要维持中产阶级的生活方式。[41] 的确，在 1970 年至 2009 年间，房屋平均价格的增速几乎是通货膨胀率的两倍，大学学费也是如此，而医疗保障成本的增速比通货膨胀快 50%。[42] 随着收入增长陷入停滞，举债成了担负这些中产阶级基本开销的主要方式。

房屋价格的急剧增加是一个至关重要的因素，因为通常来说，住房是大多数家庭进行的最大一笔单次购买项目，其他的财务决定与买房相比简直相形见绌。因此，当房价飙升之时，主要是在 1998 年至 2006 年期间，购房通常会让一个家庭深陷债务泥潭，在那些房价增速远超全国平均水平的地方尤其如此。[43] 由于住房不仅仅是一个居住的地方，还意味着一个好的学区，人们尤其愿意节衣缩食地购买学区房，以便他们的孩子接受良好的教育。[44]

房价上涨的作用之所以非常重要，不仅因为它意味着一种生活必需品的价格正在上涨，还因为它暂时性地提升了房屋所有者的净财富。由于房价快速上涨，房屋所有者变得越来越富裕，而他们以及贷款机构可以打折出售他们的债务总额。由于中产阶级看起来更加富裕，他们感到可以进行更多消费了，尽管他们收入并未增加。从更广泛的层面来说，在收入增长陷入停滞的情况下，美国人利用住房的价值来维持中产阶级的生活方式。普林斯顿大学经济学家阿蒂夫·米安和芝加哥大学金融学教授阿米尔·苏菲发现，在房地产泡沫期间，房屋净值每增加 1 美元，房屋所有者平均会提取 25 美分，其中大部分很可能都用在了额外的消费上。[45]

债务水平增幅如此之大的另一部分原因是，超级富豪的消费模式改变了中产阶级的消费倾向，而前者的收入增加很快。[46] 对一个中产阶级来说以前绰绰有余的住房或者其他商品在与超级富豪们购买的超大型住房和奢侈品相对比之后，就显得有些寒酸了。当富人们纷纷给原本已经很大的房子再增加一个客房时，在中产阶级看来，增加第二个洗手间，以便父母不必与孩子共用同一个洗手间，或者增加第三个卧室，以便家里的孩子都能有自己的卧室，这些做法似乎再也不是多余的了。正如许多研究人员发现的那样，当人们见识到富人是如何消费的时候，他们的消费也会增加。[47]

但是，无论美国人为什么要承担如此高的债务，中产阶级这么高的债务水平都给经济带来了巨大风险。美国中产阶级存款不多，他们的大部分资产都来自住房的价值。如果遇到麻烦的话，如失业或者住房价值下跌，中产阶级就需要大幅削减消费，甚至拖欠贷款，而这将对整个经济产生影响。

到2007年底，麻烦开始酝酿。住房价格停止了令人眼花缭乱的增长，稳定在了比2006年中期的峰值低很多的水平，失业率开始上升，借贷市场开始紧缩。[48]由于中产阶级处境不稳固，这些都是不祥的预兆。一旦这些情况中的任何一个出现恶化，一段时期的需求萎缩就可能很轻易地导致经济大幅下滑。因此，在大衰退爆发前夕，经济已经为大崩溃做好了准备，而经济不平等对于这种局面的形成起到了很大作用。

大衰退以及中产阶级需求的崩溃

大衰退正式爆发是在2007年12月，但恐慌真正袭来却是在 2008 年秋天。道·琼斯股指创纪录地在一天之内下跌了 777 点，有 76.5 万人在一个月内丢掉了饭碗，房价暴跌，信贷冻结，一直到联邦政府最终进行干预，对制造房地产泡沫的大型金融机构进行大规模救援，信贷市场才解冻。[49]

下跌的房价和股价、紧缩的信贷和高涨的失业率，这几个因素之间相互作用，使得债务越来越难以偿还。由于有如此多的家庭无力偿还抵押贷款，住房的价值持续下跌，不仅对房屋所有者，还对银行和华尔街的其他金融机构造成了巨大损害。[50] 华尔街深陷困境，信贷资源枯竭，损害了依赖贷款来支持投资的企业和寻求购买住房的家庭。由于越来越多的企业面临威胁，股票市场出现大幅下跌。所有这些因素都让需求大幅萎缩。经济萧条的持续时间越长，消费支出下降的程度就越厉害。[51] 时任美联储管理委员会成员的萨拉·布卢姆·拉斯金（Sarah Bloom Raskin）在 2013 年的一篇演讲中对这些关联进行了总结，她解释说："由于这些中低收入家庭遭受重创，经济萧条更加恶化，复苏也更为疲软。"[52]

作为中产阶级债务的主要来源，房产对于消费的减少和随后经济的下滑起到了尤为重要的作用。[53] 住房作为一项资产对中产阶级和穷人的重要性比对富人的重要性要大得多，因为富人通常情况下还有其他来源的财富，如股票和债券。因此，当房价在 2006 年到 2009 年间下跌 30% 时，中产阶级和穷人所承受的净资产下滑比富人要大得多。[54] 房价的下跌只消除了富人的少部分财富，但对许多中产阶级和穷人家庭来说，这些财富却是他们穷极一生的积蓄，最终许多人的房产价值甚至都抵不上债务总额。[55] 由于许多中产阶级家庭有着庞大的抵押贷款，他们净资产遭受的损失甚至比房价的下跌还要大。在 2010 年所有的房屋销售中，约有三分之一都是卖空交易或者抵押品赎回权被取消的情况。[56] 即使在这些扣押房产销售都结束后，在 2011 年还有四分之一的有抵押房产存在负资产现象，这意味着抵押贷款总额比房屋价值还要高。[57] 据一项研究估计，在 2007 年到 2011 年间，有四分之一的美国人损失了财富总额的至少 75%。[58]

由于债务水平居高不下，收入增长停滞不前，而净资产却呈现自由落体式的下跌，中产阶级和穷人不得不削减支出，这给整个经济都带来了影响。阿米尔·苏菲和阿蒂夫·米安估计，大衰退期间约有一半的就业岗位流失都源于房价下跌造成的消费减少。他们写道："因家庭收支表疲弱不振造成的总需求量下滑是经济萧条期间失业率长期居高不下的主要解释。"[59]

类似的，时任布鲁金斯学会研究员的卡伦·戴南（Karen Dynan）发现，房产债务在恶化经济萧条方面起到了关键作用。戴南的研究显示，在那些大衰退爆发前房产泡沫尤为巨大的州，在大衰退来袭时，拥有高额债务的家庭的消费降幅是其他家庭的两倍。[60]

中产阶级家庭承受的高额债务并不是导致大衰退的唯一原因，华尔街的高风险业务当然是关键原因，但不可否认的是，中产阶级的衰落是一个重要因素。而且，总的来说，大衰退带来了巨大的破坏。在 2007 年 12 月到 2009 年 10 月期间，失业率翻了一番。[61] 在仅仅一年时间里，即 2008 年，美国家庭财富中的 22% 烟消云散，这要归咎于房价暴跌和股市崩溃。[62] 剔除通胀因素后的房价在 2006 年初到达顶点，但在那之后的近 6 年时间里一直在下跌，并且在 2012 年初终于跌至谷底，到这时，房价已降低了约 40%。[63]

大衰退的后果

毫无疑问，消费需求疲软让复苏受到制约。大衰退对于中产阶级家庭来说是一次巨大冲击，导致他们增加存款、减少债务并控制支出。正如美联储的拉斯金所解释的那样，许多家庭“都在削减支出，以重新积攒存款，并且有可能还在控制预算，以使债务水平与新的经济现实保持一致。”[64] 许多证据显示，消费者已经有所退却，用经济学家的话说，他们正在“去杠杆化”。[65] 在 2012 年底，家庭债务占收入的比例与顶峰时相比已经降低了约五分之一。[66] 2012 年的储蓄率已经升至 20 世纪 90 年代中期的水平。[67]

毫不奇怪的是，中产阶级削减的支出最多，比富人要多得多。华盛顿大学（University of Washington）的巴里·西纳蒙（Barry Cynamon）和史蒂文·法扎里（Steven Fazzari）发现，自从大衰退以来，中产阶级的消费比以往减少了很多，与此同时，富人阶层的消费却出现了更强劲的复苏。[68] 他们写道："底层 95% 民众的消费率锐减。"[69] 相比之下，他们发现，占据顶层 5% 的富人有能力在大衰退期间更为成功地维持原有的消费水平，这要归功于他们更高的收入和相对较小的债务负担。类似的，《华尔街日报》强调说，中产阶级消费水平下降已经成了一大问题。富人仍然有钱用于消费，因此为他们提供服务的企业境况尚可，但大多数企业更为依赖中产阶级的需求，这些企业所受的打击最为严重。文章解释说："在大衰退爆发后，奢侈品消费基本没有变化，但是那些与普通美国人紧密相关的企业日子就不那么好过了。"[70]

对于试图摆脱债务、积攒存款的个人来说，减少支出、增加储蓄是好事。但这么做会降低总需求量，进而削弱经济复苏。[71] 多年来，消费支出都低于大衰退爆发前的趋势，而且此次衰退期结束后的消费支出增长速度比以往几次衰退期结束后的情况都要更慢。[72] 马萨诸塞大学（University of Massachusetts）的克里斯蒂安·韦勒（Christian Weller）解释说："过高的家庭债务水平……依然是美国经济困境的根源"，因为它"制约了消费支出"。[73]

发现需求不足有损于经济的不仅仅是经济学家们，还有民调企业。在大衰退结束后的几年时间里，针对小型企业的月度调查始终显示，经济中存在的最为重要的问题是“销售不振”，这意味着需求疲软。[74]一项针对经济预测专家的调查发现，大多数预测专家认为，“美国企业之所不愿意增加雇佣人数，主要原因是需求不足。”[75]大多数大型零售商如今都对它们的投资人说，疲软的消费需求是企业面临的一大风险。[76]

没有充足的消费需求，企业就不敢雇佣员工或者投资建设新的工厂。相反，这些企业正坐拥“创纪录的巨额资金”。[77]据美联储数据显示，在2013年第三季度，非金融类企业拥有近1.8万亿美元的现金或其他流动资产。[78]这些企业之所以这么做，至少部分原因是需求的匮乏。[79]《华尔街日报》解释说：“现金的累积显示出，在经济复苏仍然十分缓慢，且居高不下的失业率和困境重重的家庭财务状况仍在限制消费者的消费能力的情况下，许多企业对于投入资金进行扩张极为谨慎。”[80]

由于需求疲软和投资不足，大衰退结束后的经济复苏一直十分缓慢。尽管经济情况已经开始有所改善，但自从经济衰退结束以来，平均就业增长率一直很低。据估计，如果这一趋势持续下去的话，要想最终达到经济崩溃前美国长期保持的就业水平，还要再多花几年时间。[81]

现有证据清晰显示，中产阶级高昂的债务水平和增长陷入停滞的收入制约了经济复苏，并且让经济陷入了长期的疲软状态。[82] 正如普林斯顿大学经济学家艾伦·克鲁格在2012年的一篇演讲中所说的：“我们正处在一段产能过剩的时期……如果中产阶级的规模没有因不平等程度提高而出现萎缩的话，经济也许会更好，总需求也许会更加强劲。”[83] 甚至连美国企业研究所常驻学者约翰·梅金（John Makin）这样的保守派都对于经济的持续低迷给出了相似的解释，这可以看出这一观点究竟有多么显而易见。梅金在2013年的一篇论文中解释说，“2008年的大量财产损失促使美国家庭限制了消费，以便通过更高的储蓄率重新积累财富。当然，这么做的副作用就是GDP增长缓慢和复苏疲软。”[84]

结语

中产阶级消费增加可以让企业有动力雇佣员工、增加投资，并且生产新的商品和提供新的服务，从而促进经济增长。亨利·福特在100年前给员工工资翻番的时候就已经意识到，经济的好坏取决于消费者能否负担得起企业生产的商品。后来，商人尼克·哈诺尔以一种更具煽动性的方式表达了这一观点，他说：“只有消费者才能开启一个良性循环，让企业能够生存和发展，并且让企业主有能力雇佣工人。一个普通中产阶级消费者对就业的促进作用比我以前和以后见到的任何因素都要大。”[85]

但是，在供给经济学占主导的时代，需求的重要性被太多政客所忽视，而中产阶级消费者在支撑需求方面的关键作用也被太多经济学家所忽视。大衰退揭示了这种忽视的错误所在。

在经济崩溃前的几年时间里，消费所依赖的不是收入增长——收入增长对可持续的经济增长而言是十分必要的——而是中产阶级日渐增加的债务负担。这让经济变得更为脆弱，也让经济崩溃变得更加剧烈。自从金融崩溃以来，复苏一直十分疲软，这是因为债台高筑、收入减少且缺少贷款能力或者贷款意愿的中产阶级降低了消费水平。正如约瑟夫·斯蒂格利茨所解释的那样：“从某种意义上说，如今总需求量以及整个美国经济的不足都可以归咎于极端的不平等。”[86]正如本章所解释的那样，要想让经济回到正轨，需要一个繁荣的中产阶级表现出强大和可持续的需求。

第5章

人力资本

史蒂夫·乔布斯是多家世界最重要企业的创始人，包括苹果公司和皮克斯动画工作室。在他6岁时，他的父亲曾送给他一些小工具，并且在自己的工作台上辟出了一个角落。父亲对他说：“史蒂夫，现在这就是你的工作台了。”随后，父亲开始向他展示如何把东西拆开再组装回去。[1]乔布斯的父亲受教育程度并不高，从未获得过高中毕业文凭，但他能够与儿子分享自己的机械技能以及电子学基本知识。

在以后的多年时间里，乔布斯花费了大量时间在工作台上玩耍，他鼓捣的最重要的东西是一个工具箱，他可以根据详细说明自己动手制作电子设备。这个工具箱非常有价值，因为它让乔布斯很好地理解了一个已完工产品的内部构造，尤其还因为它让他获得了一种认识，那就是自己可以真正地制造某样以前从来没有做过的东西。当他看到一台电视或者其他高级设备时，他会想，“我还没有做过这个，但我可以。”[2]

尽管乔布斯的父母受教育程度不高，家庭财富也不多，但它们能够提供一个稳定且相互支持的中产阶级环境。在乔布斯的童年，他的自信、好奇心和电子学知识都得到了很好的培养。乔布斯在发展自身技能方面得到的帮助不仅来自家庭，还来自他4年级时的老师，这名老师“重新激发”了他的学习热情，以及他在大学时上的部分课程。[3]这种“人力资本”与一些资本相结合——这些资本来自乔布斯平时的部分积蓄、卖掉大众牌面包车所获的收入，以及来自其他创始人的资金，使得乔布斯得以创办苹果公司。[4]在他的整个职业生涯期间，这些技能帮助他创造了许多新产品，从麦金塔（Macintosh）电脑到iPhone再到iPad等不一而足。

尽管乔布斯有着过人的天赋，但他的故事还是揭示出了人力资本的一些基本要素，展示了为什么人力资本如此重要，同时也暗示出为什么随着中产阶级的衰落，我们在制造人力资本方面落后于其他国家。

人力资本是一个人对知识和技能的储备，它让人们可以从事极具经济价值的工作。它是一个十分宽泛的概念，不仅包括一个人的教育水平，还包括经验、创造力和健康，所有这些都能提升劳动者的生产效率。[5]当中产阶级较为强大时，会有更多的人有机会像史蒂夫·乔布斯一样在经济上完全展现自身的天赋。但随着中产阶级的衰落，个人想要开发和利用自身能力也变得更加困难。

在人力资本的许多衡量指标上，美国都曾领先于世界，但如今却表现糟糕。在一系列教育指标方面，美国都落后于其他许多国家。在健康指标方面，我们比其他富裕国家要糟得多。企业家精神指标也出现下降，在最近几十年里，企业家占总人口的比重下降了近一半。在一项最为全面地衡量天赋浪费的指标上，美国儿童在经济地位上超越父母的能力要弱于其他大多数发达国家。毫不意外的是，在 2013 年对一系列人力资本指标进行的一项全球性调查中，美国仅排在第 16 位。[6]

美国人力资本的糟糕状况与供给经济学的预测是截然相反的。供给经济学认为，日渐提高的不平等水平能够更好地激励人们去接受教育，从而挣到更多的钱。[7] 类似的，乔治·W·布什总统领导下的白宫曾指出，他的减税政策虽然让最高收入人群获得了最多的好处，但能够激发“企业家精神”，因为“边际税率越低，人们就越有动力……去开办新企业。”[8] 但是，供给经济学的逻辑显然没能奏效。非但这一政策没能帮助人们开发和利用自身天赋，极高的经济不平等水平反而还削弱了美国的人力资本，直接否定了供给经济学的基础性机制。

美国人力资本的疲弱状态还源于许多经济学家所秉持的错误逻辑。尽管许多经济学家已经认识到，不平等有可能在某些情况下阻碍人力资本的发展，但许多人还是认为，总的来说，不平等可以提高人力资本。标准经济学理论认为，不平等可以激励个人获取额外的知识和技能。根据这种理论，受教育程度高低不同的人之间收入差距越大，人们寻求更高教育水平的动力也就越大。[9]尽管有很多经济学研究都显示穷人，甚至是中产阶级，通常情况下都无法对他们的教育进行最高水平的投资，因为他们没有足够的资金或者借贷能力，但是这些研究很少能影响经济学家对经济增长的理解，因此，认为不平等有助于提高人力资本和经济增长的标准经济学理论才会居于主导地位。[10]

由于现代经济严重依赖人力资本，美国在利用人力资本方面的失败正在对经济造成深层次伤害。[11]正如诺贝尔经济学奖得主西奥多·舒尔茨（Theodore Schultz）解释的那样："人力资本……是经济进步的关键。"[12]一些研究发现，人力资本在现代经济中是影响经济增长的最重要因素，其他一些研究则发现，它与实物资本同等重要，或者重要性略低于实物资本。[13]但几乎所有研究都认为，人力资本很重要。

当然，不平等、教育、健康、企业家精神和流动性之间的关系十分复杂，这其中还存在重要的反馈回路，例如，不平等与教育水平低之间互为因果。这些注意事项对于我们取得正确理解至关重要，但它们不应让我们忽略一个基本事实，那就是美国之所以未能完全开发和利用其人民的人力资本，很大程度上是因为中产阶级的衰落。

教育

尽管乔布斯的父亲连高中都没毕业，但史蒂夫·乔布斯本人却上了大学，这让他在那个时代显得非常典型，因为那时大约有65%的男性教育程度比父辈要高。[14]这种持续性的进步帮助美国在教育领域成为世界领袖，高中和大学毕业生的比例比世界大多数国家都要高。[15]但是如今，教育程度比父母高的美国儿童数量已经有所减少，而孩子的受教育程度比父母低的现象越来越普遍。[16]

由于美国的教育水平没有迅速提升，因而它渐渐落在了教育水平飞速提升的其他国家后面。高中毕业率自20世纪70年代以来就几乎没有变化，如今已经远远低于英国等国家，甚至连匈牙利都不如。[17]我们的大学毕业率几十年来也几乎没有变过。美国的大学毕业率排在世界第14位，而就在不久以前，美国还曾与其他国家并列第一。[18]

针对高中生数学、科学和阅读能力的国际性测试显示，美国在富裕国家中排名处于中游，远远落后于芬兰、加拿大、韩国和澳大利亚等国。[19]美国的平均测试成绩比许多竞争对手都要低，因为它的低分学生数量更多，这些学生甚至连基本的技能都无法掌握，而拥有高级思辨能力的高分学生数量要更少。[20]例如，在国际阅读能力测试中，成绩排在前10%的加拿大学生的平均成绩比美国学生要高出10分，而成绩排在后 10% 的加拿大学生平均成绩比美国学生要高出 33 分。[21] 与芬兰等国家的对比也有着类似的结果。[22]

测试分数的这些差距不仅仅是几分那么简单；它们在现实世界也有着很重要的意义。俄亥俄州立大学（Ohio State University）社会学家约瑟夫·梅里（Joseph Merry）发现，低分美国学生的学习进度比加拿大学生落后 2 年，而高分美国学生则落后近 1 年。[23]

对工作技能的研究也得出了类似的结果。美国成年人在现代工作场所所需的技能方面远远落后于其他富裕国家。[24] 更糟糕的是，青年人的工作技能比年长者还要更为落后。

对涓滴经济学的支持者来说，美国在教育上落后没有多少道理。最近几十年，接受良好教育的经济回报在美国一直在增加，甚至比一些在教育水平上超越美国的国家还要高。[25] 这应当能够在经济上激励人们在学校取得好成绩并且从大学毕业。但是，正如华盛顿公平增长研究中心执行主任希瑟·布希与经济与政策研究中心（Center for Economic and Policy Research）高级经济学家约翰·施密特（John Schmitt）在他们的研究中所强调的那样，未来的潜在收入并不是促进教育成就的唯一因素。[26] 其他因素也起到了一定作用，包括教师质量、学校架构、课程、家长支持力度、学生的其他机会以及同辈压力等。当然，一个家庭为孩子教育所投入的资金多寡会影响许多能够决定教育质量的因素。

在美国，很明显金钱对于取得学术成就来说已经变得前所未有地重要。我们的教育制度正在让不平等固化。随着不平等程度上升，富人可以很容易地在好学区购买住房，或者把他们的孩子送往私立学校。[27] 富人还可以很容易地承担不断飞涨的大学学费，而这些成本对来自中产阶级和穷人家庭的孩子来说成了教育之路上的障碍。[28]

富人还比中产阶级有更多的钱来承担课外活动的开销，例如艺术课程以及提高学业成绩的夏令营等。[29] 富人甚至还越来越多地花钱请“教育顾问”来帮助他们的孩子为进入好学校做准备，从学前班一直到大学都是如此。[30] 尽管中产阶级和穷人在这些课外活动方面的花费的确比以往有所增长，但他们仍然无法与财富日益增加的富人相竞争。[31] 中产阶级没有足够的收入或借贷能力来赶上富人的步伐。[32] 与富人相比，中产阶级和穷人能够拥有稳定工作的可能性较低，从而不利于对孩子进行长期的投资。[33]

经济上的不平等还倾向于导致收入相近的人们住在同一片区域，这种居住环境的隔离有可能损害普通家庭孩子的教育表现。[34] 现在这种情况尤其有可能出现，因为公立学校越来越依赖于学生家长的捐款，这意味着在较为贫穷的地区，公立学校能够从学生家长那里获得的捐款也更少，而在较为富裕的地区，公立学校获得的捐款更多。[35] 此外，经济不平等还导致政治上的不平等，使得政府在公立教育方面的支出有所减少，因为富人十分抵制通过缴税来支持教育支出的做法，我们在第三章对此有过详细描述。政治不平等通常还会导致教育经费的分配不均，通常来说较为富裕的地区能够获得更多资源。[36]最后，健康情况更好的学生在学术上的表现也会更好。[37]但在不平等的社会里，公民，尤其是那些不富裕的公民，健康情况通常会较差，本章随后将对这一点进行详细解释。

总的来说，随着不平等水平上升，富人能够对孩子教育投入比中产阶级和穷人更多的资金。因此，家庭收入在决定单个学生的学术成绩方面比其他因素，如天赋和勤奋更加重要。[38]当然，富人通常也有一些非经济的优势可以传给下一代并且影响教育成果，例如他们的关系、前景、家庭结构和行为方式等，但他们的金钱发挥了很大作用。[39]

这些因素导致在美国，来自中产阶级和上层阶级的孩子之间的教育成效出现了越来越大的差距。事实上，在数学和阅读能力的测试中，富裕家庭的孩子与中产阶级的家庭孩子的分数差距已经是 20 世纪 70 年代的近 2 倍了。[40]对穷人孩子来说，他们与较富裕家庭孩子的分数差距比 25 年前拉大了 30% 至 40%。[41]尽管穷人和中产阶级家庭的孩子长期来看考试成绩的确有所提高，但富裕家庭孩子的成绩提高得更快，从而使得差距被拉大。[42]

这种差距之大简直让人震惊。来自中产阶级家庭和来自富人家庭的孩子之间的学业水平差距与黑人和白人之间的学业水平差距大致相当。[43] 富人与穷人孩子之间的差距如今已经接近白人学生与黑人学生之间学业水平差距的两倍。[44] 正如斯坦福大学教育学教授肖恩·里尔登（Sean Reardon）所说："富人和中产阶级之间的学业差距与中产阶级和穷人之间的差距大致相同。"[45]

这些以收入为基础的显著差距不仅体现在考试成绩上，还体现在其他一些指标上，如大学毕业率。[46] 富人进入大学并完成学业的可能性比穷人或中产阶级要高得多，而且在过去20年里，这一差距显著增大。[47] 在过去几十年里，出身富裕家庭的孩子完成大学教育的比例增加了近20个百分点，但对中产阶级和穷人家庭的孩子而言，这一比例近乎停滞。[48] 美国教育部的数据显示，如今，一个中产阶级学生即使在标准化测试中取得很高的成绩，完成大学学业的可能性也比一个成绩普通但出身富裕家庭的学生要低。[49] 而一个出身穷人家庭的孩子即使考试成绩很高，完成大学学业的可能性也比成绩很低但是出身富人家庭的孩子要低。即使是对那些有资格在高中毕业典礼上致辞的优秀毕业生来说，所处的经济阶层也会影响他们的大学入学率。[50] 精英大学毕业生中来自不同阶层的孩子的比例差距尤为引人注目。在这些精英大学中，只有四分之一的学生来自中产阶级或者穷人家庭。[51] 据一项研究估计，哈佛大学学生家庭的平均年收入如今已经达到 45 万美元。[52]

金钱的力量造成美国教育水平差距拉大的现象在儿童的幼年最为明显，这一时期正是儿童需要进行大量学习以及大脑发育的重要时期。[53] 例如，对婴儿的测试显示，来自富裕和非富裕家庭的孩子认知能力水平相对而言较为相近。[54] 但随着婴儿成长为幼儿，然后达到上学的年龄后，经济阶层的差距就开始显现。[55]

在孩子开始上幼儿园前，大多数美国家庭需要自费送孩子上日托班，尤其是因为现在大部分女性在生完孩子以后会继续工作。[56] 高质量的日托班和学前班价格非常昂贵，而且这些花费还在急剧增加：从 1985 年到 2011 年，拥有在职母亲的家庭每周在日托班上的开销增加了约 70%，而在这一期间，家庭平均收入却没有增长。[57] 由于这些成本迅速增加，到 2011 年，对母亲全职工作孩子不到 5 岁的家庭来说，平均每个月花在照看孩子上的开销占到家庭月收入的 10% 以上。[58]

但是，即使花了这么高比例的资金在照看孩子上，许多家庭仍然担负不起高质量学前班的开销，部分原因是美国政府为有孩子的家庭提供的帮助远少于大多数其他发达国家。[59] 因此，穷人和中产阶级的孩子就只能勉强凑合了。许多中产阶级和穷人的孩子只能待在邻居家或者一些不正规的保育场所，尽管这些地方通常来说安全无虞，但是在儿童教育方面却没有什么特别之处，而富人的孩子则可以享受更加丰富的学前环境，有训练有素的老师带领他们学习有趣的课程。在4岁儿童接受早期教育的比例方面，美国在全世界只排在第23位。[60]

学前班环境的巨大不同有助于解释为什么中产阶级和穷人家庭的孩子在长到入学年龄时已经远远落后于富人家庭的孩子了。[61] 肖恩·里尔登解释说："儿童学业上的差距正在不断扩大，因为富裕学生在幼儿园中接受的教育比中产阶级学生要好得多，从而能够在进入学龄之后取得成功，这一现象正变得越来越普遍。"[62] 当然，孩子早期的这些差距并不都是源于金钱能够买到的东西，如富人还会更多地念书给孩子听，但承担高质量学前教育开销的能力是关键所在。[63]

由于阶级差距如此巨大，整个国家的总体教育水平也受到了影响，因为有这么多的儿童没有办法实现自身的潜力。在标准化测试中，4岁和5岁美国儿童的成绩要落后于其他国家的儿童，如加拿大。[64] 事实上，美国最年轻的学生落后于其他主要国家学生的差距几乎与高中学生的落后差距相当。[65]

更为普遍的是，越来越多的研究发现，经济不平等程度较高的国家在学术上的表现比更为平等的国家要差。[66] 例如，奥克兰大学（Oakland University）社会学家丹尼斯·康德伦（Dennis Condron）对发达国家15岁学生的考试成绩进行了研究，发现在经济不平等程度较高的国家，数学和科学成绩较差，即使排除了人均GDP等因素的影响也依然是这样的结果。[67]

其他的一些研究也得出了类似的结论，即使当它们研究的是不同组别的国家、不同的学生考试类型，或者使用的是不同的统计方法，结果依然相似，这有力地证明了经济不平等的国家在教育上的成绩更加糟糕。[68] 纽约州立大学布法罗分校（SUNY Buffalo）教育学教授赵明明（Ming Ming Chiu）和香港城市大学经济学家邱稳财（Lawrence Khoo）发现，在不平等程度较高的国家，学生的测试成绩普遍较差。[69] 对美国各州的研究也发现，在那些中产阶级较弱的州，衡量标准是占人口 60% 的中层民众所获得的收入占总收入的比例，标准化数学考试的成绩也较差。[70]

总而言之，由于不平等程度激增，中产阶级和穷人给孩子教育投入的资源比富人要少得多，从而使得美国的教育成果受到了很大影响。最重要的是，美国教育的失败产生了严重的经济后果。全球性咨询企业麦肯锡公司的一份报告指出，来自高收入家庭和来自普通家庭的孩子之间的学业水平差距相当于“在经济上造成了一次永久性的全国衰退”。[71] 据斯坦福大学胡佛研究所（Hoover Institution）高级研究员埃里克·哈努谢克（Eric Hanushek）和慕尼黑大学（University of Munich）经济学家卢德格尔·韦斯曼（Ludger Woessmann）估计，如果美国在国际性测试中的平均成绩能够提升到芬兰的水平，美国的 GDP 增长率每年可以提高 1 个百分点，由于美国的 GDP 增长率通常每年只有约 3%，因此这一数字非常可观。[72] 根据哈努谢克和韦斯曼的计算（哈努谢克和韦斯曼依据的是经合组织成员国在国际学生评估项目 PISA 中的成绩，芬兰在这一项目中的成绩是 546 分，而所谓基本熟练水平指的是 400 分），即使美国仅仅确保每个学生的成绩处在基本熟练的水平，对 GDP 增长率的提振作用也几乎差不多。[73]

健康

健康是人力资本中经常受到忽视的一个组成部分。但是如果一个人不够健康，无法按时上学或者工作，而是像史蒂夫・乔布斯一样在年富力强的年纪过早地死去的话，那么他们为经济做贡献的能力显然就会受到限制。如果一个国家的人口中有很多人受健康问题困扰，那么这个国家的经济就会受到损害。正如一份联合国报告所解释的那样："健康是人力资本的关键，而人力资本则是经济增长的一个重要决定因素。"[74] 许多研究都发现，健康有着重大的经济收益，其中一项研究估计，在富裕国家，30% 的经济增长都来自健康状况的改善。[75]

遗憾的是，美国中产阶级的衰落很有可能正在损害美国人的健康。当然，有许多其他因素会对健康产生更为重要的影响，但是金钱以及到底谁拥有金钱所起到的作用正日益加大。

已经有数百项研究关注经济不平等与健康之间的关系，它们主要关注的是预期寿命、婴儿死亡率、健康生活年限等一系列指标。我们从这些研究中得知，在美国，富人通常会比中产阶级和穷人更加健康，而且这种基于阶级的差距正在渐渐拉大。[76]我们还知道，经济不平等程度较低的国家和地区通常会有健康水平更高的人口。[77]最后，我们还知道，在过去几十年里，美国的健康水平已经落后于其他富裕国家。

美国国家科学院（National Academy of Sciences）在2011年对有关健康水平的数据和研究进行了一次全方位综述。该机构称："在过去25年里，美国的预期寿命增长速度比许多其他高收入国家要慢。其结果是，美国在世界预期寿命排名中一直在逐步下跌，而且美国与预期寿命最高的国家之间的差距正在不断扩大。"[78]如今，美国人活到至少50岁的可能性远比国家科学院研究报告中所涉及的其他高收入国家的人要低。[79]30年前，美国的人口预期寿命相当于其他发达国家人口预期寿命的平均值；而如今，美国是最低的。[80]

而且，至少对美国人口中的一部分人来说，美国的健康状况不仅仅落后于其他国家，甚至还出现了倒退。例如，受教育程度较低的白人女性的预期寿命在过去20年里出现下降。[81]类似的，收入水平处于底层40%的老年女性的预期寿命也显著下降。[82]此外，自从1990年以来，美国新生儿的平均体重也有所下降，这预示着未来的健康问题可能会进一步恶化，因为较低的新生儿体重预示着这些孩子在成年后可能患上慢性疾病。[83]在过去几十年里，一些美国人的健康状况实际上已经变得越来越糟，这十分令人震惊。自从现代医学出现以来，只要没有战争或者其他造成巨大干扰的灾难，人们的健康状况通常是越变越好的。[84]

尽管人们普遍认为经济不平等与较差的健康水平是相关的，但是对于较高的不平等程度是否真的导致健康水平较差，辩论仍在继续。[85]一些人坚持认为，不平等会通过制造压力和其他困难来直接降低健康水平，还会通过其他方式间接降低健康水平，例如，减少某些人享受医疗保障的机会等。相反，对此持怀疑态度的研究者指出，造成健康水平下降的是其他因素，例如贫穷，一旦这些因素得到控制，不平等事实上不会影响健康水平。

这场辩论十分激烈，而且至今没有定论，这在一定程度上是因为数据的问题让这一难题尤为难以解决。[86]但是，只关注贫穷并试图将不平等程度或者影响中产阶级的经济因素排除在外的那些解释似乎不太可能解释所有的基本事实。美国的贫困率比大多数其他发达国家都要高，而身处贫穷之中的人通常情况下物质匮乏的程度也比较高，因此贫穷也许可以在一定程度上解释这一问题。但是，在过去几十年里，贫困率并未上升，而且以某些方法来衡量的话，贫困率实际上还有所下降。[87]此外，许多不同组别女性的健康水平都有所下降，而她们很多人并不贫穷。与其他发达国家的人们相比，不仅仅是穷人，即使是中产阶级和富人，健康水平也不令人乐观。正如美国国家科学院所说的那样："美国人预期寿命的排名如此糟糕，不仅仅是因为社会经济地位较低的那些人死亡率很高。无论社会经济地位是高还是低，美国女性的死亡率排名都很糟糕。"[88]这意味着不仅仅贫穷无法提供完整答案，医疗保障也不能。因此，诸如《平价医疗法案》（Affordable Care Act）这样的努力，尽管能够让许多人（尤其是较为贫穷的美国人）享受到医疗保险并且改善健康水平，但不太可能扭转美国人健康水平比大多数其他富裕国家更低的趋势。

相反，如今至少已经有部分有力证据可以证明，较高的不平等程度导致了美国糟糕的健康水平。美国国家科学院的综述解释说，尽管现在就下定论还为时尚早，但"多项研究显示，经济不平等可以在一定程度上解释美国与其他国家之间预期寿命的差距。"伯明翰大学（University of Birmingham）社会政策学教授卡伦·罗林森（Karen Rowlingson）撰写的另一篇文献综述指出："无论从理论上还是方法论上来说，这都是一个极为复杂的领域，学者们在许多相关问题上仍然存在一些分歧，但这里的一个主要结论是，已经有一些证据证明，收入不平等会对健康水平产生消极影响。"[89]

因此，尽管对于美国极高的经济不平等程度是否正在损害美国人的健康仍然存在争议，但这一点很有可能是事实。[90]此外，即使经济不平等本身没有推动这一趋势，起到推动作用的潜在机制也几乎肯定会包括中产阶级和穷人在经济上的日益衰落这一项。金钱会影响很多与健康水平有关的因素，从医疗保障到社区污染水平，再到食品质量和工作压力等。在过去几十年里，中产阶级和穷人的日子比富人要艰难得多。正如国家科学院所解释的那样："社会经济地位可以被认为是健康和死亡率存在差别的根本性原因，这种原因会通过许多机制起作用。"[91]过去几十年里中产阶级和穷人在经济上的疲弱似乎最有可能解释为什么穷人和中产阶级的健康状况相比富人出现了恶化，以及为什么美国落后于那么多国家。不过，还需要进行更多研究才能解释这其中的所有关联。

企业家精神

好的点子不可能轻而易举或者说必然地导致一个新企业的诞生，需要有某个人来将一个点子转化成一家企业来销售符合市场需求的产品，就像史蒂夫·乔布斯创办苹果公司和皮克斯动画工作室那样。这些人被称作企业家，他们在促进经济增长方面扮演了关键角色。企业家能够带来创新，尤其是那些能够创造出一个崭新市场的突破性创新。他们还在一个行业的早期发展过程中发挥着至关重要的作用，从20世纪初的汽车行业到20世纪后期的高科技产业都是如此，因为他们能够带领一家小铺子发展成世界领军企业。[92]企业家还会促进竞争，迫使现有企业变得更具生产效率和创新性，否则就会被市场所淘汰，正是这种创造性的毁灭让资本主义如此具有活力。[93]而且，他们创办的新企业还能促进就业。[94]

因此，企业家对于发达国家的经济增长是至关重要的。[95]但是，随着不平等程度上升，美国的企业家精神已经衰落。美国也许对自己的企业家精神感到自豪，但事实证明这种自我认识存在着深刻的困境。

众所周知，要想衡量企业家精神非常困难，政府也没有统一的官方衡量标准，但绝大多数证据都指向了这一精神不断衰落的趋势。[96]例如，在20世纪70年代中期，每年平均

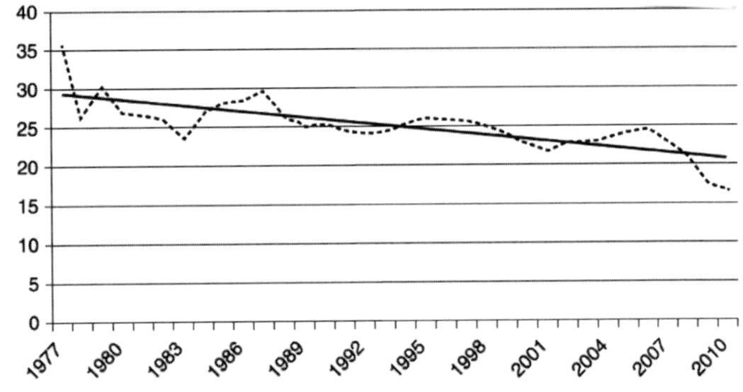

图表3（每1万名劳动者）新创立企业数量的下降。

来源：巴里·C·林恩，利娜·汗．破产倒闭：衡量美国企业家精神的下降[R].哥伦比亚特区华盛顿：新美国基金会，2012.

每1万名16岁以上的美国人就创建了35家至少拥有1名雇员的新企业。[97]但在最近几十年，这一数字一直在逐步下滑，到2010年，每1万名美国人仅对应17家新企业，降幅接近一半。这一趋势参见图表3。

其他一些衡量方法也显示出了同样的下降趋势。[98]至少自从20世纪90年代初以来，从事个体经营的劳动者比例一直在下降，这一迹象尤为令人担忧，因为许多在官方统计数据里被算作个体经营者的人并不真的是企业家，他们更多的是从前雇主那里承包项目的人。[99]在20世纪80年代初，初创企业占企业总数的近13%，但近年来，这一比例仅为8%。[100]类似的，创立不到5年的年轻企业数量也发生显著下滑，从1980年占企业总数的50%左右降至2010年的35%。[101]

国家间的对比结果也无法令人满意。例如，一项对22个富裕国家企业家精神的分析发现，在个体经营者和小企业雇员占总人口比例方面，美国是最低的之一。[102]的确，在企业家精神的某些指标上，如“新生企业家精神”，它是在建立成功企业的早期阶段需要具备的精神，美国与其他发达国家相比表现很不错，但在许多至关重要的指标上，如所有权和就业，美国只处于中游或者下游水平。[103]

美国产生的企业家越来越少这一事实是对涓滴经济学的严重打击。根据这一理论，为富人减税等措施以及创造惊人财富的机会应当能够提升企业家精神，然而，不平等程度升得越高，企业家精神下降得就越厉害。

要想成为企业家，人们需要很多东西，包括技能、对风险的容忍，以及一个好的点子，此外还要拥有一定的教育水平和健康水平。[104]但是，在容易测算的因素中，能够让人成为企业家的最重要因素或许是他们是否有足够多的资金创办企业。创办企业需要有资金来购买原材料和设备、租赁办公场所、发布广告并且雇佣员工。如果潜在的企业家们自己没有钱，家里也没有钱，他们通常来说就没什么指望了。由于初创企业风险很高，很有可能失败，银行通常不愿意贷款给它们，除非企业家自己有资产能够为贷款提供担保。[105]正如经济学家们所说，大多数潜在的企业家都“受到信贷限制”，这意味着他们没有足够的资金来维持企业运转。[106]因此，一个人拥有的财富数量能够极大地影响他们是否有能力成为企业家。

最重要的是，一个客观但不夸张的财富水平对于促进企业家精神是十分有利的。中等到中上等水平的财富对培养企业家精神来说是最合适的。

研究显示，企业家所需要的财富水平有一个门槛，但如果已经超越了这个门槛，额外的财富并不会增加一个人成为企业家的可能性。事实上，极高的财富水平似乎会降低人们成为企业家的可能性，或许是因为他们有其他赚大钱的选择，如投资对冲基金或者其他人的企业等，因此不需要冒着风险自己创办企业。[107]

加利福尼亚大学洛杉矶分校经济学家弗朗西斯科·比埃拉（Francisco Buera）解释说："当财富水平较低时，随着财富的增加，成为企业家的可能性也会增加，因为借贷限制会逐渐减少……然而，对于财富水平较高的人来说，成为企业家的可能性与财富总量成负相关。"[108]类似的，世界银行经济学家卡米洛·蒙德拉贡—贝莱斯（Camilo Mondragón-Vélez）发现，财富对于企业家精神有着"驼峰形"影响，先是上升到一定高度，然后开始下降。[109]丝毫不令人意外的是，考夫曼基金会（Kauffman Foundation）对美国企业家进行的一项调查发现，72% 的企业家都来自中产阶级，这一比例明显过高，因为只有不到一半的公众达到中产阶级的标准。[110]考夫曼基金会还发现，只有不到 1% 的企业家来自超级富豪或者具有赤贫背景。

正因如此，超级富豪们近几十年来获得的巨大财富收益并没有提升美国企业家精神。相反，中产阶级家庭面临的长期财政压力减少了美国经济中初创企业的数量。[111]正如巴里·林恩和利娜·汗所强调的那样："由于家庭财务状况受到工资增长停滞以及医疗保障和高等教育等成本激增的影响，越来越少的普通家庭有足够的储蓄来投资开办小企业。"[112]尽管在 21 世纪初的房地产泡沫期间许多美国中产阶级的净财富增长的确短暂地促使企业家精神有过小幅提升，但这种提升不足以改变企业家精神下降的总体趋势[113]。这一点不应让人感到意外，因为中产阶级长期处于衰落状态，而且许多房产财富被用来资助消费了，这种消费让人们能够维持所谓的中产阶级生活方式。[114]

与中产阶级的衰落有关的其他因素也有可能在企业家精神的下降中扮演了较小但仍然十分重要的角色。企业家通常都有着较高的受教育程度，但美国的教育水平一直处于停滞状态，原因是经济不平等程度较高，这一点在上文中已有所讨论。[115]此外，美国信任水平下降也让开办企业变得更加困难，因为企业家的成功取决于其他人是否愿意相信他们的商业计划和判断。[116]

同样重要的另一个因素是，少部分大企业和银行在反垄断法执法不力等因素的驱动下获得了越来越大的市场力量，将小企业排挤在外。[117]如今有更多的企业开始利用它们的垄断权力来赶走较小的竞争者，部分原因是它们的政治权力随着收入不平等的上升而增加。[118]最后，美国社会保障网络的疲弱，尤其是医保覆盖方面的缺口，使得在美国创办企业的风险与大多数其他发达国家相比显得尤其高。[119]

总的来说，中产阶级的衰落造成近几十年来企业家精神的下降。

经济流动性

让一个孩子能够拥有在经济地位上超越父母的机会正是美国梦的本质。能够通过勤奋和天赋向上攀爬是美国人心目中最为令人尊敬的品质。[120]的确，史蒂夫·乔布斯以及他从一个普通的中产阶级家庭一跃成为世界上最富有的人之一的过程正是美国梦的一部分，尽管对大多数人来说，这一梦想更为平凡一些，仅仅是实现自身的潜力，并且比父母做得更好而已。[121]

曾经让“美国梦”一词广为人知的历史学家詹姆斯·特拉斯洛·亚当斯（James Truslow Adams）在1931年出版的《美国史诗》（*Epic of America*，亚当斯在书中创造了“美国梦”一词。）中解释说：“美国梦不仅仅是一场关于汽车和高收入的梦，还是一场每个男人和女人无论是何出身或地位都有能力完全实现自身潜力的梦。”[122]亚当斯强调，美国梦就是要逃避那些阻止人们完全开发和利用自身人力资本的社会秩序：“它是一场有能力成长为完整的男性和女性个体的梦，不受任何旧文明的障碍所羁绊。”

然而，遗憾的是，在美国，一个孩子的父母究竟是富人、中产阶级还是穷人所产生的影响比理想情况要大得多。家庭财富而不仅仅是努力和能力在决定一个人的经济未来时起到了很大的作用。研究显示，如果一个孩子的父母收入属于经济分配中的顶层五分之一，那么他与中产阶级的孩子相比，成年后同样跻身前五分之一的可能性要多出2.5倍。[123]对于穷人家庭的孩子来说，这一可能性甚至更低。[124]

代际流动性这一术语指的是父母的收入水平在多大程度上传递给了孩了，但代际流动性很难衡量，因为这需要对许多家庭进行长期跟踪调查。尽管如此，仍然有证据显示，美国的流动性在近几十年里即使没有下降，也始终保持不变。例如，芝加哥联邦储备银行（Federal Reserve Bank of Chicago）经济学家巴什卡尔·马祖姆德（Bhashkar Mazumder）研究发现，美国的经济流动性在20世纪中期有所上升，当时的经济不平等程度较低，但自从1980年以来，经济流动性显著下降。[125]然而，哈佛大学的拉杰·切蒂（Raj Chetty）与同事就较短的一段时期进行研究后发现，近几十年来代际流动性几乎没有变化。[126]

美国如今的经济流动性最多只能说与种族隔离制度及其余毒将社会割裂的时代处在同一水平，这一事实令人震惊。美国已经取得了长足进步，废除了许多让少数族裔尤其是黑人连续几代人都无法摆脱贫穷的法律和社会障碍。少数族裔再也不用被迫进入种族隔离的学校求学，再也不会被禁止在“白人”社区购买房屋，或者被禁止进入“白人”的行当。但是，遗憾的是，我们极高的经济不平等程度为经济流动性制造了新的障碍。

对于美国的流动性究竟有多低，有这样一种思考方法，那就是父母收入与孩子收入之间的相关性几乎相当于父母身高与孩子身高之间的相关性。正如普林斯顿大学经济学家艾伦·克鲁格所解释的那样：“一个在收入分配的底层10%家庭出生的人，要想在成年后跻身顶层10%，这一概率就相当于一个5英尺6英寸的爸爸有一个长到6英尺1英寸以上的儿子的概率（5英尺6英寸约为165厘米，6英尺1英寸约为185厘米）。这种事情的确会发生，但是并不常见。”[127]

父母与子女的收入之间如此紧密的关系之所以让人心生恐惧，是因为收入并不像身高那样是通过基因的方式从父母那里继承而来的；这种紧密的关系意味着这个社会正在阻止某些儿童充分发挥自身的潜力。当然，影响收入水平的某些因素，例如智商，在一定程度上的确是遗传自父母的，但这一研究显示出，这些因素的影响相对较小。布鲁斯金学会高级研究员伊莎贝尔·索希尔（Isabel Sawhill）估计：“在影响子女收入的变量中，只有不到4%与认知能力的遗传有关。”[128]

美国的流动性与其他国家相比不甚乐观，这也能有力地证明了美国社会中有些因素要为此负责。[129]伊莎贝尔·索希尔曾指出：“美国的流动性不如其他大多数发达国家，这已经成了一种传统思维。我觉得你找不到多少人会对此提出异议。”[130]仅仅在过去几年，就有5项重要研究显示，美国的流动性不如其他富裕国家。[131]而且这个差距非常大，丹麦和芬兰等国家的代际经济流动性大约是美国的3倍。[132]

国家间的比较也显示，经济不平等程度较低的国家拥有更高的经济流动性。[133]正如经济合作与发展组织（Organization for Economic Cooperation and Development, OECD）的一份报告所说："在不平等程度较高的国家，例如美国，代际收入流动性较低，而在收入分配更为平均的北欧国家，流动性则较高。"[134] 为了强调不平等程度与流动性之间的这种关系，渥太华大学（University of Ottawa）经济学家米莱斯·乔拉克（Miles Corak）将许多国家的数据重叠呈现在一幅简单的图表上，从而创造出了后来为人们所熟知的"伟大的盖茨比"曲线。根据乔拉克的分析，在不平等国家，父母会更多地把自己的优势或者劣势传递给自己的孩子。详见图表 4。[135]

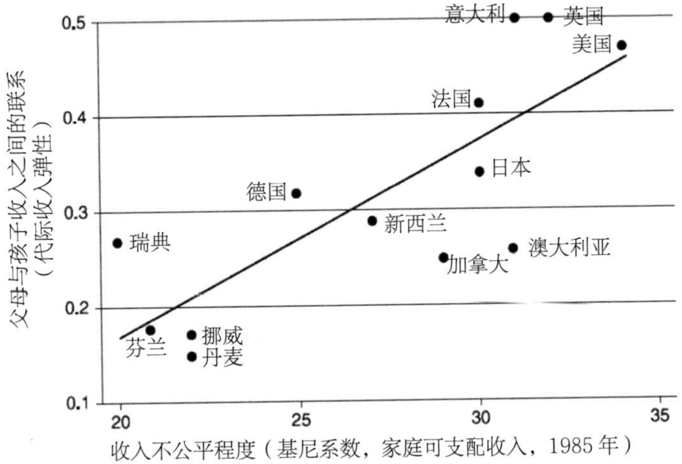

图表 4. 伟大的盖茨比曲线。不平等程度增加导致代际流动性降低。

来源：米莱斯·乔拉克．怎样从"伟大的盖茨比曲线"上滑落 [R]. 哥伦比亚特区华盛顿：美国进步研究中心，2012.

美国国内各地区之间的比较也得出了类似的结论。拉杰·切蒂和他的同事发现，在美国，中产阶级人数较多的地区通常比更为不平等的地区拥有更高的流动性。[136] 例如，中产阶级占主导的盐湖城（Salt Lake City）的流动性水平可以比得上世界上流动性最高的一些国家，而在北卡罗来纳州的夏洛特这样较为不平等的地方，流动性比其他任何富裕国家都要低。

尽管数据清晰地显示较高的不平等程度和衰落的中产阶级是与较低的流动性水平紧密相关的，但经济学家仍然在试图寻找这其中的原因。[137] 无疑许多因素共同产生了这一因果关系，包括父母给孩子传递的价值观、奋斗动力和志向抱负等，以及美国相比于其他发达国家更高的贫困水平。[138]

但中产阶级的力量强弱会起到很大作用。流动性受到很多因素的影响，包括教育、健康，以及创办企业的能力等。这些因素都会受到中产阶级力量强弱的影响，这在本章已经进行了详细论述。美国极度不平等的收入水平和除超级富豪以外所有人都缺少资金的事实导致教育、健康水平和企业家精神持续恶化。

除了本章中所描述的流动性与中产阶级的这种关联，其他受到不平等影响的因素，如政府政策，也有助于决定流动性水平。[139] 对“开端”（Head Start）计划这样能够为低收入家庭提供早期教育的学前教育机构进行投资有助于提高经济流动性。[140] 但是，皮尤研究中心经济流动性项目发现，自从1980年以来，美国在“开端”等能够促进低收入和中等收入家庭流动性的计划上投入的资金占经济总量的比重呈下降趋势。[141] 的确，通过给予养老金储蓄减税优惠等措施，美国政府在促进高收入家庭流动性方面花费的资金比它在促进低收入家庭流动性方面花费的资金要多 2.5 倍。[142] 正如米莱斯·乔拉克所解释的那样："在政府政策相对更加有利于社会优势群体的程度上，美国独树一帜。"[143]

美国公众已经认识到了不平等程度提高与流动性下降之间的关联。在皮尤中心的一项民调中，71% 的公众认为"更高的不平等程度意味着对于那些最低收入的人来说，想要往上爬变得更加困难"，只有 27% 的人反对这一说法。[144]

所有这些都意味着，随着收入不平等程度提高，收入越来越影响到一个人完全发挥自身潜力的能力。当一个孩子的人生地位只取决于父母的地位时，这种制度通常被称作"种姓制度"。而种姓制度从本质上说对经济而言是十分低效的，因为它会浪费人的天赋。正如普林斯顿大学著名社会学家梅尔文·图明（Melvin Tumin）在 1953 年所写的，这种制度"总是会限制那些能够以最有效的方式发现、招募和培训'重要人才'的机会"。[145]

美国并不是一个种姓社会：人们仍然能够超越父母的收入水平；我们的种族间隔离已经比以往要少得多；而且全世界的人都在源源不断地移民美国。但是，美国正遭受着在种姓制度中十分常见的对人类潜力的浪费。而且，这种浪费有着明显的经济后果。正如经济合作与发展组织所解释的那样：

“机会的不平等将不可避免地影响整体的经济表现，尽管这其中的关系并不简单明了。”[146]

有多名学者已经开发出了理论模型来解释较低的流动性水平是如何阻碍资源的有效分配，从而减缓经济增长的。[147]但是，要想思考人类潜力的浪费如何损害经济，或许最简单的方法就是从美国的过去寻找例子。就在不久前，有天赋的女性和少数族裔还普遍面临着大量法律和社会障碍，无法从事医生、律师等专业性工作。例如，在 1960 年，有 94% 的医生和律师都是白人男性。[148]

不过，近几十年来，我们在消除这些障碍方面取得了长足进步，女性和少数族裔已经能够更好地充分利用和开发自己的技能，以至于到 2008 年，有 38% 的医生和律师是女性或者少数族裔。从这种对人类潜力的更好利用中，整个社会获得了巨大的经济利益。根据芝加哥大学和斯坦福大学经济学家的估计，自从 1960 年以来，大约 15% 至 20% 的生产效率增长都源自于女性和少数族裔能够从事那些充分发挥自身才能的工作。[149]

结语

由于极高的不平等程度，美国正在浪费太多公民的天赋。在一系列人力资本指标上，美国如今都落后于我们的国际竞争对手。由于中产阶级的衰落，教育、健康、企业家精神和流动性都受到损害。我们未来的经济实力也呈现出不祥的预兆。保罗·克鲁格曼精确地总结了这一问题，他写道："美国低收入家庭天资聪颖的孩子是否有机会像那些较富裕家庭的孩子一样充分利用自身天赋——也就是获得合适的教育、谋求正确的职业道路？当然不。此外，这种现象不仅仅是不公平的，还带来了巨大的代价。极度的不平等意味着人力资源的巨大浪费。"[150]

根据涓滴经济学的理论，这些下行趋势根本不应该出现。即使收益显著增加，企业家精神依然下降、教育水平也停滞不前，这一事实对传统思维构成了严峻挑战。显然，大发横财的可能性并不是涓滴经济学支持者所说的那种无所不能的巨大动机。相反，有许多因素尤其是中产阶级的力量强弱会影响这些结果。

要想让经济回到正轨，我们需要确保每个人都有真正成功的机会。如果中产阶级力量更为强大的话，更多的美国人将能够实现自己的经济潜能。美国人的受教育水平和健康水平将更高。他们也会更有可能成为企业家，并且在经济上比父辈做得更好。这些超越自身出生环境并成长为企业家的健康、高学历的公民将使美国经济变得更具活力。

第 6 章

建立一个中产社会

这本书的目的是要解释中产阶级的空心化和极度的不平等程度是如何破坏信任、导致糟糕的政府表现、削弱和破坏需求的稳定，并且阻碍人力资本的开发，从而损害美国经济的。借助这一论点，本书旨在鼓励经济学家们以一个更为广阔的视角来研究不平等现象，并且为经济学领域正在进行的自我反省推波助澜，这种反省是因为主流经济学理论未能阻止大衰退的爆发。最重要的是，本书还希望有助于改变政客们对经济政策的思考。《空心社会》一书旨在改变涓滴经济学的思维方式，这种思维方式影响了太多民选官员思维。相反，本书希望提出一种更为精确的理解，那就是经济的增长来自中产阶级。经济需要为每个人服务，否则它就不会运转良好。

一旦政客们不再想当然地认为财富会由富人“涓滴”下来，转而认识到中产阶级是强劲经济的重要驱动器，而非仅仅是健康经济的产物，整个经济学辩论就将发生翻天覆地的变化，政治的运作方式也将大有不同，大部分决策者将不再口头上敷衍中产阶级，而是真正地制定政策来降低不平等程度，并且巩固和扩大中产阶级规模。当这种改变真正发生时，近几十年来学者、智库和倡议团体们为帮助重建中产阶级而一直在研究的大量政策议题就将有更大的可能落到实处。[1]公共政策将再一次被引导到有利于公众的方向。这其中的关键就是要让政客们发生思想上的变化，认识到巩固和扩大中产阶级规模是未来经济发展的重中之重。

有些学者指出，在现代全球经济中，政府在建立一个中产社会方面难有作为。这种观点认为，技术的革新和全球化让前 1% 的人获得了惊人的收入，这在一代人以前是不可能做到的事情，也不可避免地让中产阶级面临更大的工资下降压力。[2]尽管技术变革和全球化的确是不平等的促成因素，并且让政府面临的挑战更加严峻，但是所谓政府政策在面临这些力量时无能为力的说法显然是错误的。

政府政策可以起到很重要的作用。在过去 30 年里，有太多的政府决策有利于富人，却损害了中产阶级的利益。我们对大银行实施救援，却对小企业视而不见；为对冲基金经理降低税率，甚至降到比他们秘书的税率还要低；保护了背景深厚的垄断企业，却很少保护被这些企业的掠夺性行为伤害的消费者。政府在价格虚高的处方药物上挥霍了大量的资金，却未能对公共设施进行充分的投资。政客们为企业首席执行官的“绩效”薪资设置了税收奖励机制，尽管这一薪资与他们的实际表现没有任何关系；相反，政客们却允许最低工资不断贬值，以至于在剔除了通货膨胀的因素后，如今的最低工资甚至比20世纪60年代还要低。有了像这样的规定，中产阶级深陷困境也就一点都不奇怪了。

为了阐明政策十分重要这一观点，我们需要指出：其他富裕国家也面临着类似的来自全球化和技术的挑战，但并非所有国家都经历了美国这种程度的中产阶级衰落。30年前，美国的收入中位数冠绝任何大国，但是，由于其他国家的收入增长速度比美国更快，这种情况可能已经结束了。[3]的确，在过去25年里，大多数富裕国家的中产阶级收入增幅都比美国要大。[4]而且在美国，从事低薪工作的劳动者数量比德国、日本、丹麦和芬兰等国要多得多。[5]类似的，与美国相比，在德国、荷兰和澳大利亚等国，收入排名前1%的人的收入占比在过去几十年里几乎没什么变化。[6]从1975年到2008年，在欧洲大陆上，前1%的人获得了这些国家收入增长总额的10%，而在美国，同一时期，前1%的人获得了收入增长总额的50%。[7]正如加利福尼亚大学伯克利分校经济学教授埃曼努尔·赛斯与同事共同写到的那样："拥有相似的技术和生产力发展水平的高收入国家却有着不同的收入不平等程度，这首先就能证明制度和政策上的不同在这些转变的过程中发挥了关键性的作用。"[8]与许多其他国家相比，我们的不平等程度上升幅度更大，中产阶级的收入增长幅度更小，收入徘徊在贫困线上下的工作却更多，这意味着美国所做的政策选择对中产阶级的力量大小产生了很大的影响。

美国公众也了解政府政策选择的重要性。他们认为在削弱中产阶级方面，政策失误的责任比其他任何因素都要大得多。在《国事杂志》2013 年进行的一项民调中，54% 的美国人认为，过去几十年薪水涨幅没能赶上支出应当归咎于“民选官员做出了错误的政策选择”，仅有 17% 的人将其归咎于技术和全球化。[9] 23% 的美国人将其归咎于商业领袖，还有 6% 的人不知道该归咎于谁。此外，美国人认为政府的政策可以在中产阶级的重建过程中发挥很大作用。根据《今日美国报》2014 年进行的一项民调，67% 的美国人认为政府可以在减少富人与其他人的差距方面发挥作用。[10] 即使是在大多数政策都有利于富人，且那些对穷人和中产阶级有利的政策通常相对而言效果十分有限的时代，不同的政策选择也给中产阶级带来了不同的结果：罗纳德·里根总统和比尔·克林顿总统的任期都见证了一段相对较长时期的经济增长，富人的境遇在两个任期内都十分不错，但对中产阶级和穷人来说，克林顿时期的收入增长要大得多。[11]

我们应当怎么做？

政府政策显然很重要，那么一个很自然的问题就是，应当怎么做？本书的目的不是要描绘一个政策议题，而是解释为什么我们需要一个基于强大中产阶级的议题，并且增加这一议题取得成功的可能性。当然，本书也可以为改革议题提供借鉴。一个强大的中产阶级和较低的不平等程度能够以很多方式让经济回到正轨，而这些方式也会直接促成相关政策方案出台。

或许目前需要的最重要的改革是那些有助于平衡富人与其他人之间政治权力的改革，这在本书的第三章已经进行了清晰阐述。我们需要减少金钱对政治的影响，并且提升美国非富阶层的公民参与，从而让我们的民主和经济再次正常运转。这些民主改革不仅有助于减少美国政府中常见的寻租行为，还会让公众在增加教育和基础设施支出方面的意愿能够被更清晰地听到。

为了确保中产阶级能够在我们的民主体制中拥有与富人更为平等的地位，我们应当限制在竞选活动中花费的资金，为允许花费的资金提供真正的透明度，引入创新的解决办法以扩大来自普通公民的小额捐款的影响力，并且逐步开始对游说活动征税。[12] 这些改革将有助于减少富人在美国民主中拥有的优势。这些措施不仅将会缩小资金规模，还会提升公民参与，因为它们会让中产阶级公民感到自己的声音拥有更为平等的分量。我们还可以更为直接地鼓励公民参与政治，主要是通过在大选前为公民自动登记，鼓励提前投票，将选举日期设置在周末或者定为新的公共假日，对选举进行统一，从而减少选举天数，并且撤销新的选民身份证件法案，因为该法律会为美国公民参与投票设置障碍。[13]

本书还突出强调，需要改善儿童的早期教育，以使穷人和中产阶级的孩子能够在生命早期获得与富人家孩子相似的发展机会。要想增加儿童的早期教育机会，我们需要对高质量的一般性学前教育机构进行投资，以便所有的4岁儿童都能在专业教师的指导下发展自身天赋。[14]此外，我们还需要努力改善学前教育开始之前的幼儿日托班的服务范围、价格和质量。[15]最后，家长需要能正常请假而不必担心被开除，以便在孩子因生病无法去日托班时照顾孩子。[16]

由于中产阶级的巨额债务曾经让大衰退深陷泥潭，并且至今仍在拖累经济，因此我们需要采取措施减轻债务问题，尤其是房贷。首先，我们可以减少政府控制的抵押贷款本金，将其从虚高的交易前价格降至房屋的实际价值。[17]为了有助于将未来的债务问题最小化，我们可以将抵押贷款重组，以便房价突然变动带来的风险和收益能够由银行家和房屋所有者分担，银行也应得到更好的监管，以便更多地吸收自己产生的债务风险。[18]学生贷款债务有可能成为下一场债务危机的根源，因此决策者们需要采取措施减轻这种债务的负担，例如允许借款人以更低的利率再次贷款，以及减轻大学的上学成本，以便债务水平不会再变得那么高。[19]

其他一些必要的改革措施也许没有在前几页中特别提

到，但仍然直接源自于这种中产阶级经济学的逻辑。确保普通美国人有一个公平的机会，以及他们的勤奋工作能够得到奖赏，这不仅会让劳动者和中产阶级受益，还会呈现溢出效应，为整个经济提供巨大推动力。纵观美国历史，我们可以发现，对所有人一视同仁的公平规则和美国人对勤奋工作、努力奋进的信仰相结合，一直是巨大的经济动力源泉。从1862年的《宅地法》（Homestead Act），该法案让普通美国人可以用辛勤劳动换取免费的土地，到《美国军人权利法案》（GI Bill），该法案让整整一代人可以用参军服役换取上大学的机会，再到那些设置了最低薪资标准并确保劳动者有权加入工会的法律，美国经济和我们的中产阶级是通过一系列政策逐步建立起来的，每一个人都对此有所贡献。

但是，我们需要对这些政策进行更新换代，以适应现代的美国。我们已经没法给农民免费的土地了，但仍然可以鼓励企业采取一种广泛的分享制度，例如赋予劳动者一定的所有权股份或者基于劳动者的集体表现给予一定比例的利润，从而鼓励劳动者辛勤劳动。[20]当企业境况良好时，它的所有员工也应有良好的境遇，而不仅仅是顶层的那些经理人。研究显示，这些政策不仅能够极大地提升劳动者的收入，还能提高生产效率。[21]

《美国军人权利法案》是为参加过二战的退伍老兵制定的，但我们不需要也不想要另一场大规模的军事动员。因此，我们应当扩大对“为国服役”的定义，并且为那些帮助满足国家多样需求的年轻人上大学提供帮助。[22] 类似的，我们需要一种现代化的方法来处理最低工资标准问题。在20世纪中期，最低工资标准更多地确保了一种中产阶级的生活方式，因为它会定期提高，以维持在全国平均工资一半的水平。[23] 遗憾的是，最低工资标准的价值一直在贬值，以至于它如今已经是贫困工资了。同样糟糕的是，最低工资标准的覆盖范围和执行力度还很不充分，以至于许多人的工资甚至还不到这一标准，这会导致所有劳动者的标准都面临降低的危险。[24] 一个处理最低工资标准问题的现代化办法是将其显著提高，并正式将它与劳动者平均工资的一半挂钩，以便它能够继续随着生活水平的提升而增加，并确保它能够覆盖所有劳动者和得到充分执行。[25]

类似的，我们那些让劳动者能够以工会的形式共同与雇主就涨薪问题进行谈判的法律在近几十年受到了严重削弱，不再能确保工人可以自由选择加入工会。举例而言，如果一个公司违法开除或者惩罚了一名想要加入工会的员工，据估计，此类事件每18分钟就会发生一起，这家公司不会受到任何惩罚，员工在经过多年的诉讼后最大的希望也就是能够恢复工作并获得工资补偿，而且还需要减掉他们在这段时期内挣到的任何钱。[26] 在过去几十年里，工人运动受到严重削弱，很大程度上是因为我们的现行法律使得劳动者很难加入工会。[27]

要想重建中产阶级并且确保这一努力取得成效，最为至关重要的做法是对工会法进行现代化改造，以使所有劳动者都能自由选择是否加入工会，并且对工会责任进行改革，以使得它们变得更加以企业的成功为导向，例如，建立一个工厂理事会，从而让工人了解每天的运营情况。[28]当劳动者加入工会时，他们在工作单位就有了更大的权力，这让他们可以就提高工资与福利进行谈判，而工会成员们设置的标准通常会产生溢出效应，对其他工作单位的非工会成员形成帮助。[29]更为根本的是，工会能够帮助普通公民参与民主，让中产阶级的利益获得话语权和力量。[30]工会及其活跃参与者是我们民主制度中少有的几个能够制衡富人和企业权力的力量之一。当工会与任何民主组织一样在某些时候支持那些符合它们成员自身利益的政策时，它们就能让公民参与到政治中来，每天在政治的战场上不懈工作，从而让民主制度为中产阶级服务。[31]其他一些公民团体尽管也很重要，但它们如家长—教师协会通常来说不会像工会这样挑战富人和企业的政治权力。很难想象，如果劳动者没有强有力的组织来代表他们的利益的话，美国怎样才能拥有一个强大的中产阶级。

由于重建工会运动对于重建中产阶级如此重要，这其中的关联值得详细展开。在全球范围内，中产阶级最为强大的国家通常都有着强大的工会运动。[32]类似的，在美国，工会成员较为集中的州通常也有着更为强大的中产阶级。[33]在美

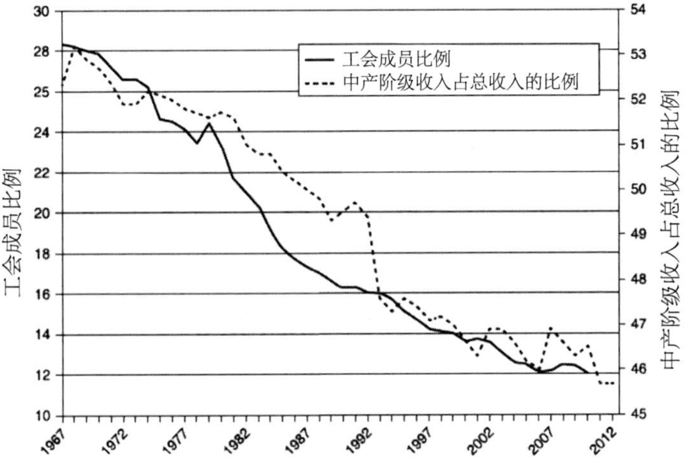

图表 5. 中产阶级收入随工会成员比例下降而下降。

来源：戴维·马德兰，卡拉·沃特，尼克·邦克. 工会制造中产阶级；没有工会，中产阶级就会凋零 [R]. 哥伦比亚特区华盛顿：美国进步研究中心，2011.

国历史上大多数时间里，中产阶级力量强弱的变化都与工会力量的强弱变化保持一致。[34] 哈佛大学社会学家布鲁斯·韦斯顿（Bruce Western）与华盛顿大学社会学家杰克·罗森菲尔德的研究指出："工会的衰落至少能够解释近几十年来不平等程度上升幅度的三分之一。"[35] 美国人口中工会成员的比例与中间 60% 美国人所获收入的比例之间的紧密相关性可以在图表 5 中看到。

需要指出的是，有些人会强调，这些政策，尤其是提高最低工资和加强工会力量的政策会损害经济。但这种反对态度是基于涓滴经济学而非中产阶级经济学的思维方式。这种反对态度还凸显我们需要改变对这些政策的辩护方式，从而更好地解释它们可以如何重建中产阶级从而提振经济。这些政策需要被理解成一种至关重要的举措，有助于平衡政治权力并且确保辛勤工作得到奖赏，而这将带来巨大的经济收益。

反对采取政策帮助中产阶级的观点所依据的研究在很多情况下忽视了中产阶级在维持民主制度和经济运转方面发挥的关键作用。麻省理工学院经济学家达隆·阿杰姆奥卢与哈佛大学政治学家詹姆斯·罗宾逊在研究了良治对经济增长的重要作用后写道："经济学对于决策和建议的标准研究方法或无意或刻意地忽视了政治和政治经济的重要性。"[36]阿杰姆奥卢和罗宾逊指出，工会政策为这种现象提供了一个绝佳的案例。几乎所有对于工会的经济影响的研究都认为它们有助于工人提高工资水平，但其中一些研究发现，工会可能会减少企业的雇员总数。[37]因此，许多经济学家对工会持怀疑态度。但是工会对经济产生的影响比经济学家们普遍理解的要更为广泛和积极。正如阿杰姆奥卢和罗宾逊所指出的那样："工会不仅仅会影响劳动力市场的运作方式；它还会对政治制度产生重要影响……制衡商业既得利益者与政治精英的政治权力。"[38]因此，工会所产生的积极影响比人们通常认为的要大得多。

类似的，许多经济学家也对提高最低工资标准的做法持怀疑态度，因为有研究显示，这有可能降低就业率，不过最近的很多研究都显示它对就业率没有影响。[39] 提高最低工资标准对政治权力平衡产生的影响相对较小，但会对劳动者的工资收入产生更为重大的影响，并且会因此提升消费需求。[40] 它还能以物质激励鼓励企业采取最为保险的商业模式并减少人员流失率，从而鼓励对人力资本的开发，这会使劳动者得以在岗位上工作更长时间，并获取更多企业专属技能。[41] 最低工资标准是重建中产阶级所必需的一系列政策的一部分，对经济是有利的。

对于降低不平等程度所必需的一系列其他政策，我们也可以提出同类型的观点。华尔街显然需要被更好地监管，以防止企业冒着过多的风险来增加企业利润和首席执行官的收入，并因此破坏经济的稳定。并非每一项对重新监管华尔街而言十分必要的政策都能符合经济学中标准的成本收益分析的要求，但这种改革能够实现更高的目标，那就是在经济和民主制度中制衡权力并降低金融崩溃风险。[42] 类似的，大多数研究都显示，让富人比中产阶级和穷人支付更高的税率对于经济增长影响很小，无论是积极影响还是消极影响。[43] 但长期来看，更为先进的税收制度对经济是有利的，因为它有利于为重要投资项目，如对学前教育的投资提供资金，以帮助降低美国的不平等程度。[44]

这也是为什么国际货币基金组织经济学家乔纳森·奥斯特里、安德鲁·博格和哈拉兰博斯·仓加里兹（Charalambos

Tsangarides）在对世界各国经济增长的研究中发现，政府为减少不平等程度所采取的政策通常来说都是有益处的。他们的研究显示，尽管政府为减少不平等程度所采取的部分政策可能会产生略为负面的直接影响，但这些政策对经济产生的整体影响大部分还是积极的，因为显著降低不平等程度带来的经济收益远远超过它所造成的任何损害。正如这些学者们所解释的那样："总体来讲，纵观各国并结合长期趋势来看，政府在财富重新分配方面通常采取的政策似乎不会导致糟糕的增长结果……而不平等程度的缩小有助于支持更快和更持久的增长。"[45] 当然，较为极端的财富重新分配方案的确会损害增长，但在美国历史上更为常见的那些降低不平等程度的政策却是对经济有利的。

继续前进

要想让中产阶级获得一线生机，我们还需要进行许多其他改革，包括着力维持充分就业、增加对基础设施的投资、实施对美国劳动者有利的贸易政策，并有效执行反托拉斯法，以确保大企业无法欺负小企业和中产阶级消费者等。[46] 本章所提出的政策仅仅是朝着重建中产阶级的方向迈出的第一步，因为本书的目标并不是要提出一个特定的政策议题，而是要展示增强中产阶级力量能够以怎样的方式改善美国经济。

以一种中产阶级经济学的视角来取代涓滴经济学的思维方式需要花费时间和精力。然而，这一切正在起步。2014 年 8 月，从事经济分析的标准普尔公司（Standard & Poor's）调低了对未来美国经济增长的预期，因为他们发现“极度的收入不平等会拖累长期的经济增长”。[47]无论共和党还是民主党，许多分析人士都开始将中产阶级空心化的结果融入他们的经济分析之中，这是一项十分重要的改变。但是要想让大多数掌权者都看到重建中产阶级对经济的重要性，并将其作为制定政策的准绳，还需要学者们持续不断地强调中产阶级与经济增长之间的关系，需要公众持续不断地要求政客们倾听他们的声音，需要少部分民选官员持续不断地引领他们的同僚。希望本书能够在触发变革方面发挥重要作用，带领我们进入一个经济不再由上至下地陷入停滞，而是在中产阶级的引领下蓬勃发展的时代。

注 释

chapter one

1. Edward Conard, interview with Jon Stewart, *The Daily Show,* April 30, 2012, www .edwardconard.com/ed-conard-on-the-daily-show-with-jon-stewart-discussing-his-book- and-why-risk-taking-isnt-the-enemy-of-a-properly-functioning-economy/.

2. Adam Davidson, "The Purpose of Spectacular Wealth, According to a Spectacu larly Wealthy Guy," *New York Times Magazine,* May 1, 2012.

3. Jude Wanniski, *The Way the World Works* (Washington, DC: Regnery, 1978).

4. George Gilder, *Wealth and Poverty* (New York: Bantam, 1982).

5. For information on Reagan's quoting of Gilder, see Larissa MacFarquhar, "The Gilder Effect," *New Yorker,* May 29, 2000; Bruce Chapman, "Gilder and Wealth: Why Reagan Agreed," *Discovery News,* August 14, 2012, www.discoverynews. org/2012/08/_george_ gilders_bestselling_ec063251.php; John Tamny, "The Essential George Gilder Explains How Economies Work," *Forbes,* June 16, 2013, www. forbes.com/sites/johntamny/2013/06/16 /the-essential-george-gilder-explains-how-economies-work/. For Reagan's quotation, see Steven R. Weisman, "Reagan Criticizes Democrats in Speech at a GOP Dinner," *New York Times,* May 5, 1982, www.nytimes. com/1982/05/05/us/reagan-criticizes-democrats- in-speech-at-a-gop-dinner.html. Note that Representative Jack Kemp was probably the first political leader to champion trickle-down, but Reagan was clearly the most powerful early voice for trickle-down.

6. For a description of how most economists rejected the idea that tax cuts pay for themselves, see, for example, Jonathan Chait, *The Big Con: Crackpot Economics and the Fleecing of America* (New York: Houghton Mi in, 2007). For additional examples of economists rejecting this notion, see Richard Kogan and Aviva Aron-Dine, "Claim That Tax Cuts 'Pay for Themselves' Is Too Good to Be True" (Washington, DC: Center on Budget and Policy Priorities, 2006).

7. Arthur M. Okun, *Equality and Effciency: The Big Tradeo* (Washington, DC: Brook- ings Institution, 1975).

8. Finis Welch, "In Defense of Inequality," *American Economic Review* 89, no. 2 (1999): 1–17.

9. American Economic Association, "Proceedings of the One Hundred Fourteenth Annual Meeting," *American Economic Review* 92, no. 2 (2002): 479–530; American Economic Association, "Richard T. Ely Lecturers," www.aeaweb.org/honors_awards/ely_lecturers .php.

10. Note that there is some research that suggests unequal monetary rewards may not even provide much of a positive incentive. See, for example, Alain Cohn and others, "Social Comparison in the Workplace: Evidence from a Field Experiment," Discussion Paper 5550 (Institute for the Study of Labor, 2011); Alain Cohn, Ernst Fehr, and Lorenz Goette, "Fair Wages and Effort Provision: Combining Evidence from the Lab and the Field," Working Paper 107 (University of Zurich, Department of Economics, 2013); David Card and others, "Inequality at Work: The Effect of Peer Salaries on Job Satisfaction," *American Economic Review* 102, no. 6 (2012): 2981–3003; Daniel H. Pink, *Drive: The Surprising Truth about What Motivates Us* (London: Penguin, 2009).

11. See, for example, Joseph E. Stiglitz, "Macroeconomic Fluctuations, Inequality, and Human Development," *Journal of Human Development and Capabilities: A Multi-Discipli- nary Journal for People-Centered Development* 13, no. 1 (2012): 31–58. In this piece Stiglitz writes: "For years, the dominant paradigm in macroeconomics, which assumed that income distribution did not matter, at least for macroeconomic behavior, ignored inequality." See also Joseph E. Stiglitz, "Rethinking Macroeconomics: What Failed, and How to Repair It," *Journal of the European Economic Association* 9, no. 4 (2011): 591–645. Robert Solow, "Building a Science of Economics for the Real World," testimony before the House Committee on Science and Technology Subcommittee on Investigations and Oversight, US House of Representatives, July 20, 2010, https://web.archive.org/web/20110204034313 /http://democrats.science.house.gov/Media/file/Commdocs/hearings/2010/Oversight /20july/Solow_Testimony.pdf.

12. See, for example, Welch, "In Defense of Inequality"; Gary S. Becker, "How Can Inequality be Good?," *Hoover Digest* 3 (2011), www.hoover.org/publications/hoover-digest /article/83976; Gary S. Becker and Kevin M. Murphy, "The Upside of Income Inequality," *American,* May/June 2007, www.american.com/archive/2007/may-june-magazine-contents /the-upside-of-income-inequality/#FN2. Note that these authors recognize that inequality can sometimes hinder the development of human capital, but still feel that inequality promotes human capital development.

13. Note that while some economists paid attention to broader influences on the economy and considered the potential harm from inequality, including Michal Kalecki in the 1930s, Nikolas Kaldor and Gunnar Myrdal in the 1950s and 1960s, and some heterodox economists in the United States, these economists were generally outside the mainstream.

14. Nicholas Phillipson, *Adam Smith:An Enlightened Life* (New Haven, CT:Yale University Press, 2010). See also arguments from John Stuart Mill, another early economist, who argued that "a person is not likely to be a good economist who is nothing else." Quoted in Dimitris Milonakis and Ben Fine, *From Political Economy to Economics: Method, the Social and the Historical in the Evolution of Economics Theory* (New York: Routledge, 2009). Also note Irving Fisher's presidential address to the American Economic Association in 1919 where he encouraged the discipline to study inequality and broader social questions from a more holistic perspective. See Irving Fisher, "Economists in Public Service: Annual Address of the President," *American Economic Review* 9, no. 1 (1919): 5–21.

15. Sjoerd Beugelsdijk and Robbert Maseland, *Culturein Economics:History, Methodological Reflections and Contemporary Applications* (New York: Cambridge University Press, 2011). See also Oliver Williamson, "Transaction Cost Economics: How It Works; Where It Is Headed," *De Economist* 146, no. 1 (1998): 25–58, for a description of the narrow nature of most economic inquiry.

16. Milonakis and Fine, *From Political Economy to Economics*.

17. For noneconomist criticism, see, for example, Jonathan Rowe, "Why Economists Are So Often Wrong," *On the Commons,* February 25, 2009, http:// jonathanrowe.org /why-economists-are-so-often-wrong. For an outsider economist perspective, see Sam- uel Bowles, *Microeconomics: Behavior, Institutions, and Evolution* (Princeton, NJ: Princeton University Press, 2004). For insider criticism, see, for example, Williamson, "Transaction Cost Economics"; Douglass C. North, *Structure and Change in Economic History* (New York: W.W. Norton, 1981). Behavioral economists have also worked to point out some of the short-comings of traditional economic theory, with among the more noted examples being Daniel Kahneman and Amos Tversky, who first proposed prospect theory in 1979 and illustrated some of the issues with expected utility theory. See Daniel Kahneman and Amos Tversky, "Prospect Theory: An Analysis of Decision Under Risk," *Econometrica* 47, no. 2 (1979): 263–291.

18. Paul Krugman, "How Did Economists Get It So Wrong?,"*NewYork Times,* September 2, 2009, www.nytimes.com/2009/09/06/magazine/06Economic-t.html?pagewanted = all; Stiglitz, "Rethinking Macroeconomics." For more on the

criticism of economics, see, for example, John Quiggin, *Zombie Economics: How Dead Ideas Still Walk among Us* (Princeton, NJ: Princeton University Press, 2010); Robert Skidelsky, *Keynes: The Return of the Master* (New York: Public Affairs, 2009); John Cassidy, *How Markets Fail: The Logic of Economic Calamities* (Princeton, NJ: Princeton University Press, 2009); Justin Fox, *The Myth of the Rational Market: A History of Risk, Reward, and Delusion on Wall Street* (New York: Harper- Collins, 2009.

19. Ronald Coase, "Saving Economics from the Economists," *Harvard Business Review,* December 2012.

20. Lawrence Summers argued that Piketty's empirical work is a "Nobel Prize–worthy contribution." See Lawrence Summers, "The Inequality Puzzle," *Democracy Journal,* Summer 2014. Thomas Piketty quoted in Thomas Piketty, *Capital in the Twenty-First Century* (Cambridge, Mass.: Harvard University Press, 2014).

21. Peter H. Lindert and Jeffrey G. Williamson, "American Incomes before and after the Revolution," *Journal of Economic History* 73, no. 3 (2013): 725–765. In this source the authors state, "There was no documented place on the planet that had a more egalitarian distribution in the late eighteenth century." See also Jordan Weissmann, "Income Inequality: It's Worse Today Than It Was in 1774," *Atlantic,* September 19, 2012, www.theatlantic.com /business/archive/2012/09/us-income-inequality-its-worse-today-than-it-was-in-1774 /262537/; Chrystia Freeland, "America, Land of the Equals," *New York Times,* May 3, 2012, www.nytimes.com/2012/05/04/us/04iht-letter04.html; Kevin Phillips, *Wealth and Democ- racy* (New York: Broadway, 2002).

22. Chrystia Freeland, "Colonial America: How Swede It Was," *Reuters,* May 3, 2012, http://blogs.reuters.com/chrystia-freeland/tag/peter-lindert/.

23. This quotation is taken from a letter written by Thomas Je erson to Dr. Thomas Cooper on September 10, 1814. The full letter can be found at National Archives, "Thomas Je erson to Thomas Cooper, 10 September 1814," http://founders.archives.gov /documents/Je erson/03–07–02–0471.

24. For the history of US inequality over time, see Jeffrey G.Williamson and Peter H. Lindert, *American Inequality: A Macroeconomic History* (Waltham, MA: Academic Press, 1980). For a different interpretation of changes in inequality based on wage differentials, see Robert A. Margo, "The History of Wage Inequality in America, 1820 to 1970," Working Paper 286 (Jerome Levy Economics Institute of Bard College, 1999). See also Emmanuel Saez and Thomas Piketty, "The Evolution of Top Incomes: A Historical and International Perspective," *AEA Paper and Proceedings: Measuring and Interpreting Trends in Economic Ine- quality* 96, no. 2

(2006): 200–205.

25. For more on the history of US inequality over time, see note24.See also Sam Pizzigati, *The Rich Don't Always Win: The Forgotten Triumph over Plutocracy That Created the American Middle Class, 1900–1970* (New York: Seven Stories Press, 2012). When looking at income growth over time, between the late 1940s and early 1970s incomes of Americans at all socioeconomic levels grew rapidly compared to the growth witnessed by the majority of Americans in recent decades. See, for example, Chad Stone and others, "A Guide to Statisics on Historical Trends in Income Inequality" (Washington, DC: Center on Budget and Policy Priorities, 2013). For additional descriptions of how Americans' incomes and standard of living improved in the postwar period compared to the past several decades, see Edward N. Wol , *What Has Happened to the Quality of Life in the Advanced Industrialized Nations?* (Northampton, MA: Edward Elgar, 2004); Robert Reich, *Supercapitalism: The Transformation of Business, Democracy, and Everyday Life* (New York: Vintage, 2008).

26. Paul Krugman, "Introducing This Blog," *Conscience of a Liberal Blog,* September 18, 2007, http://krugman.blogs.nytimes.com/2007/09/18/introducing-this-blog/.

27. According to the US Census Bureau, the median household income in 2013 was $51,939 dollars, while in 1989 it was $52,432 (figures in 2013 dollars). See US Census Bureau "Table H-6. Regions—All Races by Median and Mean Income: 1975 to 2013," www.census. gov/hhes/www/income/data/historical/household/. Note that figures produced by the Congressional Budget Office that incorporate the Effect of government taxes and transfers produce similar, but less pessimistic trends as those discussed in this section. Congressional Budget Office, "Trends in the Distribution of Household Income Between 1979 and 2007," www.cbo.gov/sites/default/files/10–25-HouseholdIncome_0.pdf.

28. Between 1989 and 2013 the average incomes of the bottom three quintiles all declined in inflation-adjusted terms, while the average income of the fourth quintile increased by only 5 percent. By comparison, the average income of the top quintile grew by nearly 20 percent, and the average income of the top 5 percent grew by 29 percent. See US Census Bureau "Table H-3. Mean Household Income Received by Each Fifth and Top 5 Percent," www.census.gov/hhes/www/income/data/historical/household/.

29. The measure of hourly compensation referenced here is real median hourly compensation (including both wages and benefits) of production/nonsupervisory workers. According to the Economic Policy Institute, while this measure of median

hourly compensation grew by only 0.27 percent per year from 1973 to 2011, worker productivity grew by 1.56 percent per year during that same time period. See Lawrence Mishel and others, "The State of Working America: 12th Edition" (Washington, DC: Economic Policy Institute, 2012), table 4.23. By comparison, real GDP grew at a rate of approximately 2.8 percent year, based on author's calculations using data from the Bureau of Economic Analysis. For data, see Bureau of Economic Analysis, "National Economic Accounts: Gross Domestic Product (GDP)," www.bea.gov/national/index.htm#gdp. Other research from the Eco nomic Policy Institute further illustrates these trends and shows that between 1979 and 2013 average hourly compensation of production and nonsupervisory workers grew by a total of only 8 percent while productivity grew by 65 percent. See Elise Gould, "Why America's Workers Need Faster Wage Growth and What We Can Do About It" (Washington, DC: Economic Policy Institute, 2014).

30. Michael Greenstone and Adam Looney, "The Great Recession May Be Over, but American Families Are Working Harder Than Ever," *Brookings on Job Numbers Blog,* July 8, 2011, www.brookings.edu/blogs/jobs/posts/2011/07/08-jobs-greenstone-looney.

31. This statement refers to hourly wages as of 2012. See Lawrence Mishel and Colin Gordon, "Real Hourly Wage Growth: The Last Generation," *Economic Policy Institute Blog,* October 10, 2012, www.epi.org/blog/real-hourly-wage-growth-last-generation/: this shows that real median hourly wages earned by males declined by 5.8 percent between 1973 and 2012. These figures represent an update of the figures presented in the Economic Pol- icy Institute's State of Working America report, which analyzed these trends through 2011. See Mishel and others, "The State of Working America: 12th Edition."

32. The median age of the US labor force increased from 34.6 years old in 1980 to 41.9 years old in 2012, and is projected by the Bureau of Labor Statistics to continue rising to 42.6 by 2022. See Mitra Toossi, "Labor Force Projections to 2020: A More Slowly Growing Workforce," *Monthly Labor Review,* January 2012; Mitra Toossi, "Labor Force Projections to 2022: The Labor Force Participation Rate Continues to Fall," *Monthly Labor Review,* December 2013. That older workers generally make more than younger workers is illustrated by looking at weekly and hourly earnings as well as household incomes. For weekly and hourly earnings by age from 1979 through 2012, see US Bureau of Labor Statistics, "Highlights of Women's Earnings in 2012" (2013), table 17. Note that in 2012 earnings steadily increased with age until falling slightly after age 65. When looking at median household income, households headed by workers between age 45 and 54 had the highest median

incomes in 2013. See US Census Bureau, "Table H-10. Age of Head of Householder: All Races by Median and Mean Income: 1967 to 2013," www.census.gov/hhes / www/income/data/historical/household/.

33. Isabel V. Sawhill and John E. Morton, "Economic Mobility: Is the American Dream Alive and Well?" (Washington, DC: Economic Mobility Project, 2007). See also US Census Bureau, "Historical Income Tables: People," www.census.gov/hhes/ www /income/data/historical/people/. These figures from the Census Bureau show that between 1973 and 2013 males' median income fell by 27.7 percent for those age 25 to 34 years old and by 18.5 percent for those age 35 to 44 years old.

34. US Senate Health, Education, Labor, and Pensions Committee, "Saving the Ameri- can Dream: The Past, Present, and Uncertain Future of America's Middle Class" (2011); David Madland and Nick Bunker, "5 Charts on the State of the Middle Class" (Washington, DC: Center for American Progress, 2012). See alsOfficenter for American Progress, "The Middle Class Squeeze" (2014), which shows that between 2000 and 2012 the costs of many key elements of middle-class security increased at a faster rate than middle-class incomes grew.

35. This refers to mean debt held by house holds in the middle 60 percent of the wealth distribution. Edward Wol, "Household Wealth Trends in the United States, 1962–2013: What Happened over the Great Recession?" Working Paper 20733 (National Bureau of Economic Research, 2014). See also Aldo Barba and Massimo Pivetti, "Rising Household Debt: Its Causes and Macroeconomic Implications—a Long-Period Analysis," *Cambridge Journal of Economics* 33 (2008): 113–137; Neil Bhutta, "Mortgage Debt and Household Deleveraging: Accounting for the Decline in Mortgage Debt Using Consumer Credit Record Data," Working Paper 14 (Federal Reserve Board, 2012); Karen Dynan and Donald Kohn, "The Rise in U.S. Household Indebtedness: Causes and Consequences," Working Paper 37 (Federal Reserve Board, 2007).

36. These figures are taken from table A6, "Top Fractiles Income Levels (Including Capital Gains) in the United States Adjusted for Price Inflation," in Emmanuel Saez's updated income distribution tables, found at Emmanuel Saez, "Emmanuel Saez," http:// elsa.berkeley.edu/~saez/. Note that the income measure used here is the sum of all income components reported on tax returns (wages and salaries, pensions received, profits from businesses, capital income such as dividends, interest, or rents, and realized capital gains). Government transfers are excluded, as are nontaxable fringe benefits from employ- ers such as employer-provided health insurance.

37. Forexample,in1979, some one in the top 1 percent of income earners made roughly 10 times more than someone in the middle. By 2007, someone in the top 1 percent earned over 28 times what someone in the middle earned. Author's calculations

using data from the Congressional Budget Office. Numbers refer to changes in average before-tax incomes of the top 1 percent and the middle 20 percent. Average income figures are available in the supplemental tables in table 3 of Congressional Budget Office, "Number of Households, Average Income, and Shares of Income for All Households, by Before-Tax Income Group, 1979 to 2010," www.cbo.gov/publication/44604. The original report they were presented in is Congressional Budget Office, "The Distribution of Household Income and Federal Taxes, 2010" (2013). Note that work by Emmanuel Saez has shown very similar trends. For example, see Emmanuel Saez, "Striking It Richer: The Evolution of Top Incomes in the United States (Updated with 2012 Preliminary Estimates)" (Berkeley: University of California, Berkeley, 2013). For a review of different data sources available for comparisons between the rich and the middle class, see Stone and others, "A Guide to Statistics on Historical Trends in Income Inequality."

38. Lawrence Mishel and Alyssa Davis, "CEO Pay Continues to Rise as Typical Workers are Paid Less" (Washington, DC: Economic Policy Institute, 2014).

39. Saez, "Striking it Richer."

40. For information on the share of income going to the middle class, see Keith Miller and David Madland, "What the New Census Data Show about the Continuing Struggles of the Middle Class" (Washington, DC: Center for American Progress Action Fund, 2014). Trends in the share of income going to the top 1 percent are a product of the author's calculations based on figures in table A3, "Top Fractiles Income Shares (Including Capital Gains) in the United States," in Emmanuel Saez's updated income distribution tables, found at Emmanuel Saez, "Emmanuel Saez." Numbers reflect the change in the top 1 percent's share of income from 1982 to 2012. These figures were reported in graphical form in Saez, "Striking It Richer." See note 36 on measures of income used by Saez. It should also be noted that the 2012 estimate is a preliminary estimate. Note that work by the Congres sional Budget Office has shown similar trends. Their figures show that the share of total before-tax income taken home by the top 1 percent of households increased from 8.9 percent in 1979 to 13.4 percent in 2009. Figures are available in the supplemental tables found at Congressional Budget Office, "The Distribution of Household Income and Federal Taxes, 2008 and 2009," www.cbo.gov/publication/43373. The original report they were presented in is Congressional Budget Office, "The Distribution of Household Income and Federal Taxes, 2008 and 2009" (2012).

41. Alan B. Krueger, "Consequences of Inequality in the United States," speech, Washington, DC, January 12, 2012.

42. This refers to the income gains between 2009 and 2012. See Saez, "Striking It

Richer."

43. The bottom 90 percent of families held 22.8 percent of all wealth in2012, according to calculations by Emmanuel Saez and Gabriel Zucman. See Emmanuel Saez and Gabriel Zucman, "Wealth Inequality in the United States Since 1913: Evidence from Capitalized Income Tax Data," Working Paper 20625 (National Bureau of Economic Research, 2014). Other estimates of these figures produce very similar results, for example, a report by Linda Levine for the Congressional Research Service found that in 2010 the bottom 90 percent of households held 25.4 percent of total net worth. See Linda Levine, "An Analysis of the Distribution of Wealth Across Households, 1989–2010" (Washington, DC: Congressional Research Service, 2012). Calculations by Edward Wol presented in the Economic Policy Institute's State of Working American report also found that in 2010 the bottom 90 percent of households controlled just 23.3 percent of national wealth. See Mishel and others, "The State of Working America: 12th Edition." Furthermore, a 2014 report from the Center for Economic Policy Research using data from the Survey of Consumer Finances shows that most households saw their wealth decline between 1989 and 2013 and found that redistribution of wealth to those higher up in the income distribution continued between 2010 and 2013. See David Rosnick and Dean Baker, "The Wealth of Households: An Analysis of the 2013 Survey of Consumer Finances" (Washington, DC: Center for Economic and Policy Research, 2014).

44. Saez and Zucman, "Wealth Inequality in the United States Since 1913: Evidence from Capitalized Income Tax Data."

45. Kerry A. Dolan and Luisa Kroll, "Inside The 2014 Forbes 400: Facts and Figures About American's Wealthiest," *Forbes,* September 29, 2014, www.forbes.com/sites /kerryadolan/2014/09/29/inside-the-2014-forbes-400-facts-and-figures-about-americas- wealthiest/.

46. Central Intelligence Agency, "The World Factbook—Country Comparison: Dis- tribution of Family Income," www.cia.gov/library/publications/the-world-factbook /rankorder/2172rank.html. Note that these comparisons are based on estimates from different years.

47. Anthony B. Atkinson, Thomas Piketty, and Emmanuel Saez, "Top Incomes in the Long Run of History," *Journal of Economic Literature* 49, no. 1 (2011): 3–71. See also Facundo Alvaredo and others, "The Top 1 Percent in International and Historical Perspective," *Journal of Economic Perspectives* 27, no. 3 (2013): 3–20.

48. From the mid-1940s to the late 1970s, the economy grew about 3.7 percent per year. That was about 1 percentage point higher per year than subsequent growth—and the difference doesn't change much if the Great Recession is included or

excluded. Note also that Piketty argues productivity growth was twice as high in the earlier period: see Piketty, *Capital in the Twenty-First Century*. For more on inequality and growth research about the United States and its regions, see, for example, Manuell Pastor Jr. and Chris Benner, "Been Down So Long: Weak-Market Cities and Regional Equity," in *Retooling for Growth: Building a 21st Century Economy in America's Older Industrial Areas*, ed. Richard M. McGahey and Jennifer S. Vey (Washington, DC: American Assembly, 2008); Ugo Panizza, "Income Inequality and Economic Growth: Evidence from American Data," *Journal of Economic Growth* 7, no. 1 (2002): 25–41; Manuel Pastor Jr. and others, *Regions That Work: How Cities and Suburbs Can Grow Together* (Minneapolis: University of Minnesota Press, 2000); Anil Rupasingha, Stephan J. Goetz, and David Freshwater, "Social and Institutional Factors as Determinants of Economic Growth: Evidence from the United States Counties," *Papers in Regional Science* 81, no. 2 (2002): 139–155; Barry Bluestone and Bennett Harrison, *Growing Prosperity: The Battle for Growth with Equity in the Twenty-First Century* (Berkeley: University of California Press, 2001); Peter H. Lindert and Je ery G. Williamson, "Growth, Equality and History," *Explorations in Economic History* 22, no. 4 (1985): 341–377; Randall Eberts, George Erickcek, and Jack Kleinhenz, "Dashboard Indicators for the Northeast Ohio Economy: Prepared for the Fund for Our Economic Future," Working Paper 0605 (Federal Reserve Bank of Cleveland, 2006).

49. For data on per capita growth rates of advanced countries over the past several decades, see Piketty, *Capital in the Twenty-First Century,* 511; and Thomas Piketty, Emmanuel Saez, and Stefanie Stantcheva, "Optimal Taxation of Top Labor Incomes: A Tale of Three Elasticities," Working Paper 17616 (National Bureau of Economic Research, 2011), figure 4.

50. See, for example, Torsten Persson and Guido Tabellini, "Is Inequality Harmful for Growth?," *American Economic Review* 84, no. 3 (1994): 600–621; George R.G. Clarke, "More Evidence on Income Distribution and Growth," *Journal of Development Economics* 47, no. 2 (1995): 403–427; Klaus Deininger, "New Ways of Looking at Old Issues: Inequality and Growth," *Journal of Development Economics* 57, no. 2 (1998): 259–287; Roberto Perotti, "Growth, Income Distribution, and Democracy: What the Data Say," *Journal of Economic Growth* 1, no. 2 (1996): 149–187; Alberto Alesina and Dani Rodrik, "Distributive Politics and Economic Growth," *Quarterly Journal of Economics* 109, no. 2 (1994): 465–490; Dierk Herzer and Sebastian Vollmer, "Inequality and Growth: Evidence from Panel Cointegra-tion," *Journal of Economic Inequality* 10, no. 4 (2012): 489–503; Erwan Quintin and Jason L. Saving, "Inequality and Growth: Challenges to the Old Orthodoxy," *Economic*

Letter 3, no. 1 (2008): 1–8; Simon Sturn and Till van Treeck, "Income Inequality as a Cause of the Great Recession? A Survey of Current Debates" (Switzerland: International Labour Office, 2012); Roland Bénabou, "Inequality and Growth," *NBER Macroeconomics Annual* 11 (1996): 11–74.

51. William Easterly, "The Middle Class Consensus and Economic Development" (Washington, DC: World Bank, 2001).

52. Andrew G. Berg and Jonathan D. Ostry, "Inequality and Unsustainable Growth: Two Sides of the Same Coin" (Washington, DC: International Monetary Fund, 2011). See also their more recent paper: Jonathan D. Ostry, Andrew Berg, and Charalambos G. Tsangarides, "Redistribution, Inequality and Growth" (International Monetary Fund, 2014).

53. The debate about this crosscountry research includes questions such as what countries should be compared, over what time period, and with what data and statistical techniques. For examples of studies that have not found significant negative impacts of inequality on growth or have arrived at more mixed conclusions, see the following list. Note that these studies generally analyze growth over a relatively short period of time, which can give an incomplete picture of the relationships between inequality and growth, especially because many impacts take a long period of time to develop. As Heather Boushey and Carter C. Price find: "Most research shows that, in the long term, inequality is negatively related to economic growth and that countries with less disparity and a larger middle class boast stronger and more stable growth." Heather Boushey and Carter C. Price, "How Are Economic Inequality and Growth Connected?" (Washington, DC: Washington Center for Equitable Growth, 2014). Also note that these more skeptical studies typically occurred before the Great Recession. Adequate study of events like the Great Recession is necessary to properly understand the relationship between inequality and growth since the financial crash was caused to a significant degree by extreme levels of inequality. Further, events like the Great Recession indicate some of the limitations of cross-country regression analysis, especially because of the significant spillover Effects of a recession starting in one country infecting others. Robert J. Barro, "Inequality and Growth in a Panel of Countries," *Journal of Economic Growth* 5, no. 1 (2000): 5–32; Kristin J. Forbes, "A Reassessment of the Relationship between Inequality and Growth," *American Economic Review* 90, no. 4 (2000): 869–887; Stephen Knowles, "Inequality and Economic Growth: The Empirical Relationship Reconsidered in the Light of Comparable Data," *Journal of Developmental Studies* 41, no. 1 (2005): 135–159; Dan Andrews, Christopher Jencks, and Andrew Leigh, "Do Rising Top Incomes Lift All Boats?," *B.E. Journal of Economic Analysis and Policy* 11, no. 1 (2011): 1–43.

54. Heather Boushey and Adam S. Hersh, "American Middle Class, Income Inequality, and the Strength of Our Economy" (Washington, DC: Center for American Progress, 2012). Note that David Moss, Anant Thaker, and Howard Rudnick, "Inequality and Decision Making: Imaging a New Line of Inquiry," Working Paper 13–099 (Harvard Business School, 2013), makes a similar point.

55. For information on how the relationship between economic inequality and financial collapse is not as simple or direct as some have tried to claim, see, for example, Anthony B. Atkinson and Salvatore Morelli, "Economic Crises and Inequality," Research Paper 2011/06 (United Nations Development Programme, 2011); Paul Krugman, "Inequality and Crises: Coincidence or Causation?," slides prepared for Luxembourg Income Study, June 28, 2010. See also Arjun Jayadev, "Distribution and Crisis: Reviewing Some of the Linkages," in *The Handbook of the Political Economy of Financial Crises*, ed. Martin H. Wolfson and Gerald A. Epstein (Oxford: Oxford University Press, 2013).

56. For support that the recession began in the United States, see Kristin Forbes, Jeffrey Frankel, and Charles Engel, "Introduction to Special Issue on the Global Financial Crisis," *Journal of International Economics* 88, no. 2 (2012): 215–218; Steven B. Kamin and Laurie Pounder DeMarco, "How Did a Domestic Housing Slump Turn into a Global Financial Crisis?," International Finance Discussion Paper 994 (Board of Governors of the Federal Reserve System, 2010); United Nations Department of Economic and Social Affairs, "The Global Social Crisis: Report on the World Social Situation 2011" (2011); Justin Yifu Lin and Volker Treichel, "Unexpected Global Financial Crisis: Researching Its Root Cause," Policy Research Working Paper 5937 (World Bank, 2012); Fabio C. Bagliano and Claudio Morana, "The Great Recession," *Journal of Banking & Finance* 36, no. 1 (2012): 1–13; Neil Fligstein and Jacob Habinek, "Sucker Punched by the Invisible Hand: The World Financial Markets and the Globalization of the US Mortgage Crisis," *Socio Economic Review,* March 14, 2014, doi:10.1093/ser/mwu004.

57. Stiglitz, "Macroeconomic Fluctuations, Inequality, and Human Development." See also Arjun Jayadev, "Distribution and Crisis."

58. Similar claims have also been made in more political environments, including by William Jennings Bryan, who argued that "the Democratic idea, however, has been that if you legislate to make the masses prosperous, their prosperity will find its way up through every class which rests upon them." William Jennings Bryan, "Cross of Gold," speech, Chicago, IL, July 9, 1896. See also the Swedish model developed by Gösta Rehn and Rudolf Meidner and in Gunnar Myrdal's advocacy for land reform in underdeveloped countries. See Gunnar Myrdal, "The Equality Issue in World

Development," *American Economic Review* 79, no. 6 (1989): 8–17.

59. See chapter 2 for full details.

60. Congressional Budget Office, "Public Spending on Transportation and Water Infrastructure" (2010). The Congressional Budget Office reports that federal, state, and local spending on infrastructure totaled 2.4 percent of GDP in 2007, the most recent year for which data was available. If we had spent a similar amount to what we spent in the mid- 1960s (3 percent) in 2007 that would have come to $89 billion in additional infrastructure spending per year.

61. See chapter 5 for additional details.

62. See chapter 5 for additional details.

63. Though this book is focused on the United States, I think these same basic effects apply elsewhere; however, the actual impacts are contingent on the institutions and culture of each country. Put another way, inequality and a weak middle class can undermine trust, government, demand, and human capital in all settings. But the level at which inequality and a weak middle class start to have severe negative consequences di ers by society, as do the exact ways these harms manifest themselves.

64. Robert Solow, interview with Alexandra Mitukiewicz, *Washington Center For Equitable Growth,* December 9, 2013, www.youtube.com/watch?v = 20NXQ470nSM.

65. For job loss figures, see Center on Budget and Policy Priorities,"Chart Book:The Legacy of the Great Recession" (2013); Michael Greenstone and Adam Looney, "The Lasting Effects of the Great Recession: Six Million Missing Workers and a New Eco-nomic Normal," *Brookings on Job Numbers Blog,* September 12, 2013, www.brookings.edu /blogs/jobs/posts/2013/09/12-jobs-gap-greenstone-looney. Estimates of lost economic growth in dollar terms vary. The Dallas Federal Reserve has conservatively estimated that between $6 trillion and $14 trillion worth of output was forgone due to the recession of 2007–2009, but also notes that costs could be much greater if factors such as changes to US total wealth, nonfinancial consequences of the recession, and the costs of the government's response are properly factored in. A Government Accountability Office report from 2013 noted that depending on the methodology and assumptions used to estimate lost growth, the figure could range from a few trillion dollars to well over $10 trillion. A report from 2012 by Better Markets estimated that GDP loss between 2008 and 2018 would total approximately $7.6 trillion, but that an additional loss of $5.2 trillion would have occurred if not for government intervention, bringing the total potential loss to $12.8 trillion. See Tyler Atkinson, David Luttrell, and Harvey Rosenblum, "How Bad Was It? The Costs and Consequences of the 2007–09 Financial Crisis" (Dallas, TX: Federal Reserve

Bank of Dallas, 2013); Government Accountability Office, "Financial Regulatory Reform: Finan- cial Crisis Losses and Potential Impacts of the Dodd-Frank Act" (2013); Dennis Kelleher, Stephen Hall, and Katelynn Bradley, "The Cost of the Wall Street-Caused Financial Collapse and Ongoing Economic Crisis Is More Than $12.8 Trillion" (Washington, DC: Bet- ter Market, 2012).

66. The averages of the annualized GDP growth rates for the 1980s, 1990s, 2000s, and first three years of the 2010s are all lower than the averages of the annual growth rates seen in the 1950s, 1960s, and 1970s based on data from the Bureau of Economic Analysis. This is true even if the negative GDP growth rates for 2008 and 2009 are removed from the calculation. This is according to author's calculations based on Bureau of Economic Analysis data available in table 1.1.1 of Bureau of Economic Analysis, "National Income and Product Accounts Tables," www.bea.gov/iTable/iTable.cfm?ReqID = 9&step = 1#reqid = 9&step = 1&isuri = 1&903 = 1. See also J.T. Young, "The Worst Four Years of GDP Growth in History: Yes, We Should Be Worried," *Forbes,* April 12, 2013, www.forbes.com/sites /realspin/2013/04/12/the-worst-four-years-of-gdp-growth-in-history-yes-we-should-be- worried/.

67. Michael Ettlinger and Michael Linden, "The Failure of Supply-Side Economics" (Washington, DC: Center for American Progress, 2012); Mark Thoma, "Did the Bush Tax Cuts Lead to Economic Growth?," *CBS News,* November 30, 2010, www.cbsnews.com /8301–505123_162–39741024/did-the-bush-tax-cuts-lead-to-economic-growth/; Chye-Ching Huang, "Recent Studies Find Raising Taxes on High-Income Households Would Not Harm the Economy" (Washington, DC: Center on Budget and Policy Priorities, 2012).

68. For a review of academic studies, see Andrew Fieldhouse, "A Review on the Eco- nomic Research on the Effects of Raising Ordinary Tax Rates" (Washington, DC: Economic Policy Institute, 2013). See also Michael Ettlinger and John S. Irons, "Take a Walk on the Supply Side" (Washington, DC: Center for American Progress, 2008); Aviva Aron- Dine, Richard Kogan, and Chad Stone, "How Robust Was the 2001–2007 Economic Expansion?" (Washington, DC: Center on Budget and Policy Priorities, 2008).

69. Ettlinger and Irons, "Take a Walk on the Supply Side."See also Chait, *The Big Con.*

70. President Barack Obama, "Remarks by the President at a Campaign Event," speech, Los Angeles, CA, October 8, 2012. See also David Madland and Gadi Dechter, "The Evolution of Obama's Middle-Out Economics" (Washington, DC: Center for Amer- ican Progress Action Fund, 2012); and speeches from President Obama's second term, including President Barack Obama, "Remarks by the President

at the 'Let Freedom Ring' Ceremony Commemorating the 50th Anniversary of the March on Washington," speech, Washington, DC, August 28, 2013; President Barack Obama, "Remarks by the President on the Economy," Galesburg, IL, July 24, 2013; President Barack Obama, "Remarks by the President on Economic Mobility," speech, Washington, DC, December 4, 2013.

71. Obama, "Remarks by the President on Economic Mobility."

72. See, for example, "When the middle class is doing well . . . they're spending more money, businesses have more customers, businesses make more profits, and then hire more workers." President Barack Obama, debate with Governor Mitt Romney, Denver, CO, October 3, 2012.

73. See, for example, Governor Martin O'Malley's speech where he said, "Trickle-down economics has been an abject failure for 99 percent of Americans. If we want to deliver better results—if we want to strengthen our middle class and expand middle class opportunity—then we have to be willing to make better choices." Martin O'Malley, "Bet- ter Choices for a Stronger Middle Class," speech, Washington, DC, May 30, 2013. See also Madland and Dechter, "The Evolution of Obama's Middle-Out Economics"; Martin O'Malley, "What Maryland Does Better than Texas," *Washington Post,* September 17, 2013, www.washingtonpost.com/opinions/gov-omalley-what-maryland-does-better-than-texas /2013/09/17/0c6b00f2–1faf-11e3–94a2–6c66b668ea55_story.html; Mark Peters, "States' Rift on Taxes Widen," *Wall Street Journal,* May 23, 2013, http://online.wsj.com/news/articles /SB10001424127887323648304578497411113160332.

74. The top marginal tax rate fell from 90 percent in the 1960s and is less than 40 per- cent today, and was even lower for much of the George W. Bush presidency. See, for example, Council of Economic Advisors, "Economic Report of the President" (Government Printing Office, 2013). Note the average tax rate paid by the rich fell significantly over this period too. For example, the average tax rate paid by the 0.01 percent was roughly cut in half from the mid-1970s to the mid-2000s. The rate fell from around 70 percent in 1960 to around 35 percent in 2004. See Mishel and others, "The State of Working America: 12th Edition," figure 2Q. For similar trends, see also Council of Economic Advisors, "Economic Report of the President"; Thomas Hungerford, "Taxes and the Economy: An Economic Analysis of the Top Tax Rates since 1945 (Updated)" (Washington, DC: Congressional Research Service, 2012); National Economic Council, "The Bu ett Rule: A Basic Principle of Tax Fairness" (White House, 2012). For estimates of changes in average tax rates that do not attempt to control for the impact of income growth among the very wealthy, see Congressional Budget Office, "The Distribution of Household Income and Federal Taxes, 2008 and

2009"; Binyamin Appelbaum, "Tax Burden for Most Americans Is Lower Than in the 1980s," *New York Times,* November 29, 2012, www.nytimes.com/2012/11/30/us/most- americans-face-lower-tax-burden-than-in-the-80s.html?pagewanted = 1&_r = 1. In addition, Pizzigati, *The Rich Don't Always Win*—based on Janet McCubbin and Fritz Scheuren, "Individual Income Tax Shares and Average Tax Rates, Tax Years 1951–1986," *Statistics of Income Bulletin* 8, no. 4 (1989): 39–74—reports that the average tax rate paid by the 400 individuals reporting the highest adjusted gross income each year fell by half from the 1960s to 2009.

75. For example,in 1997, a majority of both House and Senate Democrats voted for the Taxpayer Relief Act of 1997, which, among other things, lowered capital gains tax rates. This bill was then signed into law by Democratic president Bill Clinton. See Govtrack, "H.R. 2014 (105th): Taxpayer Relief Act of 1997," www.govtrack.us/congress/bills/105 /hr2014. Additionally, in 2001 a total of 12 Senate Democrats voted to pass the first round of tax cuts under President Bush, which passed the Senate by a margin of only 58–33. See Govtrack, "H.R. 1836 (107th): Economic Growth and the Tax Payer Reconciliation Act of 2001 (on the Conference Report)," www.govtrack.us/congress/votes/107–2001/s170. In 2003, the second round of Bush tax cuts received extremely little Democratic support in either the House or the Senate, but if it were not for the two Democrats who voted in favor of the bill it likely would have failed to pass the Senate. See "H.R. 2 (108th): Jobs and Growth Tax Relief Reconciliation of 2003 (On the Conference Report)," www.govtrack.us/congress/votes/108–2003/s196.

76. For more information on Clinton tax policies, see Michael Linden, "Fact versus Fiction in Latest Supply-Side Debate" (Washington, DC: Center for American Progress, 2011); Linden, "The Middle Class Series: Federal Tax Code and Income Inequality" (Washington, DC: Center for American Progress, 2012).

77. Karen Dewitt, "Cuomo Looks to Former Rivals to Head Tax Cutting Commission," *WXXI News,* October 2, 2013, http://wxxinews.org/post/cuomo-looks-former-rivals- head-tax-cutting-commission.

78. Michael Howard Saul, "Mayor Says More Billionaires Would Ease City's Economic Situations," *Wall Street Journal,* September 20, 2013, http://online.wsj.com/news /articles/SB10001424127887323808204579087582341293444.

79. John Wagner,"Democrat Douglas F. Gansler Calls for Cutting Md. Corporate Income Tax Rate," *Washington Post,* August 29, 2013, http://articles.washingtonpost.com/2013–08–29 /local/41578236_1_gansler-democrat-douglas-f-corporate-income-tax-rate.

80. Peter Dreier and Christopher Martin, "'Job Killers' in the News: Allegations without Verification" (Cedar Falls: University of Northern Iowa, 2012).

81. The projected tax cut offered to millionaires under the most recently assessed iteration of the Romney tax plan was approximately $390,000 if current law was used as the baseline in the estimation. This is compared to a tax cut for millionaires of roughly $141,000 provided by the Bush tax cuts. For the most recent projection based on Romney's plan, see Tax Policy Center, "T12–0038—Romney Tax Plan without Unspecified Base Broadeners; Baseline: Current Law; Distribution of Federal Tax Change by Cash Income Level, 2015," www.taxpolicycenter.org/numbers/displayatab.cfm?Docid = 3296. For tax cut provided by Bush, see Michael Linden and Seth Hanlon, "Mitt Romney's Tax Plan in 5 Charts" (Washington, DC: Center for American Progress Action Fund, 2012).

82. The budget proposal put forward by Chairman Paul Ryan seeks to cut the top marginal tax rate from 39.6 percent to 25 percent, while Romney's proposed plan only sought to cut it from 35 percent to 28 percent. According to the Center on Budget and Policy Priorities, "The tax cuts for high-income filers would necessarily be larger under Ryan's Plan than under Romney's." See Chuck Marr, Chye-Ching Huang, and Nathaniel Frentz, "The Ryan Budget's Tax Cuts: Nearly $6 Trillion in Cost and No Plausible Way to Pay for It" (Washington, DC: Center on Budget and Policy Priori- ties, 2013).

83. Analysis of these proposals shows that, to meet proponents' stated goal of not increasing the deficit, tax increases on the middle class would have been required. For details of the tax increases required to accommodate the Romney proposal, see Samuel Brown, William Gale, and Adam Looney, "On the Distributional Effects of Base-Broad- ening Income Tax Reform" (Washington, DC: Tax Policy Center, 2012). For details of the increases required to accommodate the Ryan proposal, see Marr, Huang, and Frentz, "The Ryan Budget's Tax Cuts."

84. For example, North Carolina recently passed a set of tax code changes that have been projected to increase taxes on the middle class and poor, in part due to the elimination of the state's earned income tax credit. See Citizens for Tax Justice, "North Carolina Faces Disastrous New Tax Laws," www.ctj.org/taxjusticedigest/archive/2013/07/north_carolina_facing_disastro.php#.UnpXOuKp3oZ. Note also that a tax bill signed into law by Governor Brownback in Kansas in 2012 increased taxes on those with the lowest incomes while providing tax cuts for the very wealthy. See Institute on Taxation and Economic Policy, "Tax Bill Signed by Governor Brownback Makes Kansas an Outlier" (2012). For more on regressive tax reform proposals, see David Madland, "The Not-So-Secret Conservative Plot to Raise Taxes on the Middle Class" (Washington, DC: Center for American Progress, 2011), www .americanprogress.org/issues/budget/news/2011/04/27/9409/the-not-so-secret-conserva tive-plot-to-raise-taxes-on-the-middle-class/; Paul Breer and

Kevin Donohoe, "REPORT: In 12 States, GOP Plans to Slash Corporate Taxes While Increasing Burden on Working Families," *Think Progress,* March 16, 2011, http://thinkprogress.org/politics/2011/03/16/151008 /gop-state-corporate-tax-cuts/.

85. The Bush tax cuts,for example,disproportionately benefited the wealthy.See Joel Friedman and Isaac Shaprio, "Tax Returns: A Comprehensive Assessment of the Bush Administration's Record on Cutting Taxes" (Washington, DC: Center on Budget and Policy Priorities, 2004); Citizens for Tax Justice, "The Bush Tax Cuts Cost Two and a Half Times as Much as the House Democrats' Health Care Proposal" (2009). But they still did provide some benefit to the middle class as charts 3 and 4 in this column make clear: Zachary A. Goldfarb, "The Legacy of the Bush tax Cuts, in Four Charts," *Washington Post Won- kblog,*January2,2013,www.washingtonpost.com/blogs/wonkblog/wp/2013/01/02/the-legacy- of-the-bush-tax-cuts-in-four-charts/.

86. Phillips, *Wealth and Democracy*; Norton Garfinkle, *The American Dream vs. the Gospel of Wealth: The Fight for a Productive Middle Class Economy* (New Haven, CT: Yale University Press, 2006). See also the introduction to Pizzigati, *The Rich Don't Always Win,* especially the quotation from 1925 from the chair of the Republican National Congressional Committee: "Heavy taxes upon the man of wealth and upon corporations . . . strangle business, act as a deadweight on commerce, and slow down the wheels of industry."

87. During this period, thinkers such as Herbert Spencer and William Graham Sum- ner espoused variations of Social Darwinist thinking that generally called for less govern- ment intervention and regulation and for the elimination of forced redistribution from the wealthy to the poor. See, for example, William Graham Sumner, *What Social Classes Owe One Another* (New York: Harper & Brothers, 1883). For more on how Social Darwinism influenced thought and policy throughout the late nineteenth and early twentieth centuries, see Phillips, *Wealth and Democracy.*

88. Andrew W. Mellon, *Taxation: The People's Business* (New York: Macmillan, 1924).

89. For quotes from Mellon, see ibid.

90. John Maynard Keynes, *The General Theory of Employment, Interest, and Money* (Lon-don: Macmillan, 1936); Skidelsky, *Keynes.*

91. See, for example, President Richard Nixon's statement that he was "now a Keynesian in economics." Reuters, "Nixon Reportedly Says He Is Now a Keynesian," *New York Times,* January 7, 1971, http://query.nytimes.com/gst/abstract.html?res = 9505E4DA123DE53 BBC4F53DFB766838A669EDE.

92. See, for example, Skidelsky, *Keynes.* See also Bruce Bartlett, *The New American Economy: The Failure of Reaganomics and a New Way Forward* (New

York: Palgrave Macmillan, 2009), which argues, "Just as Keynesian economics went o the wrong track and became discredited, I think supply-side economics has also reached the end of its useful life."

93. See, for example, Mark Blyth, *Great Transformations: Economic Ideas and Institutional Change in the Twentieth Century* (New York: Cambridge University Press, 2002), for the conscious use of the problem of inflation to promote an alternative theory.

94. Keynes,*General Theory of Employment, Interest and Money.*

95. Paraphrased from ibid.

96. For books that have highlighted elements of middle out, see Robert Reich, *After-shock: The Next Economy & America's Future* (New York: Vintage, 2010); Raghuram G. Rajan, *Fault Lines: How Hidden Fractures Still Threaten the World Economy* (Princeton, NJ: Princeton University Press, 2010); Joseph E. Stiglitz, *The Price of Inequality: How Today's Divided Society Endangers Our Future* (New York: W. W. Norton, 2012).

97. Paul Ryan, "Saving the American Idea: Rejecting Fear, Envy and the Politics of Division," speech, Washington, DC, October 26, 2011.

98. N. Gregory Mankiw, "Defending the One Percent," *Journal of Economic Perspectives* 27, no. 3 (2013): 21–34.

chapter two

1. Edward C. Banfield, *The Moral Basis of a Backward Society* (Glencoe, IL: Free Press, 1958).

2. In 2012, 32 percent of Americans thought that most people could be trusted, down from 47 percent in 1973. Numbers from author's analysis of 2012 General Social Survey data, which can be found at "General Social Survey," www3.norc.org/gss+website/. See also Eric M. Uslaner, *Divided Citizens: How Inequality Undermines Trust in America* (New York: Demos, 2002).

3. Uslaner, *Divided Citizens;* Eric M. Uslaner, *Moral Foundations of Trust* (Cambridge: Cambridge University Press, 2002); Eric M. Uslaner and Oguzhan C. Dincer, "Trust and Growth," *Public Choice* 142, no. 1 (2010): 59–67.

4. Philip Keefer and Stephen Knack, "Social Capital, Social Norms and the New Institutional Economics" (Washington, DC: World Bank, 2004).

5. Oliver E. Williamson, "Transaction Cost Economics: How It Works, Where It

Is Headed," *De Economist* 146 (1998): 23–58.

6. Note that as analternative means of protection, market participants could focus on very short-term exchanges, where the chance of exploitation is less. But that means missing out on, for example, loans, investments in fixed assets like buildings, and many employment contracts that are necessarily longer-term commitments. See, for example, Keefer and Knack, "Social Capital, Social Norms and the New Institutional Economics," for a discussion of spot markets. Marc Sangnier argues that "shorter contracts will be privileged by low-trust principals as they want to keep control over the business relation by leaving open the possibility of renegotiation during subsequent periods." Marc Sangnier, "Does Trust Favor Macroeconomic Stability?," Working Paper 2009–40 (Paris-Jourdan Sciences Economiques, 2009).

7. Oliver E. Williamson, "Transaction-Cost Economics: The Governance of Contractual Relations," *Journal of Law and Economics* 22, no. 2 (1979): 233–261; Oliver E. Williamson, "Transaction-Cost Economics: How it Works, Where It Is Headed"; John R. Commons, "Institutional Economics: The Problem of Social Cost," *American Economic Review* 21, no. 193 (1960): 648–657; Douglass C. North, *Structure and Change in Economic History* (New York: W.W. Norton, 1982); Samuel Bowles, *Microeconomics: Behavior, Institutions, and Evolution* (Princeton, NJ: Princeton University Press, 2006).

8. Jon Hilsenrath, "How a Trust Deficit Is Hurting the Economy," *Wall Street Journal,* January 27, 2013, http://online.wsj.com/article/SB10001424127887323854904578264161278400462.html.

9. Francis Fukuyama, *Trust: The Social Virtues and the Creation of Prosperity* (New York: Free Press, 1996).

10. Ernst Fehrand Simon Gächter, "Fairness and Retaliation:The Economics of Reciprocity," *Journal of Economic Perspectives,* 40, no. 14 (2000): 159–181.

11. Robert Boyd, Peter J. Richerson, and Joseph Henrich, "The Cultural Niche: Why Social Learning Is Essential for Human Adaptation," *Proceedings of the National Academy of Sciences of the United States of America* 108, supplement 2 (2011); Peter J. Richerson and Robert Boyd, "The Evolution of Free Enterprise Values," in *Moral Markets: The Critical Role of Values in the Economy,* ed. Paul J. Zak (Princeton, NJ: Princeton University Press, 2008); Samuel Bowles, *The New Economics of Inequality and Redistribution* (Cambridge: Cambridge Univer- sity Press, 2012); Samuel Bowles and Herbert Gintis, *A Cooperative Species: Human Reciprocity and Its Evolution* (Princeton, NJ: Princeton University Press, 2011); Robert L. Trivers, "The Evolution of Reciprocal Altruism," *Quarterly Review of Biology* 46, no. 1 (1971): 35–57; John M. Gowdy and others, "Economic Cosmology

and the Evolutionary Challenge," *Journal of Economic Behavior and Organization* 90 (2013): 11–20.

12. Richerson and Boyd, "The Evolution of Free Enterprise Values." Italics in original.

13. Uslaner,*The Moral Foundations of Trust*.

14. Fehr and Gächter, "Fairness and Retaliation"; Robert Cialdini and others, "Reinterpreting the Empathy—Altruism Relationship: When One into One Equals One- ness," *Journal of Personality and Social Psychology* 73, no. 3 (1997): 481–494.

15. Fehr and Gächter, "Fairness and Retaliation."

16. For an introduction to this literature, see Joyce Berg, John Dickhaut, and Kevin McCabe, "Trust, Reciprocity, and Social History," *Games and Economic Behavior* 10 (1995): 122–142.

17. Eric M. Uslaner, "Trust and the Economic Crisis of 2008," *Corporate Reputation Review* 13, no. 2 (2010): 110–123.

18. Uslaner, *Divided Citizens;* Uslaner, *Moral Foundations of Trust;* Uslaner and Dincer, "Trust and Growth"; Christian Larsen, *The Rise and Fall of Social Cohesion* (Oxford: Oxford University Press, 2013). Note that Larsen emphasizes that inequality works indirectly by fueling perceptions of others.

19. Paul J. Zak and Stephen Knack, "Trust and Growth," *Economic Journal* 111, no. 470 (2001): 295–321; Keefer and Knack, "Social Capital, Social Norms and the New Institu- tional Economics"; George Akerlof, "Distance and Social Decisions," *Econometrica* 65, no. 5 (1997): 1005–1027.

20. Paul K. Pi and others, "Higher Social Class Predicts Increased Unethical Behav- ior," *Proceedings of the National Academy of Sciences of the United States* 109, no. 11 (2012): 4086–4091.

21. Shaun P. Hargreaves Heap, Jonathan H.W. Tan, and Daniel John Zizzo, "Trust, Inequality, and the Market," *Theory and Decision* 74, no. 3 (2013): 311–333. Note that this study is an important advance over prior experiments that attempted to study the Effects of ine- quality by showing the distribution of incomes but did not reveal the income level of partners.

22. Study was conducted by *Reader's Digest,* reported in *The Economist* on June 22, 1996, and later evaluated by Stephen Knack. See Stephen Knack, "Trust, Associational Life and Economic Performance" (Washington, DC: World Bank, 2001).

23. Knack, "Trust, Associational Life and Economic Performance."

24. Lukas Neville, "Do Economic Equality and Generalized Trust Inhibit Academic Dishonesty? Evidence from State-Level Search-Engine Queries,"

Psychological Science 23, no. 4 (2012): 339–345. As University of Manitoba business professor Lukas Neville explains: "When there is higher economic inequality, people are less likely to view one another as trustworthy. This lower generalized trust, in turn, is associated with a greater prevalence of academic dishonesty."

25. Stephen Knack and Philip Keefer, "Does Social Capital Have an Economic Pay off ? A Cross-Country Investigation," *Quarterly Journal of Economics,* 112, no. 4 (1997): 1251–1288; Zak and Knack, "Trust and Growth"; Keefer and Knack, "Social Capital, Social Norms and the New Institutional Economics"; Christian Bjornskov, "Determinants of Generalized Trust: A Cross-Country Comparison," *Public Choice* 130, nos. 1–2 (2007): 1–21; Alberto Alesina and Eliana La Ferrara, "Who Trusts Others?," *Journal of Public Economics* 85, no. 2 (2002): 207–234; Uslaner, "Trust and the Economic Crisis of 2008"; Eric M. Uslaner "Trust as a Moral Value" (College Park: University of Maryland, 2001). Note that there is a debate about whether survey questions are a better measure of trust or trustworthiness. See Edward L. Glaeser and others, "Measuring Trust," *Quarterly Journal of Economics* 115, no. 3 (2000): 811–846; and Olof Johannson-Stenman, Minjah Mahmud, and Peter Martinsson, "Trust, Trust Games and Stated Trust: Evidence from Rural Bangladesh," *Journal of Economic Behavior and Organization* 95 (2011): 286–298: they argue that survey questions better measure trustworthiness. But some argue that different measures of trust and trust worthiness are highly correlated and thus survey questions are good measures: for example, Knack, "Trust, Associational Life and Economic Performance"; and Keefer and Knack, "Social Capital, Social Norms and the New Institutional Economics." Noel D. Johnson and Alexandra Mislin, "How Much Should We Trust the World Values Survey Trust Question?," *Economics Letters* 116, no. 2 (2012): 210–212, finds that survey question measures of trust are highly correlated with experimentally measured trust.

26. The 14 state-level measures of social capital, along with the Comprehensive Social Capital Index, are described in Robert D. Putnam, *Bowling Alone: The Collapse and Revival of American Community* (New York: Simon & Schuster, 2000), 290–291 and table 4. The underlying sources of these data are given in the endnotes to those pages.

27. For measures of trust and measures of the relative equality of each nation's economy including their calculated Gini coeffcient estimates, see Organization for Economic Co-Operation and Development, "Society at a Glance 2011—OECD Social Indicators" (2011). See also Larsen, *The Rise and Fall of Social Cohesion,* table 1.1. For estimates of the share of wealth going to the top 1 percent of earners—which can be viewed as another measure of relative equality—see Facundo Alvaredo and others,

"The Top 1 Percent in International and Historical Perspective," *Journal of Economic Perspectives* 27, no. 3 (2013): 3–20.

28. Jean M.Twenge,W. Keith Campbell, and Nathan T. Carter,"Declines in Trusting Others and Confidence in Institutions among American Adults and Late Adolescents, 1972–2012," *Psychological Science* 25, no. 10 (2014): 1914–1923. But for a criticism of the over-time relationship, see Javier Olivera, "On Changes in General Trust in Europe," Discussion Paper 80 (Gini Project, 2013). But note that the study only analyzes changes from 2002 to 2010, which is a very short time period and thus likely to understate the relationship.

29. Author's analysis of 2012 General Social Survey data, which can be found at" General Social Survey," www3.norc.org/gss+website/. See also Uslaner, *Divided Citizens*.

30. See Larsen, *The Rise and Fall of Social Cohesion,* table 1.1.

31. Gabriel Almond and Sidney Verba, *Civic Culture: Political Attitudes and Democracy in Five Nations* (Newbury Park, CA: Sage, 1989), found that in 1960, Americans believed most people could be trusted (United States 55%; United Kingdom 49%; Germany 19%; Italy 7%; Mexico 30%). Note that this polling suggests that trust may have started to decline in the United States before inequality began rising—but it is hard to know how much weight to place on this one poll without other supporting surveys from this time period. Still, even if considerable weight is placed on this one poll, the drop of 7 percentage points over almost a decade and a half is not particularly large, but it does suggest that other factors besides inequality likely explain at least some of the drop in trust over the past several decades. I discuss these other factors at greater length in the text.

32. Alexisde Tocqueville, *Democracy in America* (Washington, DC :Library of America, 2004).

33. Larsen,*The Rise and Fall of Social Cohesion*.

34. See, among others, Alesina and LaFerrara,"Who Trusts Others?";Uslaner, *Moral Foundations of Trust;* Uslaner and Dincer, "Trust and Growth."

35. Larsen,*The Rise and Fall of Social Cohesion*.

36. For information on US levels of diversity from this time period,see Philip Roeder, "Ethnolinguistic Fractionalization (ELF) Indices, 1961 and 1985," updated September 18, 2001, http://pages.ucsd.edu/~proeder/elf.htm. Using data from the Atlas Narodov Mira, a dataset constructed by researchers in the Soviet Union, as well as data from *The World Handbook of Political and Social Indicators,* 2nd ed., Roeder finds that the United States is one of the most diverse developed countries, behind only Canada, Belgium, and Switzerland in 1961. For more, see Alberto Alesina,

Arnaud Devleeschauwer, William Easterly, Sergio Kurlat, and Romain Wacziarg, "Fractionalization," *Journal of Economic Growth* 8, no. 2 (2003): 155–194; James Fearon, "Ethnic and Cultural Diversity by Country," *Journal of Economic Growth* 8, no. 2 (2003): 195–222; Natalka Patsiurko, John Campbell, and John Hall, "Measuring Cultural Diversity: Ethnic, Linguistic and Religious Fractionalization in the OECD," *Ethnic and Racial Studies* 35, no. 2 (2012): 195–217.

37. See the discussion in Larsen, *The Rise and Fall of Social Cohesion,* 17. In 1980 in Denmark, immigrants and their children made up only 3.1 percent of the population, and most came from neighboring countries. But by 2009, immigrants and their children made up 10.6 percent of the population, and two-thirds came from non-Western countries.

38. According to the OECD, the percentage of Sweden's population that was foreign- born in 2012—the most recent year for which OECD figures are available—was 15.5 percent while the percentage of the United States's population that was foreign-born that year was 13.0 percent. See Organisation for Economic Co-Operation and Development, "International Migration Outlook 2014" (2014), www.oecd.org/migration/integrationindicators /keyindicatorsbycountry/name,218350,en.htm.

39. See ibid., 17 and table 2.9

40. John Stuart Mill, *Principles of Political Economy with Some of Their Applications to Social Philosophy* (London: Longmans, Green, 1909).

41. Kenneth J. Arrow, "Gifts and Exchanges," *Philosophy and Public Affairs* 1, no. 4 (1972): 343–362.

42. Sjoerd Beugelsdijk and Robbert Maseland, *Culture in Economics: History, Methodological Reflections and Contemporary Applications* (New York: Cambridge University Press, 2011).

43. Dimitris Georgarakos and Sven Fürth, "Household Repayment Behavior: The Role of Social Capital, Institutional, Political, and Religious Beliefs," Working Paper (University of Frankfurt and Goethe University of Frankfurt, 2012). Luigi Guiso, Paola Sapienza, and Luigi Zingales, "The Role of Social Capital in Financial Development," *American Economic Review* 94, no. 3 (2004): 526–556.

44. Sven Oskarsson, PerOla Öberg, and Torsten Svensson, "Making Capitalism Work: Fair Institutions and Trust," *Economic and Industrial Democracy* 30, no. 2 (2009): 294–320.

45. See, for example, Alex Edmans, "Does the Stock Market Fully Value Intangibles? Employee Satisfaction and Equity Prices," *Journal of Financial Economics* 101, no. 4 (2011): 621–640; Olubunmi Faleye and Emery A. Trahan, "Labor-Friendly Corporate Practices: Is What Is Good for Employees Good for

Shareholders?," *Journal of Business Ethics* 101, no. 1(2011): 1–27; Greg Filbeck and Dianna Preece, "Fortune's Best 100 Companies to Work for in America: Do They Work for Shareholders?," *Journal of Business Finance and Accounting* 30, nos. 5–6 (2003): 771–797; Douglas L. Kruse, Joseph R. Blasi, and Richard B. Freeman, "Does Linking Worker Pay to Firm Performance Help the Best Firms Do Even Better?," Working Paper 17745 (National Bureau of Economic Research, 2012); Andrea Moro, Devendra Kodwani, and Mike Lucas, "Trust and the Demand for Personal Collateral in SME— Bank Relationships," *Journal of Entrepreneurial Finance* 16, no. 1 (2012): 87–108; Brian Uzzi, "The Source and Consequences of Embeddedness for the Economic Performance of Organizations: The Network Effect," *American Sociological Review* 61, no. 4 (1996): 674–698.

46. Hans Westlund and Frane Adam, "Social Capital and Economic Performance: A Meta-Analysis of 65 Studies," *European Planning Studies* 18, no. 6 (2010): 893–919. Note that the analysis included studies that focused on trust and related concepts such as social capital.

47. Keefer and Knack, "Social Capital, Social Norms and the New Institutional Eco- nomics." See also Keefer and Knack, "Does Social Capital Have an Economic Payo ?"; Zak and Knack, "Trust and Growth." For further evidence, see Roman Horvath, "Does Trust Promote Growth?," *Journal of Comparative Economics* 41, no. 3 (2012): 777–788; Olivier Coibion, Yuriy Gorodnichenko, and Dmitri Koustas, "Amerisclerosis? The Puzzle of Rising U.S. Unemployment Persistence," *Brookings Papers on Economic Activity* (Fall 2011): 353–384.

48. Note that other studies similarly find that trust is as important as education to economic growth. See, for example, Paul Whitely, "Economic Growth and Social Capi- tal," *Political Studies* 48, no. 3 (2000): 443–466.

49. See, for example, Sjoerd Beugelsdijk, Henri de Groot, and Anton van Schaik, "Trust and Economic Growth a Robustness Analysis," *Oxford Economic Papers* 56, no. 1 (2004): 118–134; Uslaner and Dincer, "Trust and Growth"; Westlund and Adam, "Social Capital and Economic Performance." Other reviews of the literature are even more positive, such as Keefer and Knack, "Social Capital, Social Norms and the New Institutional Economics"; and Stephen Knack, "Social Capital, Growth, and Poverty: A Survey of Cross-Country Evidence," in *The Role of Social Capital in Development: An Empirical Assess- ment,* ed. Christiaan Grootaert and Thierry van Bastelaer (Cambridge: Cambridge University Press, 2002).

50. For examples of such studies analyzing economically advanced areas, see Guido Tabellini, "Culture and Institutions: Economic Development in the Regions of Europe," *Journal of the European Economic Association* 8, no. 4 (2010): 677–

716; Semith Akcomakl and Baster Weel, "Social Capital, Innovation and Growth: Evidence from Europe," *European Economic Review,* 53, no. 5 (2009): 544–567; Sjoerd Beugelsdijk and Ton Van Schaik, "Diffrences in Social Capital between 54 Western European Regions," *Regional Studies* 39, no. 8 (2005): 1053–1064; Semih Akcomak and Bas ter Weel, "How Do Social Capital and Government Support Affect Innovation and Growth? Evidence from the EU Regional Support Programmes," in *Innovation Policy in Europe: Measurement and Strategy,* ed. Claire Nauwelaers and Rene Wintjes (Northampton, MA: Edward Elgar, 2008).

51. Uslaner and Dincer, "Trust and Growth." For county-level evidence, see Anil Rupasingha, Stephan J. Goetz, and David Freshwater, "Social and Institutional Factors as Determinants of Economic Growth: Evidence from the United States Counties," *Papers in Regional Science* 81, no. 2 (2002): 139–155.

52. Yann Algan and Pierre Cahuc, "Inherited Trust and Growth," *American Economic Review* 100, no. 5 (2010): 2060–2092. It is important to note that they use an advanced statis-tical technique—historically based instrumental variables—to argue that trust causes economic growth, providing confirming evidence for the results of other kinds of research.

53. See, for example, Orley C. Ashenfelter, David E. Bloom, and Gordon B. Dahl, "Lawyers as Agents of the Devil in a Prisoner's Dilemma Game," *Journal of Empirical Legal Studies* 10, no. 3 (2013): 399–423. But for a claim that lawyers are more than a transaction cost, see Ronald Gilson, "Value Creation by Business Lawyers: Legal Skills and Asset Pricing," *Yale Law Journal* 94, no. 2 (1984): 239–313.

54. Stewart Macaulay, "Non-Contractual Relations in Business: A Preliminary Study," *American Sociological Review* 28, no. 1 (1963): 55–70.

55. Ashenfelter, Bloom, and Dahl, "Lawyers as Agents of the Devil in a Prisoner's Dilemma Game."

56. Author's calculation based on figures provided by the American Bar Association, which collects data on the numbers of resident and active lawyers in each state from state bar associations or licensing agencies. To calculate the percentage of the workforce that is lawyers, this number was divided by the Bureau of Labor Statistic's estimates of the total number of seasonally adjusted nonfarm employees in December of the given year. These figures will not line up exactly with those provided by the ABA because the figure listed by the ABA as "2012" was actually measured on December 31, 2011, and consequently the author has chosen to label this as the figure for 2011. ABA-provided figures may also include the number of lawyers working in Puerto Rico while the BLS employee estimates do not include estimates

for Puerto Rico's total workforce. However, due to the extremely low number of lawyers operating in Puerto Rico as a percentage of all lawyers, this factor should not significantly impact these estimates. See American Bar Association, "Legal Profession Statistics" (2011), www.americanbar.org/resources_for_lawyers/profession_ statistics. html. Note that Census Bureau figures show a trend very similar to the ABA data, but are not used because the decennial census stopped collecting data on the number of lawyers in 2000. Similarly, IPUMS occupational data that include both decennial cen- sus numbers and American Community Survey numbers show a similar trend between 1970 and 2012, with the percentage of employed persons that were lawyers increasing from 0.35 percent to 0.75 percent. While these figures are lower, the percentage change they illustrate over time is actually higher. Note that in 1970 occupational questions were asked of all workers over the age of 14, while in later years these questions were only asked of workers age 16 and over. Data can be found at Steven Ruggles and others, *Integrated Public Use Microdata Series: Version 5.0* [machine-readable database] (Minneapolis: University of Minnesota, 2010).

57. Ian Wyatt and Daniel Hecker, "Occupational Changes during the 20th Century" (Washington: *Monthly Labor Review*, March 2006).

58. See Robert Putman, "Social Capital: Measurement and Consequences" (Cambridge, MA: Harvard University, 2013).

59. Author's analysis of *Integrated Public Use Microdata Series* occupational data. Note that in 1970 occupational questions were asked of all workers over the age of 14, while in later years these questions were only asked of workers age 16 and over. Note also that figures from 1970 were taken from decennial census data, while figures for 2012 were taken from American Community Survey data. For data, see Steven Ruggles and others, *Integrated Public Use Microdata Series: Version 5.0*.

60. For a review of some other theories of why lawyers increased, see, for example, Robert C. Clark, "Why So Many Lawyers? Are They Good or Bad?" *Fordham Law Review* 61, no. 2 (1992): 275–302.

61. Ibid.

62. In addition to the ABA lawyer data in note 55, note that Putnam argues that between 1900 and 1970 the share of lawyers in the workforce was remarkably stable. See Putman, "Social Capital." For a more thorough rejection of the government regulation hypothesis, see B. Peter Pashigian, "The Market for Lawyers: The Determinants of the Demand for and Supply of Lawyers," *Journal of Law and Economics* 20, no. 1 (1977): 53–86.

63. For a review of some theories of why lawyers increased, see, for example, Clark, "Why So Many Lawyers?"

64. Data for 2000s comes from Stephen P. Magee, "The Optimum Number of Lawyers and a Radical Proposal for Legal Change" (Austin: University of Texas, 2010), while data from the 1980s comes from Ray August, "The Mythical Kingdom of Lawyers: America Doesn't Have 70 Percent of Earth's Lawyers," *ABA Journal* 78, no. 4 (1992): 72–74. But for the di culty with international comparisons of lawyers, see J. Mark Ramseyer and Eric Rasumusen, "Comparative Litigation Rates," Discussion Paper 681 (John M. Olin Center for Law, Economics and Business at Harvard University, 2010). Note that table 1 shows that the United States has more lawyers and lawsuits than other advanced countries.

65. Author's analysis of 2012 Occupational Employment Statistics data from the Bureau of Labor Statistics and 2012 American Community Survey data from the US Census Bureau. When looking at the top 50 most populous metro areas, the top 10 most unequal cities as measured by their Gini coe cients had a slightly higher percentage of their workforce that were lawyers (0.58 percent) than did the bottom 10 (0.54 percent). Note that the Gini coe cients being used are ACS one-year estimates. Data can be found at Bureau of Labor Statistics, "Occupational Employment Statistics," www.bls.gov/oes/tables.htm; US Census Bureau, "American Fact Finder," http://factfinder2.census.gov/faces/nav/jsf /pages/index.xhtml#none.

66. Author's analysis of 2012 Occupational Employment Statistics data from the Bureau of Labor Statistics and 2012 American Community Survey data from the US Census Bureau. In 2012 the Miami-Fort Lauderdale-Pompano Beach metro area had a Gini coe cient of 0.50, and lawyers comprised 0.80 percent of employed workers. The New Orleans-Metairie-Kenner metro area had a Gini coe cient of 0.50, and lawyers com- prised 0.61 percent of employed workers. The Indianapolis-Carmel metro area had a Gini coe cient of 0.45, and lawyers comprised 0.43 percent of employed workers. The Port- land-Vancouver-Hillsboro metro area had a Gini coe cient of 0.44, and lawyers comprised 0.33 percent of employed workers.

67. Author's analysis of 2012 Occupational Employment Statistics data from the Bureau of Labor Statistics, 1970 decennial census data from the US Census Bureau, and 2012 American Community Survey from the US Census Bureau. The average percentage of the workforce among all states in 2012 that were lawyers was 0.38 percent. Despite all three states ranking in the top eight states in terms of the percentage increase in the share of their populations that are non-White between 1970 and 2012, Hawaii (0.31 percent), New Mexico (0.38 percent), and Arizona (0.38 percent) all had average or below average shares of their workforce that were lawyers in 2012. Data can be found at Bureau of Labor Statistics, "Occupational Employment Statistics," www.bls.gov/oes/tables.htm; US Census Bureau, "American

Fact Finder," http://factfinder2.census.gov/faces/nav/jsf/pages/index .xhtml#none; US Census Bureau, "Census of Population and Housing," www.census.gov /prod/www/ decennial.html.

68. Clark, "Why So Many Lawyers?"

69. Author's calculation. Lawyers' mean salary figure taken from Bureau of Labor Statistics, "Occupational Employment and Wages: Lawyers," www.bls.gov/ oes/current /oes231011.htm.

70. US industry spends about $300 billion on R & D annually according to Battelle, "2014 Global R&D Funding Forecast," December 2013.

71. See, for example, Kevin M. Murphy, Andrei Shleifer, and Robert W. Vishny, "The Allocation of Talent: Implications for Growth," Working Paper 3530 (National Bureau of Economic Research, 1990); Stephen P. Magee, William A. Brock, and Leslie Young, *Black Hole Tari s and Endogenous Policy Theory: Political Economy in General Equilibrium* (New York: Cambridge University Press, 1989). For a different perspective, see George L. Priest, "Lawyers, Liability and Law Reform," *Denver University Law Review* 71, no. 1 (1993): 115–149.

72. For research on the trends, see James E. Bessen and Michael J. Meurer, "The Direct Costs from NPE Disputes," Working Paper 12–34 (Boston University School of Law, 2012). For research on the economic costs of patent trolling, see, for example, Catherine Tucker, "Patent Trolls and Technology Diffusion" (Boston: Massachusetts Institute of Technology, 2013); James Bessen, Jennifer Ford, and Michael J. Meurer, "The Private and Social Costs of Patent Trolls," *Regulation* 34, no. 4 (2012): 26–35.

73. For a review of the increase in security guards, see W.C. Cunningham, J.J. Strauchs, and C.W. Van Meter, "Private Security Trends, 1970–2000: The Hallcrest Report II" (Woburn, MA: Hallcrest Systems, 1990), www.ncjrs.gov/App/publications /Abstract.aspx?id = 127147; Kevin Strom and others, "The Private Security Industry: A Review of the Definitions, Available Data Sources, and Paths Moving Forward" (Research Triangle Park, NC: RTI International, 2010).

74. Author's analysis of *Integrated Public Use Microdata Series* occupational data. Note that in 1970 occupational questions were asked of all workers over the age of 14, while in later years these questions were only asked of workers age 16 and over. Note also that figures from 1970 were taken from decennial census data, while figures for 2012 were taken from American Community Survey data. For data, see Steven Ruggles and others, *Integrated Public Use Microdata Series: Version 5.0*. Note also that author's analysis of original decennial census summary reports yields similar results. In 1970, approximately 0.43 percent of the employed workforce were security guards according to the decennial census. Over the next several decades,

the share of security guards grew steadily, so that by 2002—the last year for which comparable data are available—roughly 0.68 percent of the workforce were security guards, an increase of nearly 60 percent. These figures were cal- culated using the estimate of employed individuals labeled "Guards and Police, Except Public Service" for 1970 as printed in table 276 of Bureau of the Census, "1980 Census of Population: Detailed Population Characteristics: United States Summary" (1983). This figure was then divided by the estimate of total nonfarm employment for 1970 derived from the Current Employment Statistics survey. These figures can be found at Bureau of Labor Statistics, "Current Employment Statistics—CES (National)," www.bls.gov/ces/. Estimates since 2002 suggest that the trend continues to get worse. Author's analysis of statistical abstracts of the United States. This figure was calculated using the estimate of employed individuals labeled "Guards and Police, Except Public Service" for 2002 as printed in table 615 of United States Census Bureau, "Statistical Abstract of the United States: 2003" (2003). This figure was then divided by the estimate of total nonfarm employment for 2002, derived from the Current Employment Statistics survey. These figures can be found at Bureau of Labor Statistics, "Current Employment Statistics—CES (National)," www.bls.gov/ces/. It should be noted that this estimate is derived from Current Population Survey data and not decennial census data, as the estimate for 1970 was, meaning that different survey methodologies were employed, which may impact the comparability of estimates. However, in both cases the same category of guard labor was used and CPS estimates are frequently compared to decennial census estimates for bench- marking purposes. The year 2002 was selected because this is the last year the category "Guards and Police, Except Public Service" was used to measure guard employment. Though the security guard definition changed, the trends after 2002 indicate continued high levels of guard employment.

75. Author's analysis of *Integrated Public Use Microdata Series* occupational data. Note that in 1970 occupational questions were asked of all workers over the age of 14, while in later years these questions were only asked of workers age 16 and over. Note also that figures from 1970 were taken from decennial census data, while figures for 2012 were taken from American Community Survey data. For data, see Steven Ruggles and others, *Integrated Public Use Microdata Series: Version 5.0.*

76. Author's analysis of Current Employment Statistics survey data from the Bureau of Labor statistics and *Integrated Public Use Microdata Series* occupational data. While census data show the share of all employed persons that are security guards increasing from roughly 0.40 percent to 0.69 percent between 1970 and 2012—an increase of roughly 73 percent—Bureau of Labor Statistics data show

the share of all private employment that was considered "services-providing" rising from roughly 61.97 percent to 83.67 percent over that same span, an increase of approximately 35 percent. Data can be found at Bureau of Labor Statistics, "Current Employment Statistics—CES (National)," www.bls.gov/ces/.

77. Author's calculation using measures of security guard employment described above and an estimate of mean annual security guard earnings in 2002 taken from the Bureau of Labor Statistics's Occupational and Employment Statistics program. The mean annual earnings of "Security Guards" in 2002 were $21,060 (in 2002 dollars). While this BLS occupational category will not align perfectly with the "Guards and Police, Except Public Service" category used for the employment totals, the annual wage estimate is used here only to provide an approximation of the savings that might have been realized were the proportion of security guards to all employed workers to have remained the same in 2002 as it was in 1970. The total savings were adjusted for inflation using the CPI-W values for 2002 and 2013. For annual wage estimates, see Bureau of Labor Statistics, "2002 National Occupational Employment and Wage Estimates: Protective Service Occupa- tions," www.bls.gov/oes/2002/oes_33Pr.htm#%282%29.

78. "Uniform Crime Report Statistics—Property Crime Rates," www.ucrdatatool.gov/Search/Crime/State/RunCrimeStatebyState.cfm.

79. Author's analysis of 2012 Occupational Employment Statistics data from the Bureau of Labor Statistics and 2012 American Community Survey from the US Census Bureau. The average percentage of the workforce among all states in 2012 that was security was 0.71 percent. While West Virginia and Pennsylvania ranked above average in the percentages of their populations that were white in 2012, they both had above average percentages of their workforces that were security guards: 0.83 percent and 0.74 percent. North Carolina and Alaska ranked below average in the percentages of their populations that were white in 2012, and both had slightly below average percentages of their workforces that were security guards: 0.70 percent and 0.66 percent. Data can be found at Bureau of Labor Statistics, "Occupational Employment Statistics," www.bls.gov/oes/tables.htm; US Census Bureau, "American Fact Finder," http://factfinder2.census.gov/faces/nav/jsf/pages/index.xhtml#none.

80. Stewart D'Alessio, David Eitle, and Lisa Stolzenberg, "The Impact of Serious Crime, Racial Threat, and Economic Inequality on Private Police Size," *Social Science Research* 34, no. 2 (2005): 267–282; Jason Carmichael and Stephanie Kent, "The Persistent Significance of Racial and Economic Inequality on the Size of Municipal Police Forces in the United States, 1980–2010," *Social Problems* 61, no. 2 (2014): 259–282; David Jacobs and Ronald Helm, "Testing Coercive Explanations of

Order: The Determinants of Law Enforcement Strength over Time," *Social Forces* 75, no. 4 (1997): 1361–1392; Jonathan Dirlam, "Economic Inequality or Racial Threat? The Determinants of Police Strength," PhD diss., Ohio State University, 2013.

81. Stephanie Kent and David Jacobs, "Social Divisions and Coercive Control in Advanced Societies: Law Enforcement Strength in Eleven Advanced Nations from 1975– 1994," *Social Problems* 51, no. 3 (2004): 343–361.

82. Note that studies test the impact of inequality—and thus only indirectly the role of trust—but their results that inequality is a key contributor to the use of guard labor, even when controlling for racial diversity and crime, are supportive of the argument that trust is shaping these trends. I did not find studies that directly test the role of trust in comparison with these other variables.

83. Alfred Rappaport, *Saving Capitalism from Short-Termism: How to Build Long-Term Value and Take Back Our Financial Future* (New York: McGraw-Hill, 2011).

84. Steven Shavell, "Risk Sharing and Incentives in the Principal and Agent Relationship," *Bell Journal of Economics* 10, no. 1 (1979): 55–73; Eugene F. Fama, "Agency Problems and the Theory of the Firm," *Journal of Political Economy* 88, no. 2 (1980): 288–307; Michael C. Jensen and William H. Meckling, "Theory of Firms: Managerial Behavior, Agency Cost and Ownership Structure," *Journal of Financial Economics* 3, no 4 (1976): 305–360; James A. Mirrlees, "The Optimal Structure of Incentives and Authority within an Organization," *Bell Journal of Economics* 7, no. 1 (1976): 105–131; Adolph A. Berle and Gardiner C. Means, *The Modern Corporation and Private Property* (New York: Macmillan, 1932).

85. See, for example, Gary Miller and Andrew Whitford, "Trust and Incentives in Principal-Agent Negotiations: The 'Insurance/Incentive Trade-O ,'" *Journal of Theoreti- cal Politics* 14, no. 2 (2002): 231–267.

86. See, for example, Miller and Whitford, "Trust and Incentives in Principal-Agent Negotiations."

87. Total incentive-based pay figure is the percent age of total compensation provided in the form of bonuses, payouts from long-term incentive plans, option grants, and stocks as illustrated in Carola Frydam and Dirk Jenter, "CEO Compensation," *Annual Review of Financial Economics* 2, no. 1 (2010): 75–102, figure 2, panel B. Note that some of the other categories also include payments that could be considered incentive pay, and so this estimate likely understates incentive pay. Other studies have different estimates, but similar trends. See, for example, Martin J. Conyon and others, "The Executive Compensation Controversy: A Transatlantic Analysis" (Milan, Italy: Fondazione Rodolfo de Benedetti, 2011);

Carola Frydman and Raven Saks, "Executive Compensation: A New View from a Long-Term Perspective, 1936–2005," *Review of Financial Studies* 23, no. 5 (2010): 2099–2138; Additionally, estimates indicate that incentive pay has increased since then. See Christina Rexrode, "Median CEO Pay Rises to $9.7 Million in 2012," *Associated Press*, May 22, 2013, http://bigstory.ap.org/article/median-ceo-pay-rises-97-million-2012.

88. Steven Kaplan, "CEO Pay and Corporate Governance in the U.S.: Perceptions, Facts, and Challenges," *Journal of Applied Corporate Finance* 25, no. 2 (2013): 8–25. See also Kevin Murphy and Jan Zabojnik, "Managerial Capital and the Market for CEOs," Working Paper 1110 (Queen's University Department of Economics, 2006).

89. Peggy Hsieh, Timothy Koller, and S.R. Rajan, "Weighing the Pros and Cons of Earnings Guidance: A McKinsey Survey" (New York: McKinsey, 2006). Note that CEOs in Europe—which generally has higher levels of trust than the United States—receive substantially less incentive pay than do their US counterparts. See Conyon and others, "The Executive Compensation Controversy"; Kevin Murphy, "Executive Compensation: Where We Are, and How We Got There," *Handbook of the Economics of Finance* (2013): 211–356.

90. William Baber, Patricia Fairfield, and James Haggard, "The Effect of Concern about Reported Income on Discretionary Spending Decisions: The Case of Research and Development," *Accounting Review* 66, no. 4 (1991): 819–829; Mary M. Bange and Werner F. M De Bondt, "R & D Budgets and Corporate Earnings Targets," *Journal of Corporate Finance* 4, no. 2 (1998) 153–184; Susan Perry and Robert Grinaker, "The Relationship between Earnings Goals and Expenditures for Repairs and Maintenance," *Journal of Applied Business Research* 11, no. 4 (1995): 58–63.

91. Thomas D. Fields, Thomas Z. Lys, and Linda Vincent, "Empirical Research on Accounting Choice," *Journal of Accounting and Economics* 31 (2001): 255–307.

92. Michael C.Jensen,"Agency Costs of Overvalued Equity," *Financial Management* 34, no. 1 (2005): 6–19. Jensen argues that when company stocks become significantly overvalued, this creates impossible-to-maintain expectations that are too often met by illegal actions.

93. John R.Graham,Campbell R.Harvey, and Shiva Rajgopal,"The Economic Implications of Corporate Financial Reporting," *Journal of Accounting & Economics* 40, nos. 1–3 (2005): 3–73.

94. Rappaport, *Saving Capitalism from Short-Termism*.

95. Christian Weller and Amanda Logan, "Ignoring Productivity at Our Own Peril" (Washington, DC: Center for American Progress, 2007). Note also other

studies that focus just on stock price performance, such as Michael Cooper, Huseyin Gulen, and P. Raghavendra Rau, "Performance for Pay? The Relation between CEO Incentive Compensation and Future Stock Price Performance," Working Paper (Social Science Research Network, 2013), who find that high incentive pay for CEOS leads to worse stock performance.

96. For a review of the causes of short-termism, see Rappaport, *Saving Capitalism from Short-Termism*. For additional discussion of the role of trust, see John Kay, *The Kay Review of UK Equity Markets and Long-Term Decision Making: Final Report* (London: UK Department for Business Innovation & Skills, 2012).

97. See, for example, ibid.; Pavlos E. Masouros and Mark Roe, *Corporate Law and Eco- nomic Stagnation: How Shareholder Value and Short-Termism Contribute to the Decline of the West- ern Economies* (The Hague: Eleven International, 2013).

98. Jensen and Meckling, "Theory of Firms."

99. Rappaport,*Saving Capitalism from Short-Termism.*

100. A number of studies have shown investors' monetary allocations to be sensitive to short-term institutional performance, including Erik R. Sirri and Peter Tufano, "Costly Search and Mutual Fund Flows," *Journal of Finance* 53, no. 5 (1998): 1589–1622; Richard A. Ippolito, "Consumer Reaction to Measures of Poor Quality: Evidence from the Mutual Fund Industry," *Journal of Law and Economics* 35, no. 1 (1992): 45–79; Judith Chevalier and Glenn Ellison, "Risk Taking by Mutual Funds as a Response to Incentives," *Journal of Political Economy* 105, no. 6 (1997): 1167–1200. For more information on how investors' desire for liquidity and immediate gains can incentivize investment managers to pursue short- term investment strategies, see Jeremy C. Stein, "Why Are Most Funds Open-End? Com- petition and the Limits of Arbitrage," *Quarterly Journal of Economics* 120, no. 1 (2005): 247–272; Li Jin and Leonid Kogan, "Managerial Career Concern and Mutual Fund Short- Termism," Working Paper (Harvard Business School, 2007).

101. Natasha Burns, Simi Kedia, and Marc Lipson ,"Institutional Ownership and Monitoring: Evidence from Financial Misreporting," *Journal of Corporate Finance* 16, no. 4 (2010):

102. Banfield, *The Moral Basis of a Backward Society.*

chapter three

1. Thomas Jefferson, *Notes on the State of Virginia* (Richmond, VA: J. W.

Randolph, 1853). For more about Je erson's concerns about inequality, see Letter from Thomas Je erson to James Madison, October 28, 1785. For the text of this letter, see "Equality," http://presspubs.uchicago.edu/founders/documents/v1ch15s32.html.

2. James Madison, "Federalist #10," in *The Federalist Papers* (1787).

3. United States Constitution, art. 1, sec. 9, cl. 8.

4. Ellen Holmes Pearson, *Remaking Custom:Law and Identity in the Early American Republic* (Charlottesville: University of Virginia Press, 2011).

5. Michael J. Thompson,*The Politics of Inequality:A Political History of the Idea of Economic Inequality in America* (New York: Columbia University Press, 2012).

6. Andrew Jackson opposed the bank because "the rich and powerful too often bend the acts of government to their selfish purposes." For text of his veto message dated July 10, 1832, see "Andrew Jackson, Veto Message," http://press-pubs.uchicago.edu/founders /documents/a1_8_18s20.html. Lincoln understood that slavery threatened the economic security of white farmers and laborers, and thus democracy: "Slavery is wrong in its Effect upon white people and free labor; it is the only thing that threatens the Union." When talking specifically about the rights of workers to strike, Lincoln stated, "If you give up your convictions and call slavery right as they do, you let slavery in upon you—instead of white laborers who can strike, you'll soon have black laborers who can't strike." See the evening press printing of Abraham Lincoln, "Speech at Hartford Connecticut," speech, Hartford, CT, March 5, 1860, in Roy P. Basler and others, eds., *The Collected Works of Abraham Lincoln,* vol. 4 (New Brunswick, NJ: Rutgers University Press, 1953). Theodore Roosevelt feared that our democracy was being undone by a "small class of enormously wealthy and economically powerful men, whose chief object is to hold and increase their power." Theodore Roosevelt, "New Nationalism Speech," speech, Osawatomie, KS, August 31, 1910; Franklin D. Roosevelt, "Speech before the 1936 Democratic National Convention," speech, Philadelphia, PA, June 27, 1936. In that speech Roosevelt also argued that inequality was a problem for democracy: "For too many of us the political equality we once had won was meaningless in the face of economic inequality."

7. Note that institutions can be used to refer to broader social norms, as well as gov- ernment, but in this chapter I focus on the use of institutions to refer to government institutions, laws, and norms.

8. Douglass C. North, *Structure and Change in Economic History* (New York: W.W. Norton, 1981). The full quotation is as follows: "When economists talk about their discipline as a theory of choice and about the menu of choices being determined by opportunities and preferences, they simply have left out that it is the institutional framework which constrains people's choice sets."

9. For critiques of the e cient market hypothesis, see, for example, John Quiggin, *Zombie Economics: How Dead Ideas Still Walk among Us* (Princeton, NJ: Princeton University Press, 2010); John Cassidy, *How Markets Fail: The Logic of Economic Calamities* (Princeton, NJ: Princeton University Press, 2009); Justin Fox, *The Myth of the Rational Market: A History of Risk, Reward, and Delusion on Wall Street* (New York: HarperCollins, 2009; Joseph Stiglitz, "Needed: A New Economic Paradigm," *Financial Times,* August 19, 2010.

10. Ronald Reagan, "Inaugural Address," speech, Washington, DC, January 20, 1981.

11. Lisa Mascaro, "GOP's State of the Union Message: Obama Made It Worse," *Los* made-worse-20120124. *Angeles Times*,January24,2012,http://articles.latimes.com/2012/jan/24/news/la-pn-gop-chorus-obama.

12. North, *Structure and Change in Economic History*.

13. See,among many others, Stephen Knack and Philip Keefer, "Institutions and Economic Performance: Cross-Country Tests Using Alternative Institutional Measures," *Economics and Politics* 7, no. 3 (1995): 207–227; Stephen Knack and Philip Keefer, "Why Don't Poor Countries Catch Up? A Cross-National Test of an Institutional Explanation," *Economic Inquiry* 35, no. 2 (2007): 590–602; Alberto Chong and Cesar Calderon, "Causality and Feedback between Institutional Measures and Economic Growth," *Economics and Politics* 12, no. 1 (2000): 69–81; Andrei Shleifer and Robert W. Vishny, "Corruption," *Quarterly Journal of Economics* 108, no. 3 (1993): 599–617; Daniel Kaufmann and Aart Kray, "Growth without Governance," *Economia* 3, no. 1 (2002): 169–229.

14. Stephen Knack, "Governance and Growth: Measurement and Evidence," Discussion Paper 02/05 (University of Maryland Center for Institutional Reform and the Infor- mal Sector, 2002); Dani Rodrik, Arvind Subramanian, and Francesco Trebbi, "Institutions Rule: The Primacy of Institutions over Geography and Integration in Economic Development," *Journal of Economic Growth* 9, no. 2 (2004): 131–165. Note that in another paper Rodrik argues that low levels of economic inequality helped Korea's and Taiwan's government reduce rent seeking, which was critical to these countries' growth. See Dani Rodrick, "Getting Interventions Right: How South Korea and Taiwan Grew Rich," *Economic Policy: A European Forum* 20, no. 20 (1995): 53–97. Further, according to several academics, the point that good government is a prerequisite for strong growth has now reached the level of con- sensus. Christian Bjørnskov, a Danish economist at Aarhus University, and Pierre-Guil- laume Méon, an economist at the Free University of Brussels, have written, "The notion that the quality of a country's institutional framework is a key determinant of development has reached

the status of a consensus." Christian Bjørnskov and Pierre-Guillaume Méon, "Is Trust the Missing Root of Institutions, Education, and Development?" *Public Choice* 157, no. 3 (2013): 641–669. Similarly, Stephen Knack has written, "An emerging consensus among development and growth economists views good governance as a prerequisite to sustained increases in living standards." Knack, "Governance and Growth."

15. Josh Bivens, "Public Investment: The Next New Big Thing for Powering Eco- nomic Growth" (Washington, DC: Economic Policy Institute, 2012).

16. David Aschauer, "Is Public Expenditure Productive?," *Journal of Monetary Economics* 23 (1989): 177–200; Alicia Munnell, "How Does Public Infrastructure Affect Regional Economic Performance?," *New England Economic Review* (1990): 11–33; Luis Serven and Cesar Calderon, "The Effects of Infrastructure Development on Growth and Income Distribution," Working Paper 3400 (World Bank Policy Research, 2004).

17. For additional discussion of the economic benefits of education, see chapter5. And for a critical take, see Edward Wol , *Does Education Really Help? Skill, Work and Inequality* (Oxford: Oxford University Press, 2006).

18. Anna Bernasek, "What's the Return on Education," *New York Times,* December 11, 2005, www.nytimes.com/2005/12/11/business/yourmoney/11view.html?_r=0.

19. And some even take a very negative view of government spending, fearing that any kind of "redistributive" spending harms the economy. But see Philip Keefer and Stephen Knack, "Polarization, Politics, and Property Rights: Links between Inequality and Growth," *Public Choice* 111, nos. 1–2 (2002): 127–154, which posits that redistributive policies may actually be good for growth because of their effect on equality; and Jonathan D. Ostry, Andrew Berg, and Charalambos G. Tsangarides, "Redistribution, Inequality and Growth" (International Monetary Fund, 2014), for similar findings. See also Daron Acemoglu and James Robinson, "Economics versus Politics: Pitfalls of Policy Advice," *Journal of Economic Perspectives* 27, no. 2 (2013): 173–192, who argue that a narrow view about the inefficiency of certain redistributive policies is often wrong because it ignores the larger sociopolitical framework. They note that getting rid of such redistributive policies "rather than promoting economic effciency can significantly reduce it." For a more broad view on why public investment matters for stimulating growth and why giving too much attention to addressing short-term budget deficits may endanger long-term economic development, see William Easterly, Timothy Irwin, and Luis Serven, "Walking Up the Down Escalator: Public Investment and Fiscal Stability," *World Bank Research Observer* 23, no. 1 (2008): 37–56.

20. For a review of the economic literature on the harm of rent seeking, see John Craig and David Madland, "How Campaign Contributions and Lobbying Can Lead to

Ine cient Economic Policy" (Washington, DC: Center for American Progress, 2014).

21. Joseph E. Stiglitz and Linda J. Bilmes, "The 1 Percent's Problem," *Vanity Fair*, May 31, 2012.

22. Johann Graf Lambsdor ,"Corruption and Rent-Seeking," *Public Choice* 113, nos.1–2 (2002): 97–125.

23. Paolo Mauro, "Why Worry about Corruption?," *International Monetary Fund Eco- nomic Issues* 6 (1997): 1–13.

24. Sergey Anokhin and William Schultz, "Entrepreneurship, Innovation, and Cor- ruption," *Journal of Business Venturing* 24, no. 5 (2009): 465–476.

25. Stanley Engerman and Kenneth Sokolo , "Institutions, Factor Endowments and Paths of Development in the New World," in *How Latin America Fell Behind,* ed. Stephen Haber (Stanford: Stanford University Press, 1997).

26. Stanley Engerman and Kenneth Sokolo , "Institutions, Factor Endowments and Paths of Development."

27. Daron Acemoglu and James Robinson, *Why Nations Fail: The Origins of Power, Pros- perity, and Poverty* (New York: Random House, 2012).

28. Keefer and Knack, "Polarization, Politics and Property Rights"; William Easterly, "Inequality Does Cause Underdevelopment: Insights from a New Instrument," *Journal of Development Economics* 84, no. 2 (2007): 755–776; Ehro Eicher, Cecilia Garcia-Penalosa, and Tanguy van Ypersele, "Education, Corruption, and the Distribution of Income," *Journal of Economic Growth* 14, no. 3 (2009): 205–231; Roberto Perotti, "Growth, Income Distribution, and Democracy: What the Data Say," *Journal of Economic Growth* 1, no. 2 (1996): 149–187; Joel Hellman, Geraint Jones, and Daniel Kaufmann, "Seize the State, Seize the Day: State Capture and Influence in Transition Economies," *Journal of Comparative Economics* 31, no. 4(2003): 751–773; Kwabena Gyimah-Brempong, "Corruptions, Economic Growth, and Income Inequality in Africa," *Economics of Governance* 3, no. 3 (2002): 183–209; Raghuram G. Rajan and Luigi Zingales, "The Persistence of Underdevelopment: Institutions, Human Capital or Constituencies?," Working Paper 12093 (National Bureau of Economic Research, 2006); James A. Robinson and Thierry Verdier, "The Political Economy of Clientelism," *Scandinavian Journal of Economics* 115, no. 2 (2013): 260–291. For a formal model making a similar argument, see Joan Esteban and Debraj Ray, "Inequality, Lobbying, and Resource Allocation," *American Economic Review* 96, no. 1 (2006): 257–279; Alberto Chong and Mark Gradstein, "Inequality and Institutions," *Review of Economics and Statistics* 89, no. 3 (2007): 454–465. See also Antonio Savoia, Joshy Easaw, and Andrew McKay, "Inequality, Democracy, and Institutions: A Critical Review of Recent Research,"

World Development 38, no. 2(2010): 142–154; Norman Loayza, Jamele Rigolini, and Gonzalo Llorente, "Do Middle Classes Bring Institutional Reforms," Working Paper 6015 (World Bank, 2012); Eric M. Uslaner, *Corruption, Inequality, and the Rule of Law: The Bulging Pocket Makes the Easy Life* (New York: Cambridge University Press, 2010); Konstantin Sonin, "Why the Rich May Favor Poor Protection of Property Rights," *Journal of Comparative Economics* 31, no. 4 (2003): 715–731; Karla Ho and Joseph E. Stiglitz, "After the Big Bang? Obstacles to the Emergence of the Rule of Law in Post-Communist Societies," *American Economic Review* 94, no. 3 (2004): 753– 763; Lars-Erik Borge, Torberg Falch, and Per Tovmo, "Public Sector Efficiency: The Roles of Political and Budgetary Institutions, Fiscal Capacity, and Democratic Participation," *Public Choice* 136, nos. 3–4 (2008): 475–495; Alicia Adsera, Carles Boix, and Mark Payne, "Are You Being Served? Political Accountability and Quality of Government," *Journal of Law, Economics, & Organization* 19, no. 2 (2003): 445–490; William Easterly, "The Middle Class Consensus and Economic Development," *Journal of Economic Growth* 6, no. 4 (2001): 317–335. Note that some of these studies use instruments or other advanced statistical techniques to attempt to deal with endogeneity and to show that governance causes growth.

29. Easterly, "The Middle Class Consensus." In another article, Easterly writes, "Income inequality and ethnic fractionalization . . . determine institutional quality, which in turn causally determines growth." William Easterly, Josef Ritzen, and Michael Woolcock, "Social Cohesion, Institutions and Growth," *Economics and Politics* 18, no. 2 (2006): 103–120. Note that a number of other researchers have come to similar findings, including Jonas Gunnar Pontusson, *Inequality and Prosperity: Social Europe versus Liberal America* (Ithaca, NY: Cornell University Press, 2005); Guido Tabellini and Alberto Alesina, "Voting on the Budget Deficit," *American Economic Review* 80, no. 1 (1990): 37–49; Guillermo A. Calvo and Allan Drazen, "Uncertain Duration of Reform: Dynamic Implications," *Macroeconomic Dynamics* 2, no. 4 (1998): 443–455; Torsten Persson and Guido Tabellini, "Is Inequality Harmful for Growth?," *American Economic Review* 84, no. 3 (1994): 600–621.

30. You Jong-sung and Sanjeev Khagram, "A Comparative Study of Inequality and Corruption," *American Sociological Review* 70, no. 1 (2005): 136–157.

31. For evidence on Russia and Sierra Leone, see, among others, Earl Conteh Morgan and Mac Dixon-Fyle, *Sierra Leone at the End of the 20th Century* (New York: Peter Lang, 1999); Edward Glaeser, Jose Scheinkman, and Andrei Shleifer, "The Injustice of Inequality," *Journal of Monetary Economics* 50, no. 1 (2003): 199–222; Dinah Deckstein and others, "Prom- ising but Perilous: German Firms Put Off by

Russian Corruption," *Der Spiegel,* April 3, 2012, www.spiegel.de/international/europe/german-investors-discouraged-by-corruption-in- russia-a-892043.html.

32. For evidence on the value of slaves as a share of total wealth, see Thomas Piketty and Gabriel Zucman, "Capital Is Back: Wealth-Income Ratios in Rich Countries, 1700– 2010" (Paris: Paris School of Economics, 2013).

33. Robin Einhorn, *American Taxation, American Slavery* (Chicago: University of Chi- cago Press, 2006).

34. Ibid.

35. Peter H. Lindert and Jofferey G. Williamson, "American Incomes, 1774–1860," Working Paper 18396 (National Bureau of Economic Research, 2012). See also Branko Milanovic, Peter Lindert, and Jofferey Williamson, "Pre-Industrial Inequality," *Economic Journal* 121 (March 2011): 255–272.

36. Sun Go and Peter Lindert, "The Uneven Rise of American Public Schools to 1850," *Journal of Economic History* 70, no. 1 (2010): 1–26.

37. Ibid.

38. Eric Zolt, "Inequality, Collective Action, and Taxing and Spending Patterns of State and Local Governments," *Tax Law Review* 62, no. 4 (2009): 445–504.

39. Go and Lindert, "The Curious Dawn of American Public Schools," NBER Work- ing Paper No. 13335 (August 2007); Go and Lindert, "The Uneven Rise of American Public Schools to 1850."

40. Einhorn, *American Taxation, American Slavery*. This three-times figure only refers

41. Go and Lindert, "The Curious Dawn of American Public Schools"; Go and Lindert, "The Uneven Rise of American Public Schools to 1850."

42. Go and Lindert, "The Uneven Rise of American Public Schools to 1850."

43. In addition to those cited below, see also Rose Razaghian, "Financing the Civil War: The Confederacy's Financial Strategy," Working Paper 04–45 (Yale International Center for Finance, 2005), for more on the South's reluctance to tax.

44. Einhorn,*AmericanTaxation,AmericanSlavery*.

45. Ibid.

46. Ibid.; Zolt,"Inequality, Collective Action and Taxing and Spending Patterns"; Go and Lindert, "The Curious Dawn of American Public Schools."

47. Einhorn, *American Taxation, American Slavery*. Similarly, Go and Lindert argue, "Centralized restraints on political voice in the South held back the schooling of Southern white children of modest economic background." Go and Lindert, "The Curious Dawn of American Public Schools."

48. Claudia Goldin and Lawrence F. Katz, "Why the United States Led in

Education: Lessons from Secondary School Expansion, 1910 to 1940," Working Paper 6144 (National Bureau of Economic Research, 1997). See also Oded Galor, Omer Moav, and Dietrich Vollrath, "Inequality in Landownership, the Emergence of Human-Capital Promoting Institutions, and the Great Divergence," Review of Economic Studies 76, no. 1 (2009): 143–179.

49. For statistic on percent of wealth owned by the top 12 percent, see Nell Irvin Painter, *Standing at Armageddon: A Grassroots History of the Progressive Era* (New York: W.W. Norton, 1987); James Davidson and Lord William Rees-Mogg, *The Sovereign Individual: Mastering the Transition to the Information Age* (New York: Simon & Schuster, 1999). For additional information on inequality in the Gilded Age, see Hugh Rocko, "Great Fortunes of the Gilded Age," Working Paper 14555 (National Bureau of Economic Research, 2008); Sam Roberts, "As the Data Shows, There's a Reason the Wall Street Protestors Chose New York," *New York Times,* October 25, 2011, www.nytimes.com/2011/10/26/nyregion /as-data-show-theres-a-reason-the-wall-street-protesters-chose-new-york.html?_r = 3&&gwh = 0EDC81A362BA95B4BECBBD7BC4EC7F63&gwt = pay. to taxes raised on white people in the South. If you include black persons, the North was collecting over six times as much.

50. For information on how business interests dominated government, see Morton Keller, *Affairs of State: Public Life in Late Nineteenth Century America* (Cambridge, MA: Belknap Press of Harvard University Press, 1977); Richard L. McCormick, *The Party Period and Public Policy: American Politics from the Age of Jackson to the Progressive Era* (New York: Oxford Uni- versity Press, 1986); Mark Wahlgren Summers, *The Era of Good Stealings* (New York: Oxford University Press, 1993); Jack Beatty, *Age of Betrayal: The Triumph of Money in America, 1865– 1990* (New York: Vintage, 2007). For a more contemporary review of this period, see Mathew Josephson, *The Robber Barons* (New York: Harcourt, Brace, 1934).

51. Kevin Phillips, *Wealth and Democracy* (New York: Broadway, 2002).

52. Glaeser,Scheinkman,and Shleifer,"The Injustice of Inequality."See also Edward Glaeser and Andrei Shleifer, "The Rise of the Regulatory State," *Journal of Economic Lit- erature* 41, no. 2 (2003): 401–425.

53. For an overview of these practices, see Beatty, *Age of Betrayal,* 98–100.

54. Ibid. Note also that the Populist Party Platform of 1892—many of whose reforms were eventually adopted, including the direct election of senators, the progressive income tax, and wage and hour laws — stated: "Corruption dominates the ballot-box, the Legislatures, the Congress, and touches even the ermine of the bench." American Presidency Project, "Populist Party Platform of 1892," www.presidency.

ucsb.edu/ws/?pid = 29616.

55. As cited in Bill Moyers, *Moyers on Democracy* (New York: Anchor, 2009).

56. Robert Gordon, "Is U.S. Economic Growth Over? Faltering Innovation Confronts the Six Headwinds," Working Paper 18315 (National Bureau of Economic Research, 2012); Rocko , "Great Fortunes of the Gilded Age."

57. Glaeser, Scheinkman, and Shleifer, "The Injustice of Inequality."

58. Seymour Martin Lipset, "Some Social Requisites of Democracy: Economic Development, and Political Legitimacy," *American Political Science Review* 53, no. 1 (1959): 69–105. See also, for example, Robert Dahl, *Polyarchy* (New Haven, CT: Yale University Press, 1972); Francis Fukuyama, "The Future of History: Can Liberal Democracy Survive the Decline of the Middle Class?," *Foreign Affairs* 91, no. 1 (2012): 53–61; Barrington Moore, *The Social Origins of Dictatorship and Democracy* (Boston: Beacon, 1993). Note that even critics of Moore's argument give significant emphasis to the importance of the middle class's or working class's role in changing the power dynamics in society, such as Theda Skocpol, *States and Social Revolutions: A Comparative Analysis of France, Russia, and China* (Cambridge: Cambridge University Press, 1979); Theda Skocpol, "A Critical Review of Barrington Moore's *Social Origins of Dictatorship and Democracy*," *Politics & Society* 4, no. 1 (1973): 1–34; Goran Therborn, "The Rule of Capital and the Rise of Democracy," *New Left Review* 103 (1977): 3–41; Dietrich Rueschemeyer, Evelene Huber Stephens, and John D. Stephens, *Capi- talist Development and Democracy* (Chicago: University of Chicago Press, 1992). And for a review of this critical literature, see Michael Bernhard, "The Moore Thesis: What's Left after 1989?," presented at 101st Annual Meeting of the American Political Science Associa- tion, 2005.

59. Aristotle, *The Politics and the Constitution of Athens* (Cambridge: Cambridge University Press, 1996).

60. Note that some modern observers still cling to the notion that if inequality reaches a certain level or the masses become so immiserated, then political revolt is inevitable. This Marxist view of social movements is not well supported in US history. Immis- eration can help provide fuel for social movements, but objective conditions do not inevitably lead to revolt. Further, when the poor have made forceful political demands in US history, they have usually sought to be incorporated into the basic political and economic structures, rather than to do away with them.

61. Author's analysis of American National Election Studies survey. For the figure from 1964, see American National Election Studies, "The ANES Guide to Public Opinion and Electoral Behavior: Table 5A.2," www.electionstudies.org/nesguide/toptable /tab5a_2.htm. For the figure from 2012, see American National

Election Studies, "Users' Guide and Codebook for the Preliminary Release of the ANES 2012 Time Series Study" (2013).

62. For an example of Dahl being referred to as the "dean of American political science," see John C. Campbell, "Controlling Nuclear Weapons: Democracy versus Guardianship," *Foreign Affairs* 64, no. 1 (1985): 171.

63. Robert A.Dahl,*Who Governs?Democracy and Power in an American City* (New Haven, CT: Yale University Press, 1974).

64. List of Woodrow Wilson Award winners available in American Political Science Association, "Woodrow Wilson Foundation Award Recipients" (2013).

65. Raymond A Bauer, Ithiel de Sola Pool, and Lewis Anthony Dexter, *American Busi- ness and Public Policy: The Politics of Foreign Trade* (Cambridge, MA: MIT Press, 1963).

66. Samuel Eldersveld, *Political Parties: A Behavioral Analysis* (Skokie, IL: Rand McNally, 1965).

67. For one example among many others, see Paul Pierson and Jacob Hacker, *Winner Take All Politics* (New York: Simon & Shuster, 2011). 68. Martin Gilens and Benjamin Page, "Testing Theories of American Politics: Elites, Interest Groups and Average Citizens," *Perspectives on Politics* (Fall 2014). 69. Larry Bartels, "Economic Inequality and Political Representation," in *The Unsus- tainable American State*, ed. Lawrence Jacobs and Desmond King (New York: Oxford University Press, 2009). Note also that Thomas Hayes, "Responsiveness in an Era of Inequality," *Political Research Quarterly* 66, no. 3 (2012): 585–599, does a similar but more updated analysis and finds senators' votes responsive only to upper-income constituents. 70. Martin Gilens, *A uence and Influence* (Princeton, NJ: Princeton University Press, 2012). 71. Stephen Ansolabehere, James M. Snyder Jr., and Charles Stewart III, "Candidate Positioning in U.S. House Elections," *American Journal of Political Science* 45, no. 1 (2001): 136–159; Alan D. Monroe, "Public Opinion and Public Policy, 1980–1993," *Public Opinion Quarterly* 62, no. 1 (1998): 6–28; Lawrence Jacobs and Robert Shapiro, *Politicians Don't Pander: Political Manipulation and the Loss of Democratic Responsiveness* (Chicago: University of Chi- cago Press, 2000).

72. See Stephen Ansolabehere, John M. Figueiredo, and James M. Snyder Jr., "Why Is There So Little Money in U.S. Politics," *Journal of Economic Perspectives* 17, no. 1 (2003): 105– 130, figure 1.

73. Center for Responsive Politics, "The Money behind the Elections," www.opensecrets.org/bigpicture/. Nominal dollars doubled, but the figures here are inflation adjusted.

74. Athena Jones, "Political Newcomers Face High Costs and Di cult Odds," *CNN. com,* January 22, 2012, www.cnn.com/2012/01/22/politics/newcomers-campaign-costs.

75. Gilens, *Alluence and Influence*.

76. See Kay Lehman Schlozman, Sidney Verba, and Henry Brady, *The Unheavenly Chorus: Unequal Political Voice and the Broken Promise of American Democracy* (Princeton, NJ: Princeton University Press, 2012), figure 5.2.

77. See, among others, Americans for Campaign Reform, "Money in Politics: Who Gives," www.acrreform.org/research/money-in-politics-who-gives/. Similar results are found in Michael J. Malbin and Sean A. Cain "The Ups and Downs of Small and Large Donors" (Washington, DC: Campaign Finance Institute, 2007). See also Schlozman, Verba, and Brady, *The Unheavenly Chorus,* chap. 9; Benjamin I. Page, Larry M. Bartels, and Jason Seawright, "Democracy and the Policy Preferences of Wealthy Americans," *Perspectives on Politics* 11, no. 1 (2013): 51–73; Lee Drutman, "The Political One Percent of the One Percent," *Sunlight Foundation,* December 13, 2011, http://sunlightfoundation.com /blog/2011/12/13/the-political-one-percent-of-the-one-percent/.

78. Adam Bonica, and others, "Why Hasn't Democracy Slowed Rising Inequality?," *Journal of Economic Perspectives* 27, no. 3 (2013): 103–124. Note that Drutman, "The Political One Percent of the One Percent," shows similar trends, finding that donors contributing over $10,000, who accounted for just under 0.01 percent of the US population, gave over 44 percent of total itemized contributions in 2010, up from 28 percent in 1990.

79. For explanations on how relaxed spending limitations for Super PACs and 501(c)(4) organizations have enabled more money to enter elections via routes that require less dis- closure, see John Dunbar, "The 'Citizens United' Decision and Why It Matters," *Center for Public Integrity,* October 18, 2012, www.publicintegrity.org/2012/10/18/11527/citizens-united- decision-and-why-it-matters; Center for Response Politics, "Outside Spending: Frequently Asked Questions About 501(c)(4) Groups," www.opensecrets.org/outsidespending /faq.php.

80. For the trend on lobbying dollars, see Center for Responsive Politics, "Lobbying Database," www.opensecrets.org/lobby/.

81. For the amount of money spent on lobbying being comparable to campaign spending, see Center for Responsive Politics, "Lobbying Database," which shows that $3.33 bil- lion was spent on lobbying in 2011 and $3.31 billion in 2012, totaling over $6.6 billion for the election cycle. See also Jake Harper, "Total 2012 Election Spending: $7 Billion," *Sunlight Foundation,* January 31, 2013, http://reporting.

sunlightfoundation.com/2013/total-2012- election-spending-7-billion/, which notes that total campaign spending for the 2012 elec- tion is estimated to have totaled over $7 billion, with $3.2 billion coming from spending by private candidate committees, $2 billion from party committees, and $2 billion or more from outside groups. For the skew of spending, approximately $2.9 billion of the $3.3 bil- lion spent on lobbying was conducted by firms. Center for Responsive Politics, "Top Industries," www.opensecrets.org/lobby/top.php?showYear = 2012&indexType = i.

82. This can occur because some efforts to influence policy do not meet the legal requirements for disclosure: think of Newt Gingrich claiming he was not a lobbyist. It also occurs because state and local governments have different disclosure requirements. For more, see Public Citizen, "Lobbying Disclosure Act: A Brief Synopsis of Key Compo- nents" (2011).

83. Bonica and others, "Why Hasn't Democracy Slowed Rising Inequality?"

84. Ibid.

85. Lawrence Lessig, *Free Culture* (New York:Penguin, 2004).Other research in a similar vein indicates that campaign contributions function as a kind of gift exchange and establish a bond so that the politicians wants to help out the gift giver. See George A. Akerlof, "Labor Contracts as Partial Gift Exchange," *Quarterly Journal of Economics* 97, no. 4 (1982): 543–569; Ulrike Malmendier and Klaus Schmidt, "You Owe Me," Working Paper 4007 (CESifo Working Paper Series, 2012); Stacey B. Gordon, *Campaign Contributions and Legislative Voting: A New Approach* (New York: Routledge Taylor & Francis, 2005).

86. Center for Responsive Politics Communications, "Millionaires' Club: For First Time, Most Lawmakers Are Worth $1 Million-Plus," *Center for Responsive Politics,* January 9, 2014, www.opensecrets.org/news/2014/01/millionaires-club-for-first-time-most-law- makers-are-worth-1-million-plus.html; Stephanie Condon, "Why Is Congress a Millionaires Club?," *CBS News,* March 27, 2012, www.cbsnews.com/news/why-is-congress-a- millionaires-club/.

87. The Congressional Management Foundation estimated members of Congress spend one-fifth of their time on campaign work, which mostly means fundraising. See Congressional Management Foundation and Society for Human Resource Management, "Life in Congress: The Member Perspective" (2013). For information on the specific guidance given by House Democratic leadership, see Ryan Grim and Sabrina Siddiqui, "Call Time for Congress Shows How Fundraising Dominates Bleak Work Life," *Hu ngton Post,* January 8, 2013, www.hu ngtonpost.com/2013/01/08/call-time-congressional-fundraising_ n_2427291.html.

88. For a review of the literature showing the influence of contributions and

lobbying, see Craig and Madland, "How Campaign Contributions and Lobbying Can Lead to Inef- ficient Economic Policy." See Ansolabehere, Figuerodo, and Snyder, "Why Is There So Little Money in U.S. Politics?," for a skeptical take on the influence of campaign contribu- tions and lobbying. Note that they are stuck in the framework that primarily focuses on measured roll call votes, and ignores many other ways that money can influence out- comes. See James M. Snyder, "Long-Term Investing in Politicians," *Journal of Law & Economics* 35, no. 1 (1992): 15–43, for a somewhat different take. For a skeptical take that acknowledges some degree of influence, see Tobin Project, "Preface," in *Preventing Regulatory Capture: Special Interests Influence and How to Limit It,* ed. Daniel Carpenter and David Moss (Cambridge: Cambridge University Press, 2013).

89. Lawrence Jacobs and others, "American Democracy in an Age of Rising Inequality," *Perspectives on Politics* 2, no. 4 (2004): 651–666.

90. Schlozman, Verba, and Brady, *The Unheavenly Chorus*.

91. While there is much academic debate concerning the impact of campaign contri- butions and lobbying on politician's voting and behavior, a number of studies have produced suggestive evidence of statistically significant relationships. See, for example, Robert E. Baldwin and Christopher S. Magee, "Is Trade Policy for Sale? Congressional Voting on Recent Trade Bills," *Public Choice* 105, nos. 1–2 (2000): 79–101; Thomas Stratmann, "Can Special Interests Buy Congressional Votes? Evidence from Financial Services Legislation," *Journal of Law and Economics* 45, no. 2 (2002): 345–373, both of which have found evidence of the impact of monetary contributions on congressional voting behavior. Gregory A. Caldeira and John R. Wright, "Lobbying for Justice: Organized Interests, Supreme Court Nominations, and the United States Senate," *American Journal of Political Science* 42, no. 2 (1998): 499–523, also found evidence of a link between interest group lobbying and senators' confirmation votes on Supreme Court nominees. Other studies have found that lobbying on behalf of universities can increase the earmarks they receive from lawmakers, while lobbying on behalf of corporations may help them reduce their tax burden in the following year. See John M. de Figueiredo and Brian S. Silverman, "Academic Earmarks and the Return to Lobbying," *Journal of Law and Economics* 49, no. 2 (2006); Brian K. Richter, Krislert Samphantharak, and Jeffrey F. Timmons, "Lobbying and Taxes," *American Journal of Political Science* 53, no. 4 (2009): 893–909. For alternative interpretations of the relationship between campaign contributions and lobbying and the political process, see Ansolabehere, Figueiredo, and Snyder, "Why Is There So Little Money in U.S. Politics."

92. Lesley Stahl, "Jack Abramo : The Lobbyist's Playbook," *60 Minutes,*

November 6, 2011, www.cbsnews.com/8301–18560_162–57459874/jack-abramo -the-lobbyists-playbook /?pageNum = 2.

93. For information on increases in lobbying between the 1970s and 1990s, see Jeffrey Birnbaum, *The Money Men: The Real Story of Fund-Raising's Influence on Political Power in America* (New York: Crown, 2000). For more recent lobbying figures, see Public Citizen, "Congressional Revolving Doors: The Journey from Congress to K Street" (2005).

94. Seymour Martin Lipset, *Political Man* (Baltimore: Johns Hopkins University Press, 1981). Similarly, MIT economist Daron Acemoglu and Harvard political scientist James Robinson argue in their book *Economic Origins of Dictatorship and Democracy* that the "role of the middle class is that of a bu er in the conflict between the elite and the citi- zens." Daron Acemoglu and James Robinson, *Economic Origins of Dictatorship and Democracy* (Cambridge: Cambridge University Press, 2006).

95. See, for example, Eric Uslaner, *The Decline of Comity in Congress* (Ann Arbor: University of Michigan Press, 1993). For more general information, see Robert Putnam, *Making Democracy Work: Civic Traditions in Modern Italy* (Princeton, NJ: Princeton University Press, 1994).

96. Thomas Mann and Norman Ornstein, *The Broken Branch: How Congress Is Failing America and How to Get It Back on Track* (New York: Oxford University Press, 2008).

97. Laura Meckler and Rebecca Ballhaus, "More than 800,000 Federal Workers Are Furloughed," *Wall Street Journal,* October 1, 2013, http://online.wsj.com/news/articles/SB10001424052702304373104579107480729687014; Steven Perlberg, "S & P: The Shutdown Took $24 Billion out of the US Economy," *Business Insider,* October 16, 2013, www .businessinsider.com/sp-cuts-us-growth-view-2013–10.

98. Jonathan Weisman, "House Vote Sidesteps an Ultimatum on Debt," *New York Times,* January 23, 2013, www.nytimes.com/2013/01/24/us/politics/house-passes-3-month- extension-of-debt-limit.html.

99. United States Senate, "Senate Action on Cloture Motions," www.senate.gov / pagelayout/reference/cloture_motions/clotureCounts.htm.

100. Nolan McCarthy, Keith Poole, and Howard Rosenthal, *Polarized America: The Dance of Ideology and Unequal Riches* (Cambridge, MA: MIT Press, 2008).

101. See Juan Linz, "The Perils of Presidentialism," *Journal of Democracy* 1, no. 1 (1990): 51–69. Note also that as inequality has risen, this status quo bias has increasingly benefited the wealthy, as Peter Enns, a government professor at Cornell University, and his coauthors find. Peter Enns and others, "Conditional Status Quo Bias and Top Income Shares: How US Political Institutions Benefit the Rich,"

Working Paper (University of Tennessee, 2012).

102. See, among others, Putnam, *Making Democracy Work;* Kay Schlozman, Benjamin Page, and Sidney Verba, "Inequalities of Political Voice" (Washington, DC: Task Force on Inequality and American Democracy, American Political Science Association, 2004).

103. Alexis de Tocqueville, *Democracy in America* (Cambridge, MA: Sever and Francis, 1863).

104. Carles Boix and Daniel Posner, "Social Capital: Explaining Its Origins and Effects on Government Performance," *British Journal of Political Science* 4 (1998): 686–693.

105. See, for example, Eliana La Ferrara, "Inequality and Group Participation: Theory and Evidence from Rural Tanzania," *Journal of Public Economics* 85, no. 2 (2002): 235–273; Frederick Solt, "Civics or Structure? Revisiting the Origins of Democratic Quality in the Italian Regions," *British Journal of Political Science* 34, no. 1 (2004): 123–135; Federick Solt, "Economic Inequality and Democratic Political Engagement," *American Journal of Political Science* 52, no. 1 (2008): 48–60; Dora Costa and Matthew Kahn, "Civic Engagement and Community Heterogeneity: An Economist's Perspective," *Perspective on Politics* 1, no. 1 (2003): 103–111; Dora Costa and Matthew Kahn, "Understanding the American Decline in Social Capital, 1952–1998," *Kyklos* 56, no. 1 (2003): 17–4; Antonio M. Jaime-Castillo, "Economic Inequality and Electoral Participation: A Cross-Country Evaluation," Comparative Study of the Electoral Systems (CSES) Conference, Toronto, Ontario, Canada, September 2009; Michael O'Connell, "Anti 'Social Capital': Civic Values versus Economic Equality in the EU," *European Sociological Review* 19, no. 3 (2003): 241–248; Eric M. Uslaner and Mitchell Brown, "Inequality, Trust, and Civic Engagement," *American Politics Research* 33, no. 6:868–894.

106. Boix and Posner, "Social Capital."

107. Putnam, *Making Democracy Work*. Note that Putnam largely ignores economic inequality in his analysis of social capital, though he does argue that "equality is an essential feature of the civic community" (105). Putnam's downplaying of the role of equality has been criticized by numerous scholars, and reexaminations of his argument have shown the importance of equality for civic engagement. See Solt, "Civics or Structure?"; O'Connell, "Anti 'Social Capital'"; Uslaner and Brown, "Inequality, Trust, and Civic Engagement"; Ichiro Kawachi and others, "Social Capital, Income Inequality, and Mortality," *American Journal of Public Health* 87, no. 9 (1997): 1491–1498.

108. Note that Boix and Posner also argue that social capital will produce good

gov- ernance. Boix and Posner, "Social Capital."

109. Tom W. Rice, "Social Capital and Government Performance in Iowa Communi-ties," *Journal of Urban Affairs* 23, no. 3–4 (2003): 375–389.

110. Christian Bjørnskov, "Combating Corruption," *Journal of Law and Economics* 54, no. 1 (2011): 135–159; Bjørnskov and Méon, "Is Trust the Missing Root of Institutions, Education, and Development?"; Uslaner, *Corruption, Inequality, and the Rule of Law.*

111. Stephen Knack,"Social Capital and the Quality of Government,"*American Journal of Political Science* 46, no. 4 (2002): 772–785. Knack also found that trust was correlated with higher-quality governance, indicating another channel through which inequality affects the technocratic capability of governments.

112. Eric M. Uslaner, "Trust, Democracy and Governance: Can Government Policies Influence Generalized Trust," prepared for the European Consortium for Political Research, Copenhagen, Denmark, 2000.

113. Robert Putnam, *Bowling Alone* (New York: Simon & Shuster, 2001). Putnam has noted that the trend has not improved since he wrote *Bowling Alone* a decade ago. See Thomas H. Sander and Robert Putnam, "Still Bowling Alone? The Post 9/11 Split," *Journal of Democracy* 21, no. 1 (2010): 9–16.

114. For information on the decline between 1990 and 1997, see Putnam, *Bowling Alone*. For information on subsequent declines, see David Crary, "National PTA Tries to Increase Membership after Numbers Drop," *Hu ngton Post,* April 6, 2011, www.hu ngton- post.com/2012/04/07/national-pta-membership_n_1410102.html.

115. See National Conference on Citizenship, "America's Civic Health Index: Broken Engagement" (2006), figure 2.

116. United States Election Project, "National Turnout Rates, 1787–2012," www.electproject.org/home/voter-turnout/voter-turnout-data.

117. Note that even as overall education levels have increased over the past several decades—which has helped increase participation—participation for each level of educa- tion has actually decreased. For example, in the election in 1972 nearly 84 percent of people with a bachelor's degree or higher voted, but that figure fell over the years, reaching just under 72 percent by 2012. Similarly, over this same time period voting rates fell by 13 percentage points for those with some college, and by 16 percentage points for high school graduates. See US Census Bureau, "Voting and Registration," www.census.gov/hhes /www/socdemo/voting/publications/historical/, table A2.

118. Costa and Kahn, "Understanding the American Decline in Social Capital,

1952– 1998." See also, Costa and Kahn, "Civic Engagement and Community Heterogeneity"; Alberto Alesina and Eliana La Ferrara, "Participation in Heterogeneous Communities," *Quarterly Journal of Economics* 115, no. 3 (2000): 847–904; Alesina and La Ferrara, "Who Trusts Others?"; Kawachi and others, "Social Capital, Income Inequality, and Mortality." For studies on political participation, see Solt, "Civics or Structure?"; Joe Soss and Law- rence Jacobs, "The Place of Inequality: Non-Participation in the American Polity," *Politi- cal Science Quarterly* 141, no. 1:95–125; James K. Galbraith and J. Travis Hale, "State Income Inequality and Presidential Election Turnout and Outcomes," *Social Science Quarterly* 89, no. 4 (2008): 887–901; Kim Nguyen and James Garand, "Income Inequality and Voter Turnout in the American States, 1960—2004," presented at American Political Science Association Annual Meeting, 2008. For studies with other measures of civicness, see Solt, "Civics or Structure?"; Daniel Horn, "Income Inequality and Voter Turnout," GINI Discussion Paper 16 (GINI Project Studies, 2011).

119. American Society of Civil Engineers, "2013 Report Card for America's Infrastructure," www.infrastructurereportcard.org/.

120. American Society of Civil Engineers, "Failure to Act: The Impact of Current Infrastructure Investment on America's Economic Future" (2013).

121. Steve James,"Bridge Collapse Could Cost Washington State Millions, Jobs," *NBC News,* May 24, 2013, www.nbcnews.com/business/bridge-collapse-could-cost-washington- state-millions-jobs-6C10066338.

122. David Shrank, Bill Eisele, and Tim Lomax, "2012 Urban Mobility Report," (College Station: Texas A & M Transportation Institute, 2012).

123. Ashley Halsey III, "Nation's Aging Electrical Grid Needs Billions of Dollars in Investment, Report Says," *Washington Post,* April 26, 2012, http://articles. washingtonpost .com/2012–04–26/news/35452037_1_electrical-system-electricity-costs-power-plants.

124. Susan Lund and others, "Game Changers: Five Opportunities for US Growth and Renewal" (New York: McKinsey Global Institute, 2013).

125. See,for example, Michael Gerson and Pete Wehner, who wrote,"The GOP could commit itself to ensuring a greater degree of social mobility across the board. At the center of any such effort lies a thoroughgoing reform of the federal role in education, focusing on public and private choice, charter schools, testing and accountability, and merit pay for teachers and principals." Michael Gerson and Pete Wehner, "How to Save the Republican Party," *Commentary,* March 2013, www. commentarymagazine.com/article /how-to-save-the-republican-party/.

126. Claudia Goldin and Lawrence Katz, "The Future of Inequality" (New York:

Milken Institute, 2009).

127. Organisation for Economic Co-Operation and Development, "Education at a Glance 2013: OECD Indicators" (2013).

128. Ibid.

129. These figures refer to the United States's ranking in graduation rates from tertiary type-A programs (first-time graduates) among OECD and G20 member nations for whom there were rankings in 1995 and 2011. See Organisation for Economic Co-Operation and Development, ibid., table A3.2.a.

130. Calculating total public spending on higher education over time is extremely difficult for a number of reasons. Very few data sources contain comparable information on total appropriations made at the federal, state, and local levels while also keeping track of all types of grants made at all levels of government and all other forms of expenditure. While databases and reports available from the National Center for Education Statistics (NCES) do o er some summaries of total appropriations, grants, and other forms of fund- ing and assistance provided over time, multiple changes in accounting standards over the past several decades and differences in contemporary accounting standards between public and private institutions make producing any accurate continuous measure extremely di cult. That said, there is a good deal of evidence that indicates that total spending on higher education over time has remained relatively stagnant as a share of GDP for the past several decades. First, the Bureau of Economic Analysis provides measures of total government consumption expenditures and gross investment by function, as well as measures of current expenditures by function that go back to 1959. While these two measures are calculated in slightly different ways and show somewhat different spending totals year to year, when transformed into a share of annual GDP both show total US spending on higher education increasing as a share of the economy from the early 1960s until the mid- 1970s, and then remaining relatively flat, just below 1 percent of GDP, until the late 2000s. Both measures appear to show a very slight uptick in spending as a share of GDP since the Great Recession, but even when this is taken into account, spending on higher education remains near 1 percent of GDP and overall has exhibited far less volatility than has spending on elementary and secondary education over the same time period. Author's calcula-tions using data available in Bureau of Economic Analysis, "National Income and Product Accounts Tables," tables 1.1.5, 3.15.5, and 3.16, www.bea.gov/iTable/iTable.cfm?ReqID = 9&step = 1#reqid = 9&step = 1&isuri = 1. Furthermore, while data available from the National Center for Education Statistics do not allow for the creation of a single time series for the reasons noted, looking at particular segments of time for which data appear

to be somewhat comparable still appears to indicate that higher education spending has not increased significantly as a share of GDP over the past several decades. These figures appear to show total spending hovering just below 1 percent of GDP between the early 1980s and mid-1990s, during which time some forms of support such as Pell grants were not consistently included in spending totals, and then hovering just above 1 percent during the 2000s once some of these forms of financial support were factored in. Most importantly, however, in neither of these periods during which spending totals appeared relatively comparable did public spending on higher education appear to show any significant upward trend. Author's calculations using revenue data from table 328 in the NCES's 2000 Digest of Education Statistics, table 331 from the 2002 Digest of Education Statistics, Tables 340 and 342 from the 2003 Digest of Education Statistics, table 336 from the 2006 Digest of Education Statistics, table 350 from the 2008 Digest of Education Statistics, table 357 from the 2009 Digest of Education Statistics, and tables 333.10, 333.40, and 333.55 from the 2013 Digest of Education Statistics. All data can be found at National Center for Education Statistics, "Digest of Education Statistics," http:// nces.ed.gov/programs/digest/index.asp. Finally, OECD figures also provide a measure of total public support for higher education in more recent decades, although they only go back to 1995. Nevertheless, they also show total public spending on higher education as having remained stagnant in recent years, with the US spending the equivalent of 1.1 percent of GDP in 1995 and 1.0 percent in 2010. This data can be found in 2013 National Digest of Education statistics at National Center for Education Statistics, "Digest of Education Statistics," table 605.20.

131. College Board, "TABLE 2. Average Tuition and Fee and Room and Board Charges, 1971–72 to 2013–14," http://trends.collegeboard.org/college-pricing/figures-tables/published-prices-national. Tuition and fees at a four-year public university (in 2013 dollars) were $2,470 in 1982–1983, and $8,816 in 2012–2013 for a percentage increase of 256.92 percent.

132. Median family incomes are the author's calculation based on data from table F-6 found in US Census Bureau, "Income: Families," www.census.gov/hhes/www/income/data/historical/families/. The median family income in 1982 was $53,534 and in 2012 it was $62,241 (in 2012 dollars), meaning it had increased by approximately 16.26 percent.

133. State Higher Education Executive Officers, "State Higher Education Finance: FY 2012" (2013). Also for a similar trend, though based on a shorter period, see CollegeBoard, "Revenue Sources at Public Institutions over Time,"http://trends.collegeboard.org/college- pricing/figures-tables/revenue-sources-public-institutions-

over-time.

134. Organisation for Economic Co-Operation and Development, "Education at a Glance 2013: OECD Indicators."

135. Thomas Mortenson, "State Funding: A Race to the Bottom" (Washington, DC: American Council of Education, 2012).

136. For information on how state governments have become the primary source of public funding for many schools, see State Higher Education Executive Officers, "State Higher Education Finance FY 2012." For information on reductions in spending, see Phil Oliff and others, "Recent Deep State Higher Education Cuts May Harm Students and the Economy for Years to Come" (Washington, DC: Center on Budget and Policy Priorities, 2013).

137. Pew Charitable Trusts, "State Tax Revenue Up—but Short of Peak," www.pewstates.org/research/data-visualizations/fiscal-50-state-trends-and-analysis-85899523649 #ind0.

138. Oli and others, "Recent Deep State Higher Education."

139. David Madland and Nick Bunker, "A Stronger Middle Class Leads to More Investment in Postsecondary Education" (Washington, DC: Center for American Progress, 2013).

140. Madland and Bunker, "A Stronger Middle Class."

141. Note that this ranking refers to spending that occurred in 2010, the most recent year for which data are publicly available. Ranking based on data available in Organisation for Economic Co-Operation and Development, "Education at a Glance 2013: OECD Indicators." Ranking of spending in 1995 based on data found at National Center for Education Statistics, "Advance Release of Selected 20113 Digest Tables: Table 605.20," http://nces.ed.gov/programs/digest/d13/tables/dt13_605.20.asp.

142. David Madland and Nick Bunker, "Middle-Class Societies Invest More in Public Education" (Washington, DC: Center for American Progress, 2011).

143. David De La Croix and Matthais Doepke, "To Segregate or to Integrate: Education Politics and Democracy," *Review of Economic Studies* 76, no. 2 (2009): 597–628. In contrast, Nora Gordon, "High School Graduation in the Context of Changing Elementary and Secondary Education Policy and Income Inequality: The Last Half Century," Working Paper 19049 (National Bureau of Economic Research, 2013), finds that state inequality is correlated with higher spending. However, her measure of spending is the combined value of federal, state, and local spending, which gives a distorted view of the politics at work. For example, based largely on policies that have existed since the 1960s, the federal government awards money to

school districts because of their levels of poverty as well as other special needs. Thus it is not likely that the poor and the middle class are currently so politically powerful in the unequal states that they can pressure for higher levels of public spending; rather, it is likely that formulas or interactions between federal, state, and local spending are driving results. For more on the interactions between layers of government that impact education spending, see Bruce Baker, "America's Most Financially Disadvantaged School Districts and How They Got that Way," Center for American Progress, Washington, DC, July 2014.

144. Total current expenditures on public elementary and secondary education were equal to approximately 3.04 percent of GDP in 1979–1980 and had increased to roughly 3.60 percent of GDP by 2008–2009 before declining slightly in more recent years. Author's calculations using current expenditure data and GDP data that can be found at National Center for Education Statistics, "Advance Release of Selected 2013 Digest Tables: Table 236.10," http://nces.ed.gov/programs/digest/d13/tables/dt13_236.10.asp; Bureau of Economic Analysis, "National Data: Table 1.1.5 Gross Domestic Product," www.bea.gov/itable/. Note that spending per pupil has increased significantly. Total current expenditures per pupil in average daily attendance increased from approximately $6,770 in 1979–1980 to roughly $12,198 in 2009–2010 before falling very slightly to $11,948 in 2010–2011 (all figures in 2012– 2013 dollars). Data can be found at National Center for Education Statistics, "Advance Release of Selected 2013 Digest Tables: Table 236.55," http://nces.ed.gov/programs/digest /d13/tables/dt13_236.55.asp. Note also that the study of the relationship between inequality and elementary and secondary education spending—especially at the local, as opposed to the state or national, level—is not conclusive and needs additional research. Sean Corcoran and William Evans, "Income Inequality, the Median Voter, and the Support for Public Education," Working Paper 16097 (National Bureau of Economic Research, 2010), find that inequality reduces state-level elementary and secondary education spending (though not to a statistically significant degree), but increases local spending. Further, note that Calin Archalean and Ioana Schiopu, "Inequality and Educational Funding," Working Paper 238 (ESADE, 2012), find that inequality's Effect on local elementary and secondary education spending depends upon the level of income in the district. Combined, these mixed results on the relationship between inequality and elementary and secondary spending at the local level suggest that researchers have not adequately captured the relationship. It is likely that other variables that researchers have not factored in are also affecting results. One factor that has not been accounted for in the research is partisanship: large cities are often heavily Democratic and thus more supportive of public education spending,

but are also often highly unequal. Thus, by ignoring partisanship, the research on local education spending and inequality could be missing much of the story. Further, historical policy legacies may also be impacting results. Finally, it is important to note that researchers suggesting that inequality increases local elementary and secondary education spending base their argument on the median-voter theorem, which claims the poor and the lower middle class have great political power. Unfortunately, the researchers present no evidence that they actually do have power, which suggests that other factors besides the political power of the poor may be driving their results. Still, it is possible that the poor and the middle class have more political power at the local level than they do at the state and national level—but again no evidence that this is the case is actually presented.

145. Note that this ranking refers to spending that occurred in 2010, the most recent year for which complete data are publicly available. Ranking based on data available in Organisation for Economic Co-Operation and Development, "Education at a Glance 2013: OECD Indicators." Note that other data from the World Bank using slightly different measures show the United States ranking even worse among OECD nations. According to the World Bank, in terms of per student spending as a share of per capita GDP, the United States ranks only sixteenth among OECD nations in public expenditures on primary education, and only eighteenth in public expenditures on secondary education.

146. Congressional Budget Office, "Public Spending on Transportation and Water Infrastructure" (2010). Note that the same trend is true using other measures of infrastructure spending such as the growth rate of public capital stock. See Bivens, "Public Investment," figure A.

147. Figure is in 2009 dollars. Author's calculations based on real GDP figures found at Bureau of Economic Analysis, "Gross Domestic Product," www.bea.gov/national/index.htm.

148. President's Economic Recovery Advisory Board,"Infrastructure Investment and the Creation of a National Infrastructure Bank" (2009). According to the report: "Infrastructure spending in real inflation adjusted dollars and adjusting for the depreciation of existing assets is about the same level now as it was in 1968 when the economy was one- third smaller."

149. David Madland and Nick Bunker, "Ties that Bind" (Washington, DC: Center for American Progress, 2012).

150. "Life in the Slow Lane," *Economist,* April 29, 2011, www.economist.com / node/18620944.

151. World Economic Forum, "The Global Competitiveness Index 2012–2013

Data Platform" (2012).

152. Keith Laing,"Law makers in House and Senate Exhale after Heavy Lift onTransportation Bill," *Hill's Transportation and Infrastructure Blog,* June 29, 2012, http://thehill.com /blogs/transportation-report/highways-bridges-and-roads/235683-lawmakers-exhale-after- heavy-lift-on-transportation-bill.

153. David Grant, "US Chamber to Congress on Transportation Bill: You're Doing It Wrong," *Christian Science Monitor,* May 21, 2012, www.csmonitor.com/USA/Politics /monitor_breakfast/2012/0521/US-Chamber-to-Congress-on-transportation-bill-You-are- doing-it-wrong.

154. As Representative Nick Rahall (D-W.Va.) put it, "This is a 27-month bill. It's the best we could get with the money we could find." Laing, "Lawmakers in House and Senate Exhale."

155. Tim Harlow, "Stopgap Funding for Highway Trust Fund Keeps MnDOT Projects on Track," *Star Tribune,* August 3, 2014, www.startribune.com/local/269760301 .html.

156. In the poll 70 percent said college education is very or extremely important for achieving the American Dream, with an additional 24 percent saying it is somewhat important. See Northeastern University, FTI Consulting, and Brookings Institution, "Innovation in Higher Education, Public Opinion Survey Results" (2012).

157. Tom W. Smith, "Trends in National Spending Priorities, 1973–2012" (Chicago: NORC at the University of Chicago, 2013).

158. For the percentage who feel making improvements to infrastructure is important, see Hart Research and Associates, "Rockefeller Foundation Transportation Survey" (2011). For the percentage who support increasing federal spending to build and repair roads, bridges, and schools, see CNN and ORC, "CNN/ORC Poll," http://i2.cdn.turner .com/cnn/2011/images/10/17/oct17.poll.economy.pdf. For the percentage prepared to pay more taxes to finance such projects, see Building American's Future Educational Fund, "Majority of Americans Ready to Pay for Better Infrastructure but Demand Accountability,"pressrelease,January8,2009,www.bafuture.org/news/press-release/poll-majority-americans- ready-pay-better-infrastructure-demand-accountability.

159. Joshua Holland, "Why Do the Rich Get to Go Through Airport Security Faster Than You?," *Alternet,* August 1, 2010, www.alternet.org/econo-my/147703/why_do_the_ rich_get_to_go_through_airport_security_fast-er_than_you_/?page = entir.

160. Michael J. Sandel, "What Isn't for Sale?," *Atlantic,* April 2012, www.theatlantic .com/magazine/archive/2012/04/what-isnt-for-sale/308902/.

161. Dianne Stewart, "Buy the Right Car and You May Never Notice the Budget Holes," *Policy Shop,* September 19, 2011, http://policyshop.squarespace.com/home/2011 /9/19/buy-the-right-car-and-you-may-never-notice-the-budget-holes.html.

162. Martin Gilens, "Inequality and Democratic Responsiveness in the United States," *Public Opinion Quarterly* 69, no. 5 (2005): 778–796. For additional research on the preferences of the wealthy, see, for example, Leslie McCall and Je Manza, "Class Diffrences in Social and Political Attitudes in the United States," in *Oxford Handbook of American Public Opinion and the Media,* ed. Robert Shapiro and Lawrence Jacobs (New York: Oxford University Press, 2011); Benjamin Page and Cari Lynn Hennessy, "What A uent Americans Want from Politics," paper presented at the annual American Political Science Association meeting, Washington DC, 2010; Gilens and Page, "Testing Theories of American Politics."

163. Page, Bartels, and Seawright, "Democracy and the Policy Preferences."

164. A study by the Society of General Internal Medicine found that using the Fed-eral Supply Schedule like the VA, DOD, and other government agencies would yield $21.9 billion in annual savings. In other words, not using the FSS costs the federal government $21.9 billion per year. Walid F. Gellad and others, "What If the Federal Government Negotiated Pharmaceutical Prices for Seniors? An Estimate of National Savings," *Journal General Internal Medicine* 23, no. 9 (2008): 1435–1440.

165. A report from 2008 by the House Committee on Government Oversight and Reform found that pharmaceutical companies received a $3.7 billion windfall from just 100 drugs used by dual-eligibles in 2006 and 2007 alone. House Committee on Oversight and Government Reform, "Medicare Part D: Drug Prices and Manufacturing Windfalls" (Washington, DC: US House of Representatives Committee on Oversight and Government Reform, 2008).

166. Spending data from Center for Responsive Politics, "Pharmaceuticals/Health Products," www.opensecrets.org/industries/indus.php?ind = H04. Revolving door information from Michael Singer, "Under the Influence," *60 Minutes,* July 29, 2007, www .cbsnews.com/8301–18560_162–2625305.html.

167. Mike Stuckey, "Tauzin Aided Drug Firms, Then They Hired Him," *NBC News. com,* March 22, 2006, www.nbcnews.com/id/11714763/t/tauzin-aided-drug-firms-then- they-hired-him/#.UeQHj215F3q.

168. Singer, "Under the Influence."

169. For the share of the economy, see Justin Lahart, "Number of the Week: Finance's Share of Economy Continues to Grow," *Wall Street Journal,* December 10, 2011, http://blogs wsj.com/economics/2011/12/10/number-of-the-week-finances-share-of-economy-continues- to-grow/, who finds banking rose from 2.8 percent of

the economy in 1950 to 8.4 percent in 2011. For profits, see Kathleen Madigan, "Like the Phoenix, U.S. Finance Profits Soar," *Wall Street Journal,* March 25, 2011, http://blogs.wsj.com/economics/2011/03/25/like-the-phoenix-us-finance-profits-soar/. Note the vast majority of that growth came from a few very large banks. Banks with assets exceeding $10 billion make up only 1.5 percent of US banks, but accounted for about 83 percent of the industry earnings in the first quarter of 2013. Marcy Gordon, "US Banks Report Record Earnings of $40.3B for Q1," *Associated Press,* May 29, 2013, http://bigstory.ap.org/article/us-banks-report-record-earnings-403b-q1.

170. The percentages here refer to the percentage of primary taxpayers in the top 0.1 percent of the income distribution (excluding capital gains) who are classified as working in "financial professions, including management." See Jon Bakija, Adam Cole, and Bradley Heim, "Jobs and Income Growth of Top Earners and the Causes of Changing Income Inequality: Evidence from U.S. Tax Return Data," Working Paper (Williams College, 2012). Other studies have also found financial professionals' representation among the top earners increasing. For example, see Steven N. Kaplan and Joshua Rauh, "Wall Street and Main Street: What Contributes to the Rise in the Highest Incomes?," *Review of Financial Studies* 23, no. 3 (2010): 1004–1050.

171. Simon Johnson and James Kwak, *13 Bankers* (New York: Vintage, 2011).

172. Figures are adjusted for inflation and presented in 2012 dollars.Nominal figures at Center for Responsive Politics, "Finance/Insurance/Real Estate: Long-Term Contribution Trends," www.opensecrets.org/industries/totals.php?cycle = 2012&ind = F.

173. Figures are adjusted for inflation and presented in 2012 dollars.Nominal figures at Center for Responsive Politics, "Finance, Insurance & Real Estate: Sector Profile 2006," www.opensecrets.org/lobby/indus.php?id = F&year = 2006.

174. Center for Responsive Politics, "Finance, Insurance & Real Estate: Sector Profile 2012," www.opensecrets.org/lobby/indus.php?id = F&year = 2012.

175. See,for example, Deniz Igan, Prachi Mishra, and Thierry Tressel,"A Fistful of Dollars: Lobbying and the Financial Crisis," *NBER Macroeconomics Annual* 26, no. 1 (2012): 195–230. 176. Atif Mian, Amir Sufi, and Francesco Trebbi, "The Political Economy of the Sub-prime Mortgage Credit Expansion," *Quarterly Journal of Political Science* 8, no. 4 (2013): 373–408. Note they find constituent interests and Wall Street influencc both played a role in the expansion of credit. Their research also indicates that Wall Street "contributions increasingly targeted US representatives from districts with a large fraction of subprime borrowers," a finding consistent with research cited in this chapter indicating that most citizens have relatively little independent political influence.

177. Johnson and Kwak, *13 Bankers*.

178. See, for example, "The Long Demise of Glass Steagall," *Frontline,* May 8, 2003, www.pbs.org/wgbh/pages/frontline/shows/wallstreet/weill/demise.html, where it is stated that "after 12 attempts in 25 years, Congress finally repeals Glass-Steagall, rewarding financial companies for more than 20 years and $300 million worth of lobbying efforts." See also "Looking Back at the Repeal of Glass-Steagall, or, How the Banks Caught Casino Fever," *Next New Deal: The Blog of the Roosevelt Institute,* November 12, 2009, www.rooseveltinstitute.org/new-roosevelt/looking-back-repeal-glass-steagall-or-how- banks-caught-casino-fever; Johnson and Kwak, *13 Bankers*.

179. Binyamin Appelbaum, "As Subprime Lending Crisis Unfolded, Watchdog Fed Didn't Bother Barking," *Washington Post,* September 27, 2009, http://articles. washingtonpost .com/2009–09–27/business/36805549_1_regulators-bank-a liates-subprime-loans.

180. Binyamin Appelbaum, "Fed Held Back as Evidence Mounted on Subprime Loan Abuses," *Washington Post,* September 27, 2009, www.washingtonpost.com/wp-dyn/content /article/2009/09/26/AR2009092602706.html?hpid = topnews.

181. Corine Hegland, "Why The Financial System Collapsed," *National Journal,* April 11,2009,http://srkaufman72.wordpress.com/2009/04/20/corine-heglandwhy-the-financial-system- collap/.

182. US Securities and Exchange Commission, "SEC's Oversight of Bear Stearns and Related Entities: The Consolidated Supervised Entity Program" (2008). See also Roger Lowenstein, who wrote, "The investment banks, led by Goldman and its then CEO, Hank Paulson, pleaded for a new regime to govern capital requirement." Roger Lowenstein, *The End of Wall Street* (New York: Penguin, 2010).

183. James Kwak, "Cultural Capture and the Financial Crisis," in *Preventing Regulatory Capture,* ed. Daniel Carpenter and David Moss (New York: Cambridge University Press, 2013).

184. Johnson and Kwak, *13 Bankers*; Peter Goodman, "Taking Hard New Look at a Greenspan Legacy," *New York Times,* October 9, 2008, www.nytimes. com/2008/10/09/ business/economy/09greenspan.html.

185. For Warren Buffett's quotation, see Warren Bu ffett,"Berkshire Hathaway Annual Report, 2002" (Omaha, NE: Berkshire Hathaway, 2002).

186. For a detailed description of the role CDOs played in the crisis, see National Commission on the Causes of the Financial and Economic Crisis in the United States, "The Financial Crisis Inquiry Report" (2011).

187. Luigi Zingales,"Causes and Effects of the Lehman Brothers Bankruptcy," testimony before the Committee on Oversight and Government Reform, US House

of Representatives, October 6, 2008, http://research.chicagobooth.edu/igm/docs/Zingales-Testimonies.pdf.

188. Mian, Sufi, and Trebbi, "The Political Economy of the US Mortgage Default Crisis."

189. Bob Ivry, "No Lehman Moments as Biggest Banks Deemed Too Big to Fail," *Bloomberg Markets Magazine,* May 10, 2013, www.bloomberg.com/news/2013–05–10/no- lehman-moments-as-biggest-banks-deemed-too-big-to-fail.html. Note that some estimates indicate that the discount large banks receive has been declining since Dodd-Frank regulations went into Effect. Government Accountability Office, "Large Bank Holding Companies: Expectations of Government Support" (2014).

190. See, for example, Thomas Philippon and Ariell Reshef, "Wages and Human Capital in the U.S. Financial Industry, 1909–2006," *Quarterly Journal of Economics* 127, no. 4 (2012): 1551–1609; Madigan, "Like the Phoenix, U.S. Finance Profits Soar"; Anton Korinek and Jonathan Kreamer, "The Redistributive Effects of Financial Deregulation," Working Paper 19572 (National Bureau of Economic Research, 2013).

191. Johnson and Kwak, *13 Bankers.*

192. John Plender, "Capitalism in Crisis: The Code That Forms a Bar to Harmony," *Financial Times,* January 8, 2012, www.ft.com/intl/cms/s/0/fb95b4fe-3863–11e1–9d07– 00144feabdc0.html#axzz2rpXnES00.

193. Johnson and Kwak, *13 Bankers.*

194. Public Citizen, "The Best Energy Bill Corporations Could Buy: Summary of Industry Giveaways in the 2005 Energy Bill" (2005). Michael Grunwald and Juliet Eilperin, "Energy Bill Raises Fears about Pollution, Fraud," *Washington Post,* July 30, 2005, www.washingtonpost.com/wp-dyn/content/article/2005/07/29/AR2005072901128.html.

195. Government Accountability Office, "Energy Task Force: Process Used to Develop the National Energy Policy" (2003).

196. Jake Tapper, "Pro-Bush Pork in Medicare, Energy Bills?," *ABCNews.com,* November 23, 2003, http://abcnews.go.com/WNT/story?id=131465.

197. Ibid.

198. Jonathan Fahey, "Renewable Energy Growth Is Rising around the World, IEA Says," *Associated Press,* June 26, 2013, www.hu ngtonpost.com/2013/06/26/renewable- energy-growth_n_3504265.html; Salvatore Lazzari, "Energy Tax Policy: History and Current Issues" (Washington, DC: Congressional Research Service, 2008), table 1.

199. Julius Genachowski, "Winning the Global Bandwidth Race: Opportunities

and Challenges for the US Broadband Economy," September 25, 2012.

200. Benjamin Lennett and Sascha Meinrath, "Building a 21st Century Broadband Superhighway" (Washington, DC: New America Foundation, 2009). Edward Luce of the *Financial Times* echoes a similar theme: "In the late 1990s the US had the fastest speeds and widest penetration of almost anywhere—unsurprisingly given that it invented the platform. Today the US comes 16th, according to the OECD, with an average of 27 megabits per second, compared with up to quadruple that in countries such as Japan and the Netherlands." See Edward Luce, "Corporate Tie Binds US to a Slow Internet," *Financial Times,* February 24, 2013, www.ft.com/intl/cms/s/0/98e2a5fc-7c54–11e2–99f0–00144feabdc0.html#axzz2WCgesEZS. And some rankings put us far lower. See Vernie G. Kopyto , "America: Land of the Slow," *New York Times,* September 20, 2011, http://bits.blogs.nytimes .com/2011/09/20/america-land-of-the-slow/.

201. Luce,"Corporate Tie Binds US toa Slow Internet." Formore on the lobbying, see Edward Wyatt, "F.C.C. Commissioner Leaving to Join Comcast," *New York Times,* May 11, 2011, http://mediadecoder.blogs.nytimes.com/2011/05/11/f-c-c-commissioner-to-join- comcast/.

202. Susan Crawford, "U.S. Internet Users Pay More for Slower Service," *Bloomberg News,* December 27, 2012, www.bloomberg.com/news/2012–12–27/u-s-internet-users-pay- more-for-slower-service.html. Zaid Jilani of *Republic Report* tells a similar story. Zaid Jilani, "ALEC Wants You to Pay 750 Percent More for High-Speed Internet," *Republic Report,* April 17, 2012, www.republicreport.org/2012/alec-wants-to-kill-cheap-broadband/.

203. For information on the extension of copyrights, see "Disney Lobbying for Copyright Extension No Mickey Mouse Effort," *Associated Press,* October 17, 1998, www.public .asu.edu/~dkarjala/commentary/ChiTrib10–17–98.html. For information on the "bank-ruptcy reform" bill, see Mike Simkovic, "The Effect of BAPCPA on Credit Card Industry Profits and Prices," *American Bankruptcy Law Journal* 83, no. 1 (2009): 1–26.

204. For David Stockman quotation, see Bill Moyers, "David Stockman on Crony Capitalism," *Moyers & Company,* March 9, 2012, http://billmoyers.com/segment/david- stockman-on-crony-capitalism/. Thomas E. Patterson made his statement when commenting on the book *Dollarocracy* by John Nichols and Robert McChesney. See "Nichols and McChesney at the First Congregational Church of Berkeley," *Nation Institute,* 2013, www.nationinstitute.org/events/nationbooks/3345/nichols_and_mcchesney_at_ the_first_congregational_church_of_berkeley. For the Joseph Stiglitz quotation, see Stiglitz, *The Price of Inequality.*

205. Stanley S.Surrey and PaulR.McDaniel, *Tax Expenditures*(Cambridge, MA:Harvard University Press, 1985).

206. Seth Hanlon and Michael Ettlinger, "Cut Spending in the Tax Code" (Washington, DC: Center for American Progress, 2011).

207. Note the number of tax expenditures is the correct measure of whether rent seeking has become more successful. The value of tax expenditures fluctuates based on underlying tax rates, which themselves are subject to rent seeking. Further, even as tax rates have generally declined—making each individual tax expenditure less valuable— the overall amount spent on tax expenditures has increased at least since 1988, as is made clear in Allison Rogers and Eric Toder, "Trends in Tax Expenditures" (Washington, DC: Tax Policy Center, 2011).

208. Government Accountability Office, "Tax Expenditures Represent a Substantial Federal Commitment and Need to Be Reexamined" (2005).

209. See Pew reports from 2004 and 2013 containing data from the Treasury. The Pew Charitable Trusts, "Downloadable Tax Expenditure Datasets: Report Years 2001 Through 2013" (2013).

210. The famed tax reform in 1986 only eliminated 24 tax breaks and thus was but a slight interruption in the larger trend. Deloitte, "Resetting the Code: Issues in Corporate Tax Reform" (2011).

211. See, for example, Mark Koba, "End the Mortgage Interest Deduction? Expect a Fight," *CNBC*, February 28, 2013, www.cnbc.com/id/100506426.

212. See Congressional Budget Office "The Distribution of Major Tax Expenditures in the Individual Income Tax System" (2013), figure 1.

213. For information on the case involving former Washington, DC, city council member, see Andrea Noble, "Michael Brown Is Latest D.C. Lawmaker to Plead Guilty to Federal Charges," *Washington Times*, June 10, 2013, www.washingtontimes.com/news/2013 /jun/10/michael-brown-is-latest-dc-lawmaker-to-plead-guilt/?page = all. For information on the case involving the Louisiana congressman, see Allan Lengel, "FBI Says Jefferson Was Filmed Taking Cash," *Washington Post*, May 22, 2006, www.washingtonpost.com /wp-dyn/content/article/2006/05/21/AR2006052100167.html.

214. Terry Baynes, "Court Upholds Conviction of Jefferson County Official," *Reuters*, November 29, 2011, www.reuters.com/article/2011/11/29/us-jefferson-county-white- idUSTRE7AS2MC20111129.

215. *United States of America v Gary L. White*, Case No. 10–13654 (11th Cir 2011).

216. A survey of state house reporters' perceptions of public corruption lists

Louisiana and Alabama as two of the most corrupt states. See Richard Boylan and Cheryl Long, "Measuring Public Corruption in the American States: A Survey of State House Reporters," *State Politics & Policy Quarterly* 3, no. 4 (2003): 420–438. For an example of a study that controls for other factors, see Nicholas Apergis, Oguzhan C. Dincer, James E. Payne, "The Relationship between Corruption and Income Inequality in U.S. States: Evidence from a Panel Cointegration and Error Correction Model," *Public Choice* 145, nos. 1–2 (2010): 125–135.

217. Edward Glaeser and Raven Saks, "Corruption in America," *Journal of Public Economics* 90, no. 6 (2006): 1053–1072.

218. Author's calculations based on United States Department of Justice, "Report to Congress on the Activities and Operations of the Public Integrity Section" (2012). The conviction figures from 1973 are contained in United States Department of Commerce, "Statistical Abstract of the United States: 1980" (1980), table 330. Population estimates are found at Federal Reserve Bank of St. Louis, "Total Population: All Ages Including Armed Forces Overseas," http://research.stlouisfed.org/fred2/series/POP/downloaddata?cid = 104. Population totals used are for December of each given year.

219. Glaeser and Saks, "Corruption in America."

220. Author's analysis of Worldwide Governance Indicators produced by Daniel Kau man, Aart Kraay, and Massimo Mastruzzi. See World Bank, "Worldwide Governance Indicators," http://info.worldbank.org/governance/wgi/index.asp.

221. Author's analysis of American National Election Studies survey. For the figure from 1972, see American National Election Studies, "The ANES Guide to Public Opinion and Electoral Behavior: Table 5A.4," www.electionstudies.org/nesguide/toptable /tab5a_4.htm. For the figure from 2012, see American National Election Studies, "Users' Guide and Codebook."

chapter four

1. Daniel M.G. Ra and Lawrence H. Summers, "Did Henry Ford Pay Efficiency Wages?" *Journal of Labor Economics* 5, no. 4 (1987): S57–S86; Ford Motor Company, "Henry Ford's $5-a-Day Revolution," press release, http://corporate.ford.com/news-center /press-releases-detail/677–5-dollar-a-day.

2. Ford Motor Company, "Henry Ford's $5-a-Day Revolution." For more examples of the response to Ford's decision, see Steven Watts, *The People's Tycoon:*

Henry Ford and the American Century (New York: A. Knopf, 2005).

3. "An Experiment, With Consequences," *Wall Street Journal,* January 7, 1914, 1.

4. See Ford R. Bryan, *Henry's Lieutenants* (Detroit: Great Lakes Books, 1993).

5. Ra and Summers, "Did Henry Ford Pay Effciency Wages?"; Ford Motor Company, "Henry Ford's $5-a-Day Revolution." Note that Ford's business reasons for increasing wages included reducing turnover and absenteeism. Others maintain that the decision was partly an effort to prevent his company from becoming unionized.

6. The quotation is from an article from 1926 in *The World's Work* as quoted in Watts, *The People's Tycoon;* and William McGaughey Jr., "Henry Ford's Productivity Lesson," *Christian Science Monitor,* December 22, 1982. Note that some question whether demand was really much of Ford's rationale for raising wages. But note that during the same time period the businessman Edward Filene also made statements about the importance of paying workers well so they could purchase products. See, for example, Edward Filene, *The Way Out* (New York: Page, 1924).

7. SanFrancisco State University, "From the Statement of Facts in Dodgev. FordMotor Co.," http://online.sfsu.edu/rdaniels/2008_804/The%20Rise%20of%20 the%20Ford%20 Motor%20Company.pdf. Other sources provide similar sales figures. See, for example, "533,921 Fords Built in 1 Year," *Automobile* 35, no. 1 (1916): 212. Yet another site provides slightly different sales total in 1916. See "Model T Ford Sales," www.mtfca.com/encyclo/fdsales.htm. Sources consistently agree, however, that profits grew from $30.3 million in 1914 to $60 million. See M. Todd Henderson, "Everything Old Is New Again: Lessons from *Dodge v. Ford Motor Company,*" Working Paper 373 (University of Chicago Law School, 2007).

8. It is worth noting that a number of other leading thinkers link the weakness of the middle class to the severe crash, including Joseph Stiglitz, Robert Reich, Michael Kumhof and Romain Rancière, Raghuram Rajan, and many others. These scholars focus on slightly different mechanisms than those emphasized in this chapter, but the underlying story that they tell of middle-class struggles contributing to the severity of the Great Recession in the United States is similar. See Joseph Stiglitz, *The Price of Inequality* (New York: W.W. Norton, 2013); Robert Reich, *Aftershock: The Next Economy and America's Future* (New York: Vintage, 2010); Michael Kumhof and Romain Rancière, "Inequality, Leverage and Crises," Working Paper 10/268 (International Monetary Fund, 2010); Raghuram G. Rajan, *Fault Lines: How Hidden Fractures Still Threaten the World Economy* (Princeton, NJ: Princeton University Press, 2010). For other sources making similar arguments, see Barry Z. Cynamon and Steven M. Fazzari, "Inequality and Household Finance during the Consumer Age," Working Paper 752 (Levy Economics Institute of Bard College, 2013); Thomas

Philippon and Virgiliu Midrigan, "Household Leverage and the Recession," Working Paper 16965 (National Bureau of Economic Research, 2011); Engelbert Stockhammer, "Rising Inequality as a Root Cause of the Present Crisis," Working Paper 282 (Political Economy Research Institute, 2012); Je Madrick, "The Case for Wage-Led Growth," in "Renewing the American Social Contract," by New America Foundation (2013); Matthieu Charpe and Stefan Kühn, "Inequality, Aggregate Demand and the Crisis" (Geneva, Switzerland: International Labour Organization, 2012); Mark Setterfield, "Real Wages, Aggregate Demand, and the Macroeconomic Travails of the US Economy: Diagnosis and Prognosis," Working Paper 10–05 (Hartford, CT: Trinity College Department of Economics, 2010); Özlem Onaran and Giorgos Galanis, "Is Aggregate Demand Wage-Led or Profit-Led? National and Global Effects" (Geneva, Switzerland: International Labour Organization, 2012); Christopher Brown, "Does Income Distribution Matter for Effective Demand? Evidence from the United States," *Review of Political Economy* 16, no. 3 (2004): 291–307; "2012: The Year in Graphs," *Washington Post Wonkblog,* December 27, 2012, www.washingtonpost.com/blogs/wonkblog /wp/2012/12/27/2012-the-year-in-graphs/. This chapter does not emphasize these other explanations. Stiglitz and Reich, for example, base their argument on a claim that the middle class tends to consume a larger share of their income than the rich; that is, they have a higher marginal propensity to consume. This argument is supported by a number of studies—especially recent ones with better data on higher income earners and more thorough analysis—including Karen Dynan, Jonathan Skinner, and Stephen P. Zeldes, "Do the Rich Save More?," *Journal of Political Economy* 112, no. 2 (2004): 397–444; Jonathan Parker and others, "Consumer Spending and the Economic Stimulus Payments of 2008," *American Economic Review* 103, no. 6 (2013): 2530–2553; Saktinil Roy and David M. Kemme, "Causes of Banking Crises," *International Review of Economics & Finance* 24, no. 1 (2012): 270–294; Christopher D. Carroll, Jiri Slacalek, and Kiichi Tokuoka, "The Distribution of Wealth and the Marginal Propensity to Consume" (Baltimore: Johns Hopkins University, 2013); Christopher D. Carroll, "Why Do the Rich Save So Much?," Working Paper 6549 (National Bureau of Economic Research, 1998). Still, not all research or theory comes to similar conclusions as Stiglitz and Reich. See Milton Friedman, *A Theory of the Consumption Function* (Princeton, NJ: Princeton University Press, 1957); Bruce D. Meyer and James X. Sullivan, "Consumption and Income Inequality in the U.S. since the 1960s," Working Paper (Uni-versity of Notre Dame, 2013); Paul Krugman, "Inequality and Crises: Coincidence or Causation?" (Princeton, NJ: Princeton University, 2010). Kumhof and Rancière have a mechanical view that inequality inevitably leads to debt, which leads to crises, even though inequality does not always lead to such high levels of household debt—many countries, especially those with stronger banking regulations that have limited the expansion of credit, have seen smaller increases in household debt—and not every country where households have high levels of debt su ers such a disastrous crash. For this debate, see Michael Bordo and Christopher Meissner, "Does Inequality Lead to a Financial Crisis?," *Journal of International Money and Finance* 31, no. 8 (2012): 2147–2161; A. B. Atkinson and Salvatore Morelli, "Inequality and Banking Crises: A First Look," report prepared for the Global Labour Forum (2011); Edward L. Glaeser, "Does Economic Inequality Cause Crises?," *New York Times,* December 14, 2010, http://economix.blogs.nytimes.com/2010/12/14/does- economic-inequality-cause-crises/; A. B. Atkinson and Salvator Morelli, "Economics Crises and Inequality," Human Development Research Paper 2011/05 (United Nations Development Programme, 2011). See also International Monetary Fund, "World Economic Outlook: Growth Resuming, Dangers Remain" (2012); Xinhua Gu and Bihong Huang, "An Empirical Examination of the Inequality, Leverage and Crisis Nexus" (Macau, China: University of Macau, 2012); Michael Kumhof and others, "Income Inequality and Current Account Imbalances," Working Paper 12/8 (International Monetary Fund, 2012); Virgina Maestri and Andrea Roventini, "Stylized Facts on Business Cycles and Inequality," Working Paper 30 (Amsterdam Institute for Advanced Labor Studies, 2012); Giovanni Dosi and others, "Income Distribution, Credit and Fiscal Policies in an Agent-Based Keynesian Model," *Journal of Economic Dynamics and Control* 37, no. 8 (2013): 1598–1625; Cristiano Perugini, Jens Hölscher, and Simon Collie, "Inequality, Credit Expansion and Financial Crises," MPRA Paper 51336 (Munich University Library, 2013). Finally, Rajan argues that politicians helped expand credit out of an attempt to help struggling Americans, rather than as a process largely driven by wealthy elites pushing for financial deregulation, an argument for which there is better evidence, as I explain in chapter 3 and Daron Acemoglu notes in Daron Acemoglu, "Thoughts on Inequality and the Financial Crisis," presentation, Denver, CO, January 7, 2011, http://economics.mit.edu/files/6348.

9. Nick Hanaeur, "Raise Taxes on the Rich to Reward True Job Creators," *Bloomberg,* November30,2011,www.bloombergview.com/articles/2011–12–01/raise-taxes-on-the-rich-to- reward-job-creators-commentary-by-nick-hanauer.

10. Bureau of Labor Statistics, "The Employment Situation—May, 2014," press release, June 6, 2014, www.bls.gov/news.release/pdf/empsit.pdf. For evidence of skill deterioration, see, for example, Per-Anders Edin and Magnus Gustavsson, "Time out of Work and Skill Depreciation," *Industrial and Labor Relations Review* 61, no. 2 (January 2008): 163–180.

11. See, among others, Lawrence H. Summers, "U.S. Economic Prospects: Secular Stagnation, Hysteresis, and the Zero Lower Bound," *Business Economics* 49, no. 2 (2014): 65–73. For more on the importance of demand to long-run growth, see, for example, Mark Setterfield, *The Economics of Demand-Led Growth: Challenging the Supply Side Vision of the Long Run* (Northampton, MA: Edward Elgar, 2002).

12. For a summary of the basic argument that investments are important to growth, see, for example, Roger A. Arnold, *Macroeconomics,* 8th ed. (Mason, OH: Thomson South- Western, 2008). See also Paul Davidson, *The Keynes Solution: The Path to Global Economic Prosperity* (New York: Palgrave Macmillan, 2009). As Davidson, emeritus professor at the University of Tennessee and a leading follower of Keynes, puts it, "Expectation of increas-ing sales provides the positive incentives for business firms to hire more workers to pro-duce additional output to sell at a profitable price."

13. John Maynard Keynes, *The General Theory of Employment, Interest, and Money* (Lon-don: Macmillan, 1936).

14. Ibid. Italics in original.

15. Jude Wanniski, *The Way the World Works* (Washington, DC: Regnery, 1978).

16. John C.Williams,"The Economy and Fed Policy: Follow the Demand" (SanFrancisco: Federal Reserve Bank of San Francisco, 2013).

17. Justin Fox, "The Comeback Keynes," *Time,* November 3, 2008, 60.

18. In addition to the Bruce Bartlett quotation, see Greg Mankiw, a Harvard econo-mist and 2012 Republican presidential nominee Mitt Romney's economic adviser, who wrote that the lack of demand has been the central problem in our economy: "The decline in the aggregate demand for goods and services led to the most severe recession in a generation or more." N. Gregory Mankiw and Matthew Weinzierl, "An Exploration of Optimal Stabilization Policy" (Washington, DC: Brookings Institution, 2011).

19. Bruce Bartlett, "It's the Aggregate Demand, Stupid," *New York Times,* August 16, 2011, http://economix.blogs.nytimes.com/2011/08/16/its-the-aggregate-demand-stupid/?_ r = 1.

20. The phrase "supply creates its own demand" is often referred to as Say's Law, named after economist Jean-Baptiste Say. This particular phrasing of the rule is generally attributed to John Maynard Keynes, who rebutted Say's Law in *The General Theory of Employment, Interest, and Money.* For more on the debate over Say's law among modern economists, see Steven Kates, ed., *Two Hundred Years of Say's Law: Essays on Economic Theory's Most Controversial Principle* (Northampton, MA: Edward Elgar, 2003).

21. Joseph Stiglitz, "Macroeconomic Fluctuations, Inequality, and Human Development," *Journal of Human Development and Capabilities: A Multi-Disciplinary Journal for People- Centered Development* 13, no. 1 (2012): 31–58.

22. Christopher Brown, "Does Income Distribution Matter for Effective Demand? Evidence from the United States," *Review of Political Economy* 16, no. 3 (2004): 291–307.

23. See, for example, Brown, "Does Income Distribution Matter for Effective Demand?"; Robert Solow, "Building a Science of Economics for the Real World," testimony before the House Committee on Science and Technology, Subcommittee on Investigation and Oversight, July 20, 2010, https://web.archive.org/web/20110204034313/http:// democrats.science.house.gov/Media/file/Commdocs/hearings/2010/Oversight/20july/Solow_Testimony.pdf; Sarah Bloom Raskin's speech on the role economic inequality played in the Great Recession in Sarah Bloom Raskin, "Aspects of Inequality in the Recent Business Cycle," speech, New York, NY, April 18, 2013; or Joseph Stiglitz arguing that "economists who had looked at the *average* equity of a homeowner—ignoring the distribution—felt comfortable that the economy could easily withstand a large fall in housing prices," in Stiglitz, "Macroeconomics Fluctuations, Inequality, and Human Development." Note that there were other models of growth, such as those by Nicholas Kaldor, but they were generally abandoned in favor of mathematically cleaner representative agent models that converged on unique equilibrium rather than yielding multiple, intermediate equilibria.

24. See, for example, Joseph Stiglitz, "Rethinking Macroeconomics: What Failed, and How to Repair It," *Journal of the European Economic Association* 9, no. 4 (2011): 591–645; Joseph Stiglitz, "Rethinking Macroeconomics: What Went Wrong, and How to Fix It," *Global Policy* 2, no. 2 (2011): 165–175.

25. For a critique of this, see, for example, Christopher D. Carroll, "Representing Consumption and Saving without a Representative Consumer," in *Measuring Economic Sustainability and Progress,* ed. Dale Jorgenson, Steven Landefeld, and Paul Schreyer (Chicago: University of Chicago Press, 2014); Stiglitz, "Macroeconomic Fluctuations, Inequality, and Human Development."

26. See, for example, Robert Pollin, "Deeper in Debt: The Changing Financial Conditions of U.S. Households" (Washington, DC: Economic Policy Institute, 1990); Thomas Palley, "Economic Contradictions Coming to Roost? Does the U.S. Economy Long-Term Aggregate Demand Generation Problem?," *Journal of Post Keynesian Economics* 25, no. 1 (2002): 9–32; Heather Boushey and Christian E. Weller, "Has Growing Inequality Contributed to Rising Household Economic Distress?," *Review*

of Political Economy 20, no. 1 (2008): 1–22; Matteo Iacoveillo, "Household Debt and Income Inequality, 1963–2003," *Journal of Money, Credit and Banking* 40, no. 5 (2008): 929–965.

27. Author's analysis of Federal Reserve's Flow of Funds data on household and non- profit liabilities. See also Cynamon and Fazzari, "Inequality and Household Finance during the Consumer Age."

28. Note also that the percentage of household income that went to servicing debt also increased sharply. Author's analysis of Federal Reserve's Flow of Funds Data and data from the Survey of Consumer Finances, as well as Kathleen W. Johnson and Geng Li, "Do High Debt Payments Hinder Household Consumption Smoothing?," Working Paper 52 (Federal Reserve Board, 2007).

29. Author's analysis of Federal Reserve's Flow of Funds data on household and non- profit liabilities. See also Aldo Barba and Massimo Pivetti, "Rising Household Debt: Its Causes and Macroeconomic Implications—a Long-Period Analysis," *Cambridge Journal of Economics* 33, no. 1 (2008): 113–137. For further discussion of these trends, see Neil Bhutta, "Mortgage Debt and Household Deleveraging: Accounting for the Decline in Mortgage Debt Using Consumer Credit Record Data," Working Paper 14 (Federal Reserve Board, 2012); Karen Dynan and Donald Kohn, "The Rise in U.S. Household Indebtedness: Causes and Consequences," Working Paper 37 (Federal Reserve Board, 2007).

30. Bureau of Economic Analysis, "Alternative Measures of Personal Saving" (2012).

31. For example, Christian Weller, public policy professor at the University of Massachusetts, Boston, explains that "the debt boom was concentrated among middle-income families." See Christian Weller, "Unburdening America's Middle Class: Shrinking Families' Debt Burden Faster Is Imperative," *Challenge* 55, no. 1 (2012): 23–52. Note that Weller finds slightly different figures than those cited below, but his findings are quite similar.

32. Note that the rich did also take on additional debt in this period, but because their incomes increased rapidly, debt as a share of income didn't increase very much.

33. Barry Z. Cynamon and Steven M. Fazzari, "Inequality, the Great Recession, and Slow Recovery," Working Paper (Social Science Research Network, 2014). In this paper, which was last updated on January 23, 2014, Cynamon and Fazzari find that debt-to- income ratios for the bottom 95 percent increased by 71 percentage points between 1989 and 2007, but for the top 5 percent they only increased by 7 percentage points. Note that in a previous version of the paper they find similar but slightly different figures. Cynamon and Fazzari, "Inequality and Household Finance

during the Consumer Age." Note also that Kumhof and Rancière come to very similar findings when analyzing the top 5 percent of wealth holders, rather than the top 5 percent of income earners. See Michael Kumhof and Romain Rancière, "Inequality, Leverage and Crises."

34. Atif Mian and Amir Sufi, *House of Debt:How They (and You)Caused the Great Recession, and How We Can Prevent It from Happening Again* (Chicago: University of Chicago Press, 2014).

35. See, for example, Barba and Pivetti, "Rising Household Debt."

36. Cynamon and Fazzari, "Inequality and Household Finance during the Consumer Age."

37. William R. Emmons, "Don't Expect Consumer Spending to Be the Engine of Economic Growth It Once Was," *Regional Economist,* January, 2012, www.stlouisfed. org /publications/re/articles/?id = 2201.

38. Juliet Schor provides some examples of such excessive spending in her book *The Overspent American*. For example, she describes how a small percentage of the population may su er from psychological disorders that lead them to buy compulsively and spend well beyond their means. She also points out, however, that more innocuous forms of these compulsions may impact a significant share of Americans. See Juliet Schor, *The Overspent American: Why We Want What We Don't Need* (New York: Harper Perennial, 1998).

39. Board of Governors of the Federal Reserve System, "Report to the Congress on Practices of the Consumer Credit Industry in Soliciting and Extending Credit and Their Effects on Consumer Debt and Insolvency" (2006); Cynamon and Fazzari, "Inequality and Household Finance during the Consumer Age."

40. See, for example, Atif Mian and Amir Sufi, "The Consequences of Mortgage Credit Expansion: Evidence from the U.S. Mortgage Default Crisis," *Quarterly Journal of Economics* 124, no. 4 (2009): 1449–1496. Mian and Sufi find, for example, that "the expansion in mortgage credit from 2002 to 2005 to subprime ZIP codes occurs despite sharply declining relative (and in some cases absolute) income growth in these neighborhoods." See also Cynamon and Fazzari, "Inequality and Household Finance during the Consumer Age"; Barry Z. Cynamon and Steven M. Fazzari, "Household Debt in the Consumer Age: Source of Growth—Risk of Collapse," *Capitalism and Society* 3, no. 2 (2008): 3–30.

41. Cynamon and Fazzari, "Household Debt in the Consumer Age"; Barba and Pivetti, "Rising Household Debt"; Christian Weller, "Need or Want: What Explains the Run-Up in Consumer Debt?" *Journal of Economic Issues* 41, no. 2 (2007): 583–591.

42. United States Senate Health, Education, Labor and Pensions Committee, "Saving the American Dream: The Past, Present, and Uncertain Future of America's Middle Class" (2011).

43. In this period inflation-adjusted prices increased by 89 percent according to Federal Reserve researchers. This figure reflects the change in the S & P/Case-Shiller index between 1998 and 2006. See Jeffrey P. Cohen, Cletus C. Coughlin, and David A. Lopez, "The Boom and Bust of U.S. Housing Prices from Various Geographic Perspectives," *Federal Reserve Bank of St. Louis Review* 94, no. 5 (September/October 2012): 341–367. Evidence for the relationship between housing prices and debt can be found in Karen Dynan, "Is a Household Debt Overhang Holding Back Consumption?," *Brookings Papers on Economic Activity* (Spring 2012). Dynan writes, "As of 2007 homeowners in states that had experienced the most pronounced housing booms tended to have considerably more mortgage debt than homeowners in other states."

44. Elizabeth Warren and Amelia Warren Tyagi, "What's Hurting the Middle Class," *Boston Review,* September 1, 2005, https://bostonreview.net/forum/what%E2%80%99s- hurting-middle-class.

45. Atif Mian and Amir Sufi, "House Prices, Home Equity-Based Borrowing, and the U.S. Household Leverage Crisis," *American Economic Review* 101, no. 5 (2011): 2132–2156.

46. James Duesenberry, *Income, Saving, and the Theory of Consumer Behavior* (Cambridge, MA: Harvard University Press, 1949); building on Thorstein Veblen, *The Theory of the Leisure Class* (New York: Macmillan, 1899). See also David Moss, Anant Thaker, and Howard Rudnick, "Inequality and Decision Making: Imagining a New Line of Inquiry," Working Paper 13–099 (Harvard Business School, 2013); Schor, *The Overspent American;* Markus Chris-ten and Ruskin M. Morgan, "Keeping Up with the Joneses: Analyzing the Effect of Income Inequality on Consumer Borrowing," *Quantitative Marketing and Economics* 3, no. 2 (2003): 145–173; Robert H. Frank, *Falling Behind: How Rising Inequality Harms the Middle Class* (Berkeley: University of California Press, 2007); Adam S. Levine, Robert H. Frank, and Oege Dijk, "Expenditure Cascades," Working Paper (Social Science Research Network, 2010).

47. Marianne Bertrand and Adair Morse, "Trickle-Down Consumption," Working Paper 18883 (National Bureau of Economic Research, 2013); Schor, *The Overspent American;* Frank, *Falling Behind;* Levine, Frank, and Dijk, "Expenditure Cascades"; Christen and Morgan, "Keeping Up with the Joneses."

48. Housing price peak referred to here is the peak in the S&P/Case-Schiller

House Price Index, which peaked in the second quarter of 2006. See Cohen, Coughlin, and Lopez, "The Boom and Bust of U.S. Housing Prices from Various Geographic Perspectives." Unemployment numbers taken from Bureau of Labor Statistics, "Labor Force Statistics from the Current Population Survey: Seasonally Adjusted Unemployment Rate," http://data.bls.gov/timeseries/LNS14000000. For information on the tightening of the credit market, see Markus K. Brunnermeier, "Deciphering the Liquidity and Credit Crunch, 2007–2008," *Journal of Economic Perspectives* 23, no. 1 (2009): 77–100.

49. For stock market loss figures, see "Dow Jones Industrial Average All-Time Largest One Day Gains and Losses," http://wsj.com/mdc/public/page/2_3024-djia_alltime.html; "Dow Jones Industrial Fast Facts," www.cnn.com/2013/05/31/us/dow-jones-industrial- average-fast-facts/index.html. For job loss figures, see Bureau of Labor Statistics, "Employment, Hours, and Earning from the Current Employment Statistics Survey," http:// data.bls.gov/timeseries/CES0000000001?output_view = net_1mth. For information on the collapse of housing prices, see Cohen, Coughlin, and Lopez, "The Boom and Bust of U.S. Housing Prices from Various Geographic Perspectives." For information on the credit market freeze, see Gretchen Morgenson, "U.S. Lenders Freeze Home Equity Credit Lines," *New York Times,* April 13, 2008, www.nytimes.com/2008/04/13/business /worldbusiness/13iht-morgen14.1.11930277.html?pagewanted = all; Kirk Shinkle, "America's Credit Catastrophe," *U.S. News and Report,* October 3, 2008, http://money.usnews.com /money/business-economy/articles/2008/10/03/americas-credit-catastrophe?page = 2; US Department of the Treasury, "The Financial Crisis Response in Charts" (2012).

50. Note that changes in mortgage lending significantly exacerbated the crash. See, for example, Marc Jarsulic, "The Origins of the U.S. Financial Crisis of 2007: How a House-Price Bubble, a Credit Bubble, and Regulatory Failure Caused the Greatest Economic Disaster since the Great Depression," in *The Handbook of the Political Economy of Financial Crises,* ed. Martin H. Wolfson and Gerald A. Epstein (New York: Oxford University Press, 2013).

51. Ivaylo Petev, Luigi Pistaferri, and Itay Saporta Eksten, "Consumption and the Great Recession: An Analysis of Trends, Perceptions, and Distributional Effects," in *The Great Recession,* ed. David B. Grusky, Bruce Western, and Christopher Wimer (New York: Russell Sage, 2011).

52. Raskin, "Aspects of Inequality in the Recent Business Cycle."

53. Mian and Sufi, "House Prices, Home Equity-Based Borrowing, and the U.S. Household Leverage Crisis."

54. Mian and Sufi, *House of Debt*. Other evidence of the disproportionate

wealth impact on the middle class comes from Fabian T. Pfe er, Sheldon Danziger, and Robert F. Schoeni, "Wealth Disparities before and after the Great Recession," *Annals of the American Academy of Political and Social Science* 650, no. 1 (2013): 98–123; Edward N. Wol , Lindsay A. Owens, and Esra Burak, "How Much Wealth Was Destroyed in the Great Recession?," in Grusky, Western, and Wimer, *The Great Recession*.

55. Mian and Sufi, *House of Debt*.

56. Daniel Hartley, "Distressed Sales and Housing Prices" (Cleveland, OH: Federal Reserve Bank of Cleveland, 2012).

57. Mian and Sufi, *House of Debt*.

58. Pfeffer, Danziger, and Schoeni, "Wealth Disparities before and after the Great Recession."

59. Atif Mian and Amir Sufi, "What Explains High Unemployment? The Aggregate Demand Channel," Working Paper 17830 (National Bureau for Economic Research, 2012). Note that in a separate paper, they and a coauthor also find that housing net worth shocks negatively impact consumption and that consumption is more adversely affected in zip codes where households were more leveraged entering the Great Recession. See Atif Mian, Kamalesh Rao, and Amir Sufi, "Household Balance Sheets, Consumption, and the Economic Slump," *Quarterly Journal of Economics* 128, no. 4 (2013): 1687–1726.

60. Dynan, "Is a Household Debt Overhang Holding Back Consumption?"

61. Linda Levine, "The Increase in Unemployment since 2007: Is It Cyclical or Structural?" (Washington, DC: Congressional Research Service, 2013).

62. John H. Makin, "The Global Financial Crisis and American Wealth Accumulation: The Fed Needs a Bubble Watch" (Washington, DC: American Enterprise Institute, 2013).

63. The housing price index being referenced here is the S & P/Case-Shiller house price index. Alternative price indices produce different estimates of the percentage decline in housing prices, although all illustrate the same general trend. For both the figure cited here and alternative measures, see Cohen, Coughlin, Lopez, "The Boom and Bust of U.S. Housing Prices from Various Geographic Perspectives."

64. Raskin, "Aspects of Inequality in the Recent Business Cycle."

65. See, for example, Dynan, "Is a Household Debt Overhang Holding Back Consumption?"

66. Author's analysis of Federal Reserve's Flow of Funds data on household and non- profit liabilities. Other sources have documented this deleveraging process as well, such as Bhutta, "Mortgage Debt and Household Deleveraging." See also Federal

Reserve Bank of New York, "Quarterly Report on Household Debt and Credit" (2013).

67. The saving rate referred to here is the NIPA saving rate taken from Bureau of Economic Analysis, "Comparison of Personal Saving in the National Income and Product Accounts (NIPAs) with Personal Saving in the Flow of Funds Accounts (FFAs)," www.bea .gov/national/nipaweb/Nipa-Frb.asp. Note that the FFA saving rate available from the same source also shows an overall similar trend, although it has appeared to recover by a greater amount following the Great Recession than the NIPA saving rate. For more information on different measures of person saving over time, see Bureau of Economic Analysis, "Alternative Measures of Personal Saving." For disaggregated savings rates, see Cynamon and Fazzari, "Inequality and Household Finance during the Consumer Age"; Mustafa Akcay and Christopher Cornell, "Scared Straight, U.S. Households Boost Saving," *Moody's Analytics,* December 2, 2009, www.economy.com/dismal/article_free.asp?cid = 119772&src = msnbc.

68. Cynamon and Fazzari use multiple methods for illustrating how trends in consumption behavior have differed between the bottom 95 percent and the top 5 percent. They show that while total personal consumption expenditures for the top 5 percent have surpassed their prerecession levels and are trending upward once again, total personal consumption expenditures for the bottom 95 percent remain below their 2008 levels. When looking at consumption expenditures as a share of disposable income, they illustrate how the recession forced households in the bottom 95 percent to significantly decrease their spending as a percentage of income, while this measure actually increased significantly for households in the top 5 percent. This is because a uent households were able to smooth their consumption by temporarily spending a greater percentage of their income while waiting for their earnings to recover. Households in the bottom 95 percent, on the other hand, did not have the financial capabilities to smooth their consumption to this extent because much of their prerecession consumption was fueled by debt accumulation and they lacked the financial assets to continue funding their spending. See Cynamon and Fazzari, "Inequality, the Great Recession, and Slow Recovery." For additional supporting evidence, see Mustafa Akcay and Christopher Cornell, "Scared Straight, U.S. Households Boost Saving," and Jesse Bricker and others, "Changes in U.S. Family Finances from 2007 to 2010: Evidence from the Survey of Consumer Finances," *Federal Reserve Bulletin* 98, no. 2 (2012): 1–80, table 17.

69. Cynamon and Fazzari, "Inequality, the Great Recession, and Slow Recovery." See note 68 for a more detailed explanation of their findings.

70. Neil Shah, "U.S. Wealth Rises, But Not All Benefit," *Wall Street Journal,* March 7, 2014, http://online.wsj.com/news/articles/SB2000142405270230382420457

9423183397213204.

71. See, among others, Raskin, "Aspects of Inequality in the Recent Business Cycle"; Dynan, "Is Household Debt Overhang Holding Back Consumption?"; Cynamon and Faz-zari, "Inequality and Household Finance during the Consumer Age."

72. Kevin J. Lansing, "Gauging the Impact of the Great Recession" (San Francisco: Federal Reserve Bank of San Francisco, 2011); Petev, Pistaferri, and Eksten, "Consumption and the Great Recession."

73. Weller, "Unburdening America's Middle Class."

74. William C. Dunkelberg and Holly Wade, "Small Business Economic Trends" (Nashville, TN: National Federation of Independent Business Research Foundation, 2013). Note that other polls of business leaders have similar findings, including Gallup, "Small Business Survey Topline" (2013); Sage North America, "Sage SMB Hiring Outlook Survey" (2013); McKinsey & Company, "Economic Conditions Snapshot, June 2013: McKinsey Global Survey Results" (2013); American Sustainable Business Council, Main Street Alliance, and Small Business Majority, "Opinion Survey: Business Owners' Opinions on Regulations and Job Creation" (2012). Additionally, Dennis Jacobe, "Health Costs, Gov't Regulations Curb Small Business Hiring," *Gallup Economy,* February 15, 2012, www.gallup.com/poll/152654/Health-Costs-Gov-Regulations-Curb-Small-Business-Hiring.aspx, finds that of small businesses that were not planning to hire additional workers, 71 percent said they weren't doing so in part because they were "worried revenues or sales won't justify adding employees."

75. Phil Izzo, "Dearth of Demand Seen behind Weak Hiring," *Wall Street Journal,* July 18, 2011, http://online.wsj.com/news/articles/SB10001424052702303661904576452181063763332.

76. Brendan Duke and Ike Lee, "Retailer Revelations: Why America's Struggling Middle Class Has Businesses Scared" (Washington, DC: Center for American Progress, 2014).

77. Juan M. Sánchez and Emircan Yurdagul, "Why Are Corporations Holding So Much Cash?," *Regional Economist,* January, 2013, www.stlouisfed.org/publications/re /articles/?id = 2314.

78. Board of Governors of the Federal Reserve System, "Financial Accounts of the United States" (2013).

79. For example, UMass's Christian Weller argues: "High household indebtedness also contributed to slow business investment." See Weller, "Unburdening America's Middle Class." See also Lee Pinkowitz, Rene M. Stulz, and Rohan Williamson, "Is There a U.S. High Cash Holdings Puzzle after the Financial Crisis?,"

Working Paper 2013–03–07 (Fisher College of Business, 2013); John Melloy, "Firms Have Record $800 Billion of Cash But Still Won't Hire," *CNBC*, June 22, 2011, www.cnbc.com/id/43499606; Chris Burritt, "Cash Piles Up as U.S. CEOs Play Safe with Slow-Growth Economy," *Bloomberg*, May 23, 2013, www.bloomberg.com/news/2013–05–23/cash-piles-up-as-u-s-ceos-play-safe-with- slow-growth-economy.html. For alternative explanations, see Laurie Simon Hodrick, "Are U.S. Firms Really Holding Too Much Cash" (Stanford: Stanford Institute for Economic Policy Research, 2013); Sánchez and Yurdagul, "Why Are Corporations Holding So Much Cash?"

80. Justin Lahart, "Companies Cling to Cash," *Wall Street Journal*, December 10, 2010, http://online.wsj.com/article/SB10001424052748703766704576009501161973480.html.

81. Adam Hersh, "Resilient Jobs Market Needs More Policy Help," *Market Watch*, December7,2012,www.marketwatch.com/story/resilient-jobs-market-needs-more-policy- help-2012–12–07. Job creation started to pick up as this book went to print, but even estimates from this most recent period still indicate that full employment is still several years o . Dean Baker, "Three Paths to Full Employment," *Aljazeera America*, July 8, 2014, http:// america.aljazeera.com/opinions/2014/7/full-employment-jobsnumberseconomics.html; International Monetary Fund, "2014 Article IV Consultation with the United States of America Concluding Statement of the IMF Mission," June 2014; Elise Gould, "Much Stronger Job Growth Is Needed If We're Going to See a Healthy Economy Any Time Soon" (Washington, DC: Economic Policy Institute, 2015).

82. In addition to those quoted or cited, see International Monetary Fund, "World Economic Outlook"; Antonio Spilimbergo and others, "Fiscal Policy for the Crisis" (Washington, DC: International Monetary Fund, 2008); Richard Kopcke and Anthony Webb, "How Has the Financial Crisis Affected the Consumption of Retirees?" (Chesnutt Hill, MA: Center for Retirement Research at Boston College, 2013); Veronica Guerrieri and Guido Lorenzoni, "Credit Crises, Precautionary Savings and the Liquidity Trap," Working Paper 17583 (National Bureau of Economic Research, 2011); Gauti Eggertsson and Paul Krugman, "Debt, Deleveraging, and the Liquidity Trap," *Quarterly Journal of Economics* 127, no. 3 (2012): 1469–1518. Furthermore, John T. Harvey, a Texas Christian University professor of economics and Forbes contributor, has stated, "In reality, the reason we are stuck where we are is because the middle class lacks jobs and incomes." See John T. Harvey, "The Real Job Creators: Consumers," *Forbes*, June 17, 2012, www.forbes.com/sites /johntharvey/2012/06/17/job-creators/.

83. Alan B. Krueger,"The Rise and Consequences of Inequality in the United

States," speech, Washington, DC, January 12, 2012.

84. Makin, "The Global Financial Crisis and American Wealth Accumulation."

85. Hanaeur, "Raise Taxes on the Rich to Reward True Job Creators."

86. Stiglitz, *The Price of Inequality*. Elsewhere Stiglitz argues, "Our middle class is too weak to support the consumer spending that has historically driven our economic growth." See Joseph Stiglitz, "Inequality Is Holding Back the Recovery," *New York Times,* January19,2013,http://opinionator.blogs.nytimes.com/2013/01/19/inequality-is-holding-back- the-recovery/.

chapter five

1. Steve Jobs, interview with Daniel Morrow, *Smithsonian Institution,* April 20, 1995, http://americanhistory.si.edu/comphist/sj1.html; Scott Gillam, *Steve Jobs: Apple iCon* (Minneapolis: ABDO, 2012).

2. Jobs, interview with Daniel Morrow; Gillam, *Steve Jobs: Apple iCon*.

3. Jobs, interview with Daniel Morrow. Of the college classes he attended, he notes a calligraphy class.

4. Entrepreneur Sta , "Steve Jobs: An Extraordinary Career," *Entrepreneur,* www.entrepreneur.com/article/197538; Walter Isaacson, *Steve Jobs* (New York: Simon & Schuster, 2011).

5. As Gary S. Becker, a Nobel Prize–winning economist and one of the leading scholars of human capital, explained in a speech, "To most of you, capital means a bank account, one hundred shares of IBM, assembly lines or steel plants. . . . [But] schooling, a computer training course, expenditures on medical care, and lectures on the virtues of punctuality and honesty are capital too in the sense that they ... raise earnings." Gary S. Becker, "Human Capital Revisited," in *Human Capital: A Theoretical and Empirical Analysis with Special Reference to Education,* ed. Gary S. Becker (Chicago: University of Chicago Press, 1994). Similarly, as an academic review of the term put it, "The essence of the human capital approach is that people make conscious investments in themselves in the form of education, on-the-job training, health, and migration." Bruce A. Weinberg, "Which Labor Economists Invested in Human Capital? Geography, Vintage, and Participation in Scientific Revolutions," Working Paper (Ohio State University, 2006).

6. World Economic Forum, "The Human Capital Report" (2013).

7. See, for example, Gary M. Galles, "Supply-Side Economics in One Lesson,"

Freeman, July 25, 2013.

8. US Department of the Treasury, "The President's Agenda for Tax Relief," press release, February 9, 2001, www.treasury.gov/press-center/press-releases/Documents /report30652.pdf. Note also that Bush argued more generally that "over the long haul, tax relief will encourage work and innovation." George W. Bush, "Remarks on Signing the Economic Growth and Tax Relief Reconciliation Act of 2001," speech, Washington, DC, June 7, 2001. Note also that Edward Conard, among others, claims that people are more likely to be entrepreneurial when they see other people getting rich because the desire to make more money and have higher status is the "most powerful" motivation for people to take economic risks like starting a businesses or working for a start-up. Edward Conard, *Unintended Consequences: Why Everything You've Been Told about the Economy Is Wrong* (New York: Penguin, 2012).

9. See, for example, Finis Welch, "In Defense of Inequality," *American Economic Review* 89, no. 2 (1999): 1–17; Gary S. Becker, "How Can Inequality Be Good?," *Hoover Digest* 3 (2011), www.hoover.org/publications/hoover-digest/article/83976; Gary S. Becker and Kevin M. Murphy, "The Upside of Income Inequality," *American,* May/June 2007, www.american. com/archive/2007/may-june-magazine-contents/ the-upside-of-income-inequality/#FN2. Note that these authors do recognize some downsides to inequality, but still feel it promotes human capital development.

10. For research on credit constraints hindering educational attainment, see, for example, Pedro Carneiro and James J. Heckman, "The Evidence on Credit Constraints in Post-Secondary Schooling," *Economic Journal* 112, no. 482 (2002): 705–734; Bas Jacobs and Sweder J.G. van Wijnbergen, "Capital-Market Failure, Adverse Selection, and Equity Financing of Higher Education," *Public Finance Analysis* 63, no. 1 (2007): 1–32; Lance Lochner and Alexander Monge-Naranjo, "Credit Constraints in Education," *Annual Review of Economics* 4, no. 1 (2012): 225–256; Karnit Flug, Antonio Spilimbergo, and Erik Wachtenheim, "Investment in Education: Do Economic Volatility and Credit Constraints Matter?," *Journal of Development Economics* 55, no. 2 (1998): 465–481. For examples of research that does consider how inequality can hinder growth, see, for example, Oded Galor and Omer Moav, "From Physical to Human Capital Accumulation: Inequality and the Process of Development," *Review of Economic Studies* 71, no. 4 (2004): 1001–1026; Oded Galor, "Inequality, Human Capital Formation and the Process of Development," Working Paper 17058 (National Bureau of Economic Research, 2011); Philippe Aghion, Eve Caroli, and Cecilia Garcia- Penalosa, "Inequality and Economic Growth: The Perspective of the New Growth Theories," *Journal of Economic Literature* 37, no. 4 (1999): 1615–1660; Roberto Perotti, "Growth, Income Distribution, and

Democracy: What the Data Say," *Journal of Economic Growth* 1, no. 2 (1996): 149–187; Klaus Deininger and Lyn Squire, "New Ways of Looking at Old Issues: Inequality and Growth," *Journal of Development Economics* 57, no. 2 (1998): 259–287.

11. For empirical research on the importance of increasing education levels to economic performance, see, for example, Robert J. Barro, "Economic Growth in a Cross Section of Countries," *Quarterly Journal of Economics* 106, no. 2 (1991): 407–443; Alwyn Young, "The Tyranny of Numbers: Confronting the Statistical Realities of the East Asian Growth Experience," *Quarterly Journal of Economics* 110, no. 3 (1995): 641–680; Ellis W. Tallman and Ping Wang, "Human Capital and Endogenous Growth Evidence from Taiwan," *Journal of Monetary Economics* 34, no. 1 (1994): 101–124; Eric A. Hanushek and Dongwook Kim, "Schooling, Labor Force Quality, and Economic Growth," Working Paper 5399 (National Bureau of Economic Research, 1995); Yan Wang and Yudong Yao, "Sources of China's Economic Growth, 1952–1999: Incorporating Human Capital Accumulation," *China Economic Review* 14, no. 1 (2003): 32–52; Edward F. Denison, *Trends in American Growth, 1929–1982* (Washington, DC: Brookings Institution, 1985); Alan B. Krueger and Mikael Lindahl, "Education for Growth: Why and for Whom?," *Journal of Economic Literature* 39, no. 4 (2001): 1101–1136; David Card, "The Causal Effect of Education on Earnings," *Handbook of Labor Economics* 3 (1999): 1801–1863; Anna Bernasek, "What's the Return on Education?," *New York Times,* December 11, 2005, www.nytimes.com/2005/12/11/business/yourmoney/11view.html.

12. Theodore W. Schultz,"The Economic Importance of Human Capital in Modernization," *Education Economics* 1, no. 1 (1993): 13–19.

13. Theodore Shultz, for example, has stated that "since human capital invents new forms of physical capital, the former is the key to economic progress." See ibid. Oded Galor and Omer Moav have also worked to develop a theory of economic growth that is premised on the "replacement of physical capital accumulation by human capital accumulation as a prime engine of growth." See Galor and Moav, "From Physical to Human Capital Accumulation." Similarly, Peter Drucker argued, "Increasingly, the true investment in the knowledge society is not in machines and tools but in the knowledge of the knowledge worker." Peter Drucker, "The Age of Social Transformation," *Atlantic Monthly,* November, 1994. See also Gregory Mankiw, David Romer, and David N. Weil, "A Contribution to the Empirics of Economic Growth," *Quarterly Journal of Economics* 107, no. 2 (1992): 407–437; Jess Benhabib and Mark M. Spiegel, "The Role Of Human Capital in Economic Development Evidence from Aggregate Cross-Country Data," *Journal of Monetary Economics* 34, no. 2 (1994): 143–173.

14. Michael Hout and Alexander James, "Educational Mobility in the United States since the 1930s," in *Whither Opportunity? Rising Inequality, Schools and Children's Life Chances,* ed. Greg J. Duncan and Richard J. Murnane (New York: Russell Sage, 2011).

15. Claudia Goldin and Lawrence F. Katz, *The Race between Education and Technology* (Cambridge, MA: Harvard University Press, 2009); Claudia Goldin and Lawrence F. Katz, "Why the United States Led in Education: Lessons from Secondary School Expansion, 1910 to 1940," Working Paper 6144 (National Bureau of Economic Research, 1997); Claudia Goldin and Lawrence Katz, "The Future of Inequality" (Washington, DC: Milken Institute, 2009), describe how the United States used to be a leader in high school achievement. According to Organisation for Economic Co-Operation and Development, "Education at a Glance 2013: OECD Indicators" (2013), table A3.2.a, the United States was tied for first in graduation rates from tertiary type-A programs (first-time graduates) among OECD and G20 member nations for whom there were values in 1995. Another indicator of how the United States used to outperform the world in terms of college graduation is the percentage of the population age 55–64 holding a college degree. According to table A1.3.a of the same source, when looking at tertiary type-A degrees, the percentage of American 55- to 64-year-olds holding a degree is 31 percent, which is highest among all nations measured.

16. For example, less than half of men now have more education than their fathers and almost 20 percent of men now have less education than their fathers, a figure that is up sharply from the late 1970s. Hout and James, "Educational Mobility in the United States since the 1930s."

17. For US high school graduation rates overtime, see Thomas D. Snyder and Sally A. Dillow, "Digest of Education Statistics 2012" (Washington, DC: Department of Education, 2013), table 122. The graduation rate only very recently surpassed its highest previous point of 74.9 percent measured in 1974–1975 and 1975–1976 in the 2008–2009 school year when it reached 75.5 percent. While the measured rate for 1969–1970 was technically even higher at 78.7 percent, the Department of Education will not vouch for that figures accuracy. See "National Study: High School Graduation Rate Highest since 1976," *Associated Press,* January 21, 2013, http://blog.al.com/live/2013/01/national_study_high_school_gra .html. For the most recent international comparisons of upper secondary graduation rates, see Organisation for Economic Co-Operation and Development, "United States—Country Note—Education at a Glance 2013: OECD Indicators" (2013).

18. These figures refer to the United States's ranking in graduation rates from

tertiary type-A programs (first-time graduates) among OECD and G20 member nations for whom there were rankings in 1995 and 2011. See Organisation for Economic Co-Operation and Development, "Education at a Glance 2013: OECD Indicators," table A3.2.a.

19. Organisation for Economic Co-Operation and Development, "PISA 2012 Results in Focus: What 15-Year-Olds Know and What They Can Do with What They Know" (2013); National Center for Education Statistics, "Highlights from PISA 2009: Performance of U.S. 15-Year-Old Students in Reading, Mathematics, and Science Literacy in an International Context" (2010).

20. Compared to the top performing countries on the international PISA exams, the United States has both more poor performers and fewer high achievers. See Dennis J. Condron, "Egalitarianism and Educational Excellence: Compatible Goals for A uent Societies?," *Educational Researcher* 40, no. 2 (2011): 47–55; Organisation for Economic Co- Operation and Development, "PISA 2012 Results in Focus."

21. See Joseph J. Merry, "Tracing the U.S. Deficit in PISA Reading Skills to Early Childhood: Evidence from the United States and Canada," *Sociology of Education* 86, no. 3 (2013): 234–252, table 2. For similar results, see also J. Douglas Willms, "Reading Achievement in Canada and the United States: Findings from the OECD Programme for International Student Assessment" (Quebec, Canada: Human Resources Skills and Development Canada Publications Center, 2004).

22. See Gosta Esping-Andersen's unpublished paper "Equal Opportunities in an Increasingly Hostile World" for similar findings. About 12 percent of American students performed at an "elite" level, compared to 19 percent of students in Finland, while 18 percent of US students scored below minimum proficiency standards, compared to just 7 percent of Finish students. Gosta Esping-Andersen, "Equal Opportunities in an Increasingly Hostile World" (2006).

23. Merry, "Tracing the U.S. Deficit in PISA Reading Skills to Early Childhood."

24. Organisation for Economic Co-Operation and Development, "OECD Skills Out-look 2013: First Results from the Survey of Adult Skills" (2013).

25. According to the Organisation for Economic Co-Operation and Development, in 2011 workers in the United States between the ages of 25 and 64 who possessed a tertiary degree could expect to earn 77 percent more than those with only an upper-secondary education. This compares to an average tertiary education premium of only 64 percent among OECD nations. See Organisation for Economic Co-Operation and Development, "Education at a Glance 2013." See also Organisation for Economic Co-Operation and Development, "United States—Country Note—Education at a Glance 2012: OECD Indicators" (2012); Organisation for Economic Co-Operation

and Development, "United States—Country Note—Education at a Glance 2013." For information on how tertiary education premiums have grown over time, see Johnathan James, "The College Wage Premium" (Cleveland, OH: Federal Reserve Bank of Cleveland, 2012), www.clevelandfed .org/research/commentary/2012/2012–10.cfm.

26. John Schmitt and Heather Boushey, "Why the Benefits of a College Education May Not Be So Clear, Especially to Men" (Washington, DC: Center for American Progress, 2010).

27. Though the research indicates that family Effects are especially important, it also finds that schools and neighborhoods can matter as well. Richard Kahlenberg, *All Together Now: Creating Middle-Class Schools through Public School Choice* (Washington, DC: Brookings Institution Press, 2001); Amita Chudgar and Thomas F. Luschei, "National Income, Income Inequality, and the Importance of Schools: A Hierarchical Cross-National Comparison," *American Educational Research Journal* 46, no. 3 (2009): 626–658; Anne C. Case and Lawrence F. Katz, "The Company You Keep: The Effects of Family and Neighborhood on Disadvantaged Youths," Working Paper 3705 (National Bureau of Economic Research, 1991); Heather Schwartz, "Housing Policy and School Policy: Economically Integrative Housing Promotes Academic Success in Montgomery County, Maryland" (Washington, DC: Century Foundation, 2010). According to the National Center for Education Statistics's Digest of Education Statistics from 2012, the average yearly tuition charged by private elementary schools in the school year 2007–2008 was $6,733, and the average tuition charged by private high schools was $10,549: amounts that many nonwealthy families may struggle to pay. See Snyder and Dillow, "Digest of Education Statistics 2012," table 71. For a discussion of these trends, see, for example, Robert Reich, "Private Gain to a Few Trumps Public Good for the Many," *Robert Reich's Blog,* August 22, 2013, http://robertreich .org/post/59021478207.

28. White House Task Force on Middle-Class Families, "Financing the Dream: Securing A ordability for the Middle Class" (2009); White House Task Force on Middle- Class Families, "Barriers to Higher Education" (2009).

29. Neeraj Kaushal, Katherine Magnuson, and Jane Waldfogel, "How Is Family Income Related to Investments in Children's Learning?," in Duncan and Murnane, *Whither Opportunity?;* Kahlenberg, *All Together Now.*

30. Meghan Casserly, "10 Jobs That Didn't Exist 10 Years Ago," *Forbes,* May 11, 2012, www.forbes.com/sites/meghancasserly/2012/05/11/10-jobs-that-didnt-exist-10-years-ago/; Roopika Risam, "Kids Plus Pressure Equals Careers: Independent College Counseling Industry Booms," *Washington Post,* August 9, 2010, www. washingtonpost.com/express /wp/2010/08/09/independent-college-admissions-

counselors-capitalize-fay-college- counseling/.

31. Kaushal, Magnuson, and Waldfogel, "How Is Family Income Related to Investments in Children's Learning?"

32. Glenn C. Loury, "Intergenerational Transfers and the Distribution of Earnings," *Econometrica* 49, no. 4 (1981): 843–867; W. Henry Chiu, "Income Inequality, Human Capital Accumulation and Economic Performance," *Economic Journal* 108, no. 466 (1998): 44–59; Oded Galor and Joseph Zeira, "Income Distribution and Macroeconomics," *Review of Economic Studies* 60, no. 1 (1993): 35–52; Flavio Cunha and James J. Heckman, "The Technology of Skill Formation," *American Economic Review* 97, no. 2 (2007): 31–47.

33. Heather Boushey and Alexandra Mitukiewicz, "Job Quality Matters" (Washington, DC: Washington Center for Equitable Growth, 2014).

34. For information on how inequality may result in people living in areas mostly with people of similar incomes, see Richard Fry and Paul Taylor, "The Rise of Residential Segregation by Income" (Washington, DC: Pew Research, 2013); Paul A. Jargowsky, "Take the Money and Run: Economic Segregation in U.S. Metropolitan Areas," *American Sociological Review* 61, no. 6 (1996): 984–998; Tara Watson, "Inequality and the Measurement of Residential Segregation by Income in American Neighborhoods," *Review of Income and Wealth* 55, no. 3 (2009): 820–844; Susan Meyers, "How the Growth in Income Inequality Increased Economic Segregation," Working Paper 0117 (Harris School of Public Policy Studies, 2001); Kjetil Bjorvatn and Andrew W. Cappelen, "Inequality, Segregation, and Redistribution," *Journal of Public Economics* 87, nos. 7–8 (2003): 1657–1679. For information on how residential segregation may harm educational performance, see Jeffrey R. Kling, Jeffrey B. Liebman, and Lawrence F. Katz, "Experimental Analysis of Neighborhood Effects," *Econometrica* 75, no. 1 (2007): 83–119; Schwartz, "Housing Policy and School Policy"; Case and Katz, "The Company You Keep"; Sean F. Reardon, "The Widening Academic Achievement Gap between the Rich and the Poor: New Evidence and Possible Explanations," in Duncan and Murnane, *Whither Opportunity?;* Joseph G. Altonji and Richard K. Mansfield, "The Role of Family, School and Community Characteristics in Inequality in Education and Labor-Market Outcomes," in Duncan and Murnane, *Whither Opportunity?;* Julia Burdick-Will and others, "Converging Evidence for Neighborhood Effects on Children's Test Scores: An Experimental, Quasi-Experimental, and Observational Comparison," in Duncan and Murnane, *Whither Opportunity?*

35. Rob Reich, "Not Very Giving," *New York Times,* September 4, 2013, www.nytimes .com/2013/09/05/opinion/not-very-giving.html?_r = 0.

36. According to the OECD, "The United States is one of only three OECD countries in which, for example, socio-economically disadvantaged schools have to cope with less favourable student-teacher ratios than socio-economically advantaged schools," from Organisation for Economic Co-Operation and Development, "Viewing Education in the United States through the Prism of PISA" (2010). For more details on the various factors that lead to inequality in school spending, see Bruce D. Baker and Sean P. Corcoran, "Stealth Inequities of School Funding: How State and Local School Finance Systems Perpetuate Inequitable Student Spending" (Washington, DC: Center for American Progress, 2012); Diana Epstein, "Measuring Inequity in School Funding" (Washington, DC: Center for American Progress, 2010). For examples of states that have prioritized cutting taxes for businesses and wealthy individuals over investing in education, see David Callahan and J. Mijin Cha, *Stacked Deck: How the Dominance of Politics by the A uent & Business Undermines Economic Mobility in America* (New York: Demos, 2013).

37. Phillip B. Levine and Diane Schanzenbach, "The Impact of Children's Public Health Insurance Expansions on Educational Outcomes," *Forum for Health Economics & Pol-icy* 12, no. 1 (2009): 1–26.

38. For more theoretical development of this underinvestment argument, see, for example, Thomas Gall, Patrick Legros, and Andrew F. Newman, "A Theory of Re-Match and Aggregate Performance," Working Paper (Boston University, 2013); Ming Ming Chiu and Lawrence Khoo, "Effects of Resources, Inequality, and Privilege Bias on Achicvement: Country, School, and Student Level Analyses," *American Educational Research Journal* 42, no. 4 (2005): 575–603; Ming Ming Chiu, "Effects of Inequality, Family and School on Mathematics Achievement: Country and Student Differences," *Social Forces* 88, no. 4 (2010): 1645–1676; Gosta Esping-Andersen, "Equal Opportunities and the Welfare State," *Contexts* 6, no. 3 (2007): 23–27. Note also that some researchers such as Sean Reardon argue that increasing inequality per se has not caused the income achievement gap; rather, he argues that "a dollar of income (or factors correlated with income) appears to buy more academic achievement than it did several decades ago." Reardon, "The Widening Academic Achievement Gap."

39. For more on noneconomic factors, see, among others, Duncan and Murnane, *Whither Opportunity?;* V.J. Roscigno and J.W. Ainsworth-Darnell, "Race, Cultural Capital and Educational Resources: Persistent Inequalities and Achievement Returns," *Sociology of Education* 72, no. 3 (1999): 158–178; Pamela E. Davis-Kean, "The Influence of Parent Education and Family Income on Child Achievement: The Indirect Role of Parental Expectations and the Home Environment," *Journal of Family*

Psychology 19, no. 2 (2005): 294–304; Charles Murray, *Coming Apart: The State of White America, 1960–2010* (New York: Crown, 2012); Annette Lareau, *Unequal Childhoods: Class, Race, and Family Life* (Berkeley: University of California Press, 2011).

40. See Reardon, "The Widening Academic Achievement Gap," figures 5.7 and 5.8. Note that some skeptics maintain that because the income achievement gap was growing before economic inequality started rising, inequality is not a factor in these trends. Evidence casts great doubt on this counterargument. For example, the gap between students at the ninetieth income percentile and those at the fiftieth in both reading and math increased ever so slightly between the 1940s and the 1970s, but then as inequality started rising, it jumped sharply. Similarly, but to a lesser degree, the 90/10 achievement gap grew at a slower rate between the 1940s and the 1970s than it did afterward—and in fact during the 1950s and 1960s appeared to flatten out. Finally, the 50/10 achievement gap on reading shrunk slightly over recent decades, as the poor and middle class have su ered more similar economic fates.

41. Ibid.Note also that international comparisons show that the affluent in the United States score slightly below the a uent in other countries, but middle-class and especially poor students score much below their international peers. For example, see Willms, "Reading Achievement in Canada and the United States."

42. Reardon, "The Widening Academic Achievement Gap."

43. Ibid. Author's analysis of the figures in this paper.

44. Ibid.

45. Sean F. Reardon, "No Rich Child Left Behind," *New York Times,* April 27, 2013, http://opinionator.blogs.nytimes.com/2013/04/27/no-rich-child-left-behind/?_php = true &_type = blogs&_r = 0.

46. Martha J. Bailey and Susan M. Dynarski, "Gains and Gaps: Changing Inequality in U.S. College Entry and Completion," Working Paper 17633 (National Bureau of Economic Research, 2011); Anthony P. Carnevale and Stephen J. Rose, "Socioeconomic Status, Race/Ethnicity, and Selective College Admissions," in *America's Untapped Resource: Low Income Students in Higher Education,* ed. Richard D. Kahlenberg (New York: Century Foundation Press, 2004); Caroline Hoxby and Christopher Avery, "The Missing 'One-Offs': The Hidden Supply of High-Achieving Low-Income Students" (Washington, DC: Brookings Institution, 2013); Emmeline Zhao, "Fewer Low-Income Students Going to College," *Wall Street Journal,* July 7, 2010, http://blogs.wsj.com/economics/2010/07/07/fewer-low-income-students-going-to-college/; Daron Acemoglu and J.-S. Pischke, "Changes in the Wage Structure, Family Income, and Children's Education," *European Economic*

Review 45, nos. 4–6 (2001): 890–904.

47. Bailey and Dynarski, "Gains and Gaps."

48. Martha J. Bailey and Susan M. Dynarski, "Inequality in Postsecondary Education," in Duncan and Murnane, *Whither Opportunity?*

49. See Mary Ann Fox, Brooke A. Connolly, and Thomas D. Snyder, "Youth Indicators 2005: Trends in the Well-Being of American Youth" (Washington, DC: US Department of Education, 2005), for underlying data. For analysis of this data, see White House Task Force on Middle-Class Families, "Barriers to Higher Education"; Elise Gould, "High-Scoring, Low-Income Students No More Likely to Complete College Than Low- Scoring, Rich Students," *Economic Policy Institute,* March 9, 2012, www.epi.org/blog /college-graduation-scores-income-levels/. For another paper arguing that cognitive differences don't explain the gap, see Bailey and Dynarski, "Gains and Gaps."

50. Alexandria Walton Radford, *Top Student, Top School? How Social Class Shapes Where Valedictorians Go to College* (Chicago: University of Chicago Press, 2013).

51. This figure refers to the percentage of the entering classes of the top 146 highly selective colleges coming from the bottom three income quartiles, which was found to be 26 percent by Anthony Carnevale and Stephen Rose. See Carnevale and Rose, "Socioeconomic Status, Race/Ethnicity, and Selective College Admissions." For more on class- based differences at elite colleges, see John Jerrim, "Family Background and Access to 'High Status' Universities" (London: Sutton Trust, 2013).

52. Thomas Piketty,*Capital in the Twenty-First Century* (Cambridge, MA: Harvard University Press, 2014).

53. Harvard University Center on the Developing Child, "InBrief: The Science of Early Childhood Development" (2011); David Edie and Deborah Schmid, "Brain Development and Early Learning: Research on Brain Development" (Madison: Wisconsin Council on Children and Families, 2013).

54. MichaelGreenstoneandothers,"ThirteenEconomicFactsaboutSocialMobility and the Role of Education" (Washington, DC: Hamilton Project, 2013). In this report the authors state, "At the earliest ages, there is almost no di erence in cognitive ability between high- and low-income individuals. Figure 4 shows the impact of a family's socio- economic status—a combination of income, education, and occupation—on the cognitive ability of infants between eight and twelve months of age, as measured in the Early Childhood Longitudinal Survey." Other studies that examine similar questions from a different perspective find that only a relatively small degree of cognitive skills are inherited. See also Samuel Bowles and Herbert Gintis, "The

Inheritance of Economic Status," *Journal of Economic Perspectives* 16, no. 3 (2002): 3–30; Anders Björklund, Markus Jäntti, and Gary Solon, "Influences and Nurture on Earnings Variation: A Report on a Study of Various Sibling Types in Sweden," in *Unequal Chances: Family Background and Economic Success,* ed. Samuel Bowles, Herbert Gintis, and Melissa Osborne Groves (Princeton, NJ: Princeton University Press, 2005). Note that even cognitive abilities at a very young age may be due not solely to genetics, but also to health differences during pregnancy, which are correlated with income. See Janet Currie, "Inequality at Birth: Some Causes and Consequences," *American Economic Review* 101, no. 3 (2011): 1–22.

55. Note that some try to make claims that the children of the wealthy are genetically smarter. For example, Gregory Mankiw, when commenting on graphs showing the correlation between student test scores and parental wealth, has stated that one likely explana- tion for these trends is parental genetics. See Gregory Mankiw, "The Least Surprising Correlation of All Time," *Greg Mankiw's Blog,* August 28, 2009, http://gregmankiw .blogspot.com/2009/08/least-surprising-correlation-of-all.html. Among the best-known works attempting to explain such relationships between performance, intelligence, and genetics is *The Bell Curve,* written by Richard Herrnstein and Charles Murray. See Richard Herrnstein and Charles Murray, *The Bell Curve: Intelligence and Class Structure* (New York: First Free Press, 1996).

56. The labor force participation rate of women with children under the age of six increased from 39.0 percent in 1975 to 65.3 percent in 2000, and has hovered around that level ever since. As of 2011, it stood at 64.2 percent according to the Bureau of Labor Statistics. See Bureau of Labor Statistics, "Women in the Labor Force: A Databook" (2013). For additional information on the increasing importance of working mothers as breadwinners and their need for a ordable child care, see Sarah Jane Glynn, Jane Farrell and Nancy Wu, "The Importance of Preschool and Child Care for Working Mothers" (Washington, DC: Center for American Progress, 2013); Sarah Jane Glynn, "The New Breadwinners: 2010 Update" (Washington, DC: Center for American Progress, 2012). See also Lynda Laughlin, "Who's Minding the Kids? Child Care Arrangements: Spring 2011" (Washington, DC: US Department of Commerce, 2011).

57. Author's calculation based on Census Bureau figures. According to the Census Bureau, after adjusting for inflation, average weekly child care costs paid by families with employed mothers grew from $84 per week in 1985 to $143 per week in 2011. Laughlin, "Who's Minding the Kids?"

58. US Census Bureau, "Who's Minding the Kids? Child Care Arrangements: 2011— Detailed Tables: Table 6," www.census.gov/hhes/childcare/data/sipp/2011/tables.html.

59. Jane Waldfogel, "The Role of Family Policies in Antipoverty Policy," *Focus* 26, no. 2 (2009): 50–55; Sarah Jane Glynn and Jane Farrell, "The United States Needs to Guarantee Paid Maternity Leave" (Washington, DC: Center for American Progress, 2013); Juliana Herman, Sasha Post, and Scott O'Halloran, "The United States Is Far Behind Other Countries on Pre-K" (Washington, DC: Center for American Progress, 2013).

60. Organisation for Economic Co-Operation and Development, "Education at a Glance 2013: OECD Indicators."

61. Greg J. Duncan and Katherine Magnuson, "The Nature and Impact of Early Achievement Skills, Attention Skills, and Behavior Problems," in Duncan and Murnane, *Whither Opportunity?;* Sean F. Reardon, "The Widening Income Achievement Gap," *Faces of Poverty* 70, no. 8 (2013): 10–16.

62. Reardon, "No Rich Child Left Behind."

63. For information on the wealthy reading more to their children, see Richard J. Coley, "An Uneven Start: Indicators of Inequality in School Readiness" (Princeton, NJ: Educational Testing Service, 2002). For the importance of preschool, see Greg J. Duncan and Aaron J. Sojourner, "Can Intensive Early Childhood Intervention Programs Eliminate Income-Based Cognitive and Achievement Gaps?," *Journal of Human Resources* 48, no. 4 (2013): 945–968; James J. Heckman, "Policies to Foster Human Capital," *Research in Economics* 54, no. 1 (2000): 1–48; James J. Heckman, "The Economics of Inequality: The Value of Early Childhood Education," *American Educator* 35, no. 1 (2011): 31–35.

64. Merry, "Tracing the U.S. Deficit in PISA Reading Skills to Early Childhood."

65. Ibid.

66. Chiu and Khoo, "Effects of Resources, Inequality, and Privilege Bias"; Condron, "Egalitarianism and Educational Excellence"; Richard Wilkinson and Kate Pickett, *The Spirit Level: Why Greater Equality Makes Societies Stronger* (London: Bloomsbury, 2009); Dennis J. Condron, "A uence, Inequality, and Educational Achievement: A Structural Analysis of 97 Jurisdictions across the Globe," *Sociological Spectrum: Mid-South Sociological Association* 33, no. 1 (2013): 73–97; Ming Ming Chiu and Zeng Xihua, "Family and Motivation Effects on Mathematics Achievement: Analyses of Students in 41 Countries," *Learning and Instruction* 18, no. 4 (2008): 321–336; Ming Ming Chiu and Lawrence Khoo, "A New Method for Analyzing Sequential Processes: Dynamic Multilevel Analysis," *Small Group Research* 36, no. 5 (2005): 600–631; Chiu, "Effects of Inequality, Family and School on Mathematics Achievement."

67. Condron, "Egalitarianism and Educational Excellence."

68. Ibid.; Chiu and Xihua, "Family and Motivation Effects on Mathematics Achievement"; Chiu and Khoo, "Effects of Resources, Inequality, and Privilege Bias on Achievement"; Chiu, "Effects of Inequality, Family and School on Mathematics Achievement"; Wilkinson and Pickett, *The Spirit Level;* Pantelis Kammas, Anastasia Litina, and Theodore Palivos, "The Quality of Public Education in Unequal Societies: The Role of Tax Institutions," MPRA Paper 52193 (Munich University Library, 2013).

69. Chiu, "Effects of Inequality, Family and School on Mathematics Achievement."

70. David Madland and Nick Bunker,"The Middle Class Is Key to a Better-Educated Nation: A Stronger Middle Class Is Associated with Better Educational Outcomes" (Washington, DC: Center for American Progress, 2011).

71. McKinsey & Company,"The Economic Impact of the Achievement Gap in America's Schools" (2009). For more general research on the relationship between educational inequality and economic growth, see Amparo Castelló and Rafael Doménech, "Human Capital Inequality and Growth: Some New Evidence," *Economic Journal* 112, no. 478 (2002): C187–C200; Amparo Castello-Climent, "Channels through which Human Capital Inequality Influences Economic Growth," *Journal Of Human Capital* 4, no. 4 (2010): 394–450.

72. Eric A. Hanushek and Ludger Woessman,"How Much Do Educational Outcomes Matter in OECD Countries?" *Economic Policy* 26, no. 67 (2011): 427–491.

73. Ibid.

74. United Nations, "Development of Health Systems in the Context of Enhancing Economic Growth towards Achieving the Millennium Development Goals in Asia and the Pacific" (2007).

75. Specific figure is from Kwabena Gyimah-Brempon, "Health Human Capital and Economic Growth in Sub-Saharan African and OECD Countries," *Quarterly Review of Economics and Finance* 44, no. 2 (2004): 298–320. For other estimates of the impact of health on the economy, see also David E. Bloom, David Canning, and Jaypee Sevilla, "The Effect of Health on Economic Growth: A Production Function Approach," *World Development* 32, no. 1 (2004): 1–13; Anne Case, Angela Fertig, and Chirstina Paxson, "From Cradle to Grave? The Lasting Impact of Childhood Health and Circumstance," Working Paper 9788 (National Bureau of Economic Research, 2003); Levine and Schanzenbach, "The Impact of Children's Public Health Insurance on Educational Outcomes"; Anne Case and Christina Paxson, "Stature and Status: Height, Ability and Labor Market Outcomes," *Journal of Political Economy* 116, no. 3 (2008): 499–532. Amar A. Hamoudi and Jeffrey D. Sachs "Economic Consequences of Health Status: A Review of the Evidence," Working Paper 30

(Harvard University Center for International Development, 1999); Paolo C. Belli, Fla-vio Bustreo, and Alexander Preker, "Investing in Children's Health: What Are the Economic Benefits?," *Bulletin of the World Health Organization* 83, no. 10 (2005): 777–784; Robert J. Barro, "Health and Economic Growth," *Annals of Economics and Finance* 14, no. 2 (2013): 329–366.

76. For a review, see, for example, Barbara Wolfe, John Mullahy, and Stephanie Robert, "Health, Income, and Inequality: Review and Redirection" (New York: Russell Sage, 2003). For increased income-based differences, see Hilary Waldron, "Trends in Mortality Differentials and Life Expectancy for Male Social Security-Covered Workers, by Socio- economic Status," *Social Security Bulletin* 67, no. 3 (2007): 1–28; Barry P. Bosworth and Kathleen Burke, "Differential Mortality and Retirement Benefits in the Health and Retirement Study" (Washington, DC: Brookings Institution, 2014).

77. Richard Wilkinson and Kate Pickett, "Income Inequality and Population Health: A Review and Explanation of the Evidence," *Social Science and Medicine* 62, no. 7 (2006): 1768–1784; Richard Wilkinson, "Income Distribution and Life Expectancy," *British Medical Journal* 34, no. 6820 (1992): 165–168; G.A. Kaplan and others, "Inequality in Income and Mortality in the United States: Analysis of Mortality and Potential Pathways," *British Medical Journal* 312, no. 7037 (1996): 999–1003; Bruce P. Kennedy, Ichiro Kawachi, and Deborah Prothrow-Stith, "Income Distribution and Mortality: Cross Sectional Ecological Study of the Robin Hood Index in the United States," *British Medical Journal* 312, no. 7037 (1996): 1004–1007; Robert S. Kahn and others, "State Income Inequality, Household Income, and Maternal Mental and Physical Health: Cross Sectional National Survey," *British Medical Journal* 321, no. 7272 (2000): 1311–1315; Tony Blakely and Alistair Woodward, "Income Inequality and Mortality in Canada and the United States: Third Explanation Is Plausible," *British Medical Journal* 321, no. 7275 (2000): 1532–1533; Nancy A. Ross and others, "Relation between Income Inequality and Mortality in Canada and in the United States: Cross Sectional Assessment Using Census Data and Vital Statistics," *British Medical Journal* 320, no. 7239 (2000): 898–902; Susan E. Meter and Ankur Sarin, "Some Mechanisms Linking Economic Inequality and Infant Mortality," *Social Science and Medicine* 60, no. 3 (2005): 439–455; Norman J. Waitzman and Ken R. Smith, "Separate but Lethal: The Effects of Economic Segregation on Mortality in Metropolitan America," *Milbank Quarterly* 76, no. 3 (1998): 341–373; Andrew Steptoe and others, "Depressive Symptoms, Socio-Economic Background, Sense of Control, and Cultural Factors in University Students from 23 Coun- tries," *International Journal of Behavioral Medicine* 14, no. 2 (2007):

97–107.

78. National Research Council of the National Academies, "Explaining Divergent Levels of Longevity in High-Income Countries" (2011).

79. See ibid., figures 1.5 and 1.6.

80. See Steven H. Wolf and Laudan Aron, eds.,"U.S. Health in International Perspective: Shorter Lives, Poorer Health" (Washington, DC: National Academy of Sciences, 2013), esp. figures 1.5 and 1.6.

81. S. Jay Olshanksy and others, "Differences in Life Expectancy Due to Race and Educational Differences Are Widening, and Many May Not Catch Up," *Health Affairs* 31, no. 8 (2012): 1803–1803. For reporting on this, see Monica Potts, "What's Killing Poor White Women?," *American Prospect,* September 3, 2013, http://prospect.org/article/whats-killing- poor-white-women. For a critical take, see John Bound and others, "The Implications of Differential Trends in Mortality for Social Security Policy," Paper for the 16th Annual Joint Meeting of the Retirement Research Consortium, August 7–8, 2014.

82. Josh Zumbrun, "The Richer You Are the Older You'll Get," *Wall Street Journal,* April 18, 2014, http://blogs.wsj.com/economics/2014/04/18/the-richer-you-are-the-older- youll-get/; Barry P. Bosworth, and Kathleen Burke, "Differential Mortality and Retirement Benefits in the Health and Retirement Study" (Washington: Brookings, 2014), www .brookings.edu/research/papers/2014/04/differential-mortality-retirement-benefits-bosworth.

83. Sarah Donahue and others, "Trends in Birth Weight and Gestational Length Among Singleton Term Births in the United States: 1990s," *Obstetrics and Gynecology* 115, no. 2 (2010): 357–364.

84. Angus Deaton, *The Great Escape: Health, Wealth and the Origins of Inequality* (Prince- ton, NJ: Princeton University Press, 2013).

85. For some of the debate, see Wolfe, Mullahy, and Robert, "Health, Income, and Inequality"; Andrew Leigh, Christopher Jencks, and Timothy M. Smeeding, "Health and Economic Equality," in *The Oxford Handbook of Economic Inequality,* ed. Wiemer Salvera, Brian Nolan, and Timothy Smeeding (Oxford: Oxford University Press, 2011); Karen Rowlingston, "Does Income Inequality Cause Health and Social Problems?" (York, UK: Joseph Rowntree Foundation, 2011); Ichiro Kawachi and others, "Social Capital, Income Inequality, and Mortality," *American Journal of Public Health* 87, no. 9 (1997): 1491–1498; Timo- thy M. Smeeding and Peter Gottschalk, "Cross-National Income Inequality: How Great Is It and What Can We Learn from It?," *International Journal of Health Services* 29, no. 4 (1999): 733–741; Leiyu Shi and others, "Income Inequality, Primary Care, and Health Indicators,"

Journal of Family Practice 48, no. 4 (1999): 275–84; S.V. Subramanian and Ichiro Kawachi, "Income Inequality and Health: What Have We Learned So Far?," *Epidemiologic Reviews* 26, no. 1 (2004): 78–91; Peter Lobmayer and Richard G. Wilkinson, "Inequality, Residential Segregation by Income, and Mortality in US Cities," *Journal of Epidemiology and Community Health* 56, no. 3 (2002): 183–187; Jennifer M. Mellor and Jeffrey Milyo, "Income Inequality and Health Status in the United States: Evidence from the Current Population Survey," *Journal of Human Resources* 37, no. 3 (2002): 510–539; Zhuo Chen and Carol Gotway Crawford, "The Role of Geographic Scale in Testing the Income Inequality Hypothesis as an Explanation of Health Disparities," *Social Science and Medicine* 75, no. 6 (2012): 1022–1031; Rand D. Conger and M. Brent Donnellan, "An Interactionist Perspective on the Socioeconomic Context of Human Development," *Annual Review of Psychology* 58, no. 1 (2007): 175–199.

86. For example, a review in 2009 of the debate by Andrew Leigh, an economist at the Australian National University, and his coauthors explained, "Achieving more consensus will require more work with better data and better methods than have been usual in the past." Leigh, Jencks, and Smeeding, "Health and Economic Inequality." Note that this review finds little evidence for a causal relationship, but, as it acknowledges, can't observe long-term Effects. Many of the studies it cites are also subject to the criticism described in this chapter.

87. For international comparisons, see Elise Gould, and Hilary Wething, "U.S. Poverty Rates Higher, Safety Net Weaker Than in Peer Countries" (Washington, DC: Economic Policy Institute, 2012). For trends over time in the United States, see Center on Budget and Policy Priorities, "Chart Book: The War on Poverty at 50" (Washington, DC: Center on Budget and Policy Priorities, 2014); and Elise Gould, Lawrence Mishel, and Heidi Shierholz, "Already More than a Lost Decade" (Washington, DC: Economic Policy Institute, 2013).

88. National Research Council of the National Academies, "Explaining Divergent Levels of Longevity in High-Income Countries."

89. Rowlingston, "Does Income Inequality Cause Health and Social Problems?"

90. As University of Wisconsin economist Barbara Wolfe and her coauthors write, "We suspect that there are complex causal links between income inequality, income level, racial distribution, residential segregation, and social and political decision-making that provide a more complete picture of how and why income and income inequality are related to health." Wolfe, Mullahy and Robert, "Health, Income and Inequality." See also John W. Lynch and others, "Income Inequality and Mortality: Importance to Health of Individual Income, Psychosocial Environment, or Material Conditions,"

British Medical Journal 320, no. 7243 (2000): 1200–1204. In addition, it is important to note that some studies have inconclusive findings because of the methods they use. For example, economic inequality shapes the political environment, and political decisions determine government policies on healthcare and hospital regulations, which in turn affect health outcomes. But studies critical of the direct connection between inequality and health are often designed in a way that makes them likely to miss these kinds of longer-term, indirect impacts. One element of this methodological debate that is not highlighted much in the reviews, such as the one by Wolfe, Mullahy, and Robert, is that the emphasis on certain kinds of statistical methods may be leading some researchers to discount the impact of inequality. For example, Andrew Leigh, Christopher Jencks, and Timothy M. Smeeding, in "Health and Economic Equality," only review estimates that include country and year fixed Effects and ignore other kinds of studies. Yet this may bias them against finding any impact. Some articles on the use of fixed Effects caution that there is no hard and fast rule for using fixed Effects and note that fixed Effects can soak up most of the explanatory power of slowly changing variables such as inequality or political systems. See Nathaniel Beck and Jonathan N. Katz, "Throwing Out the Baby with the Bath Water: A Comment on Green, Kim, and Yoon," *International Organization* 55, no. 2 (2001): 487–495; Nathaniel Beck, "Time-Series Cross-Section Data: What Have We Learned in the Last Few Years?," *Annual Review of Political Science* 4 (2001): 271–293. Further, several very recent studies that attempt to address the data and methodological concerns raised by skeptics provide support for the argument that inequality leads to worse health outcomes. As Naoki Kondo, a professor at the University of Tokyo's Graduate School of Medicine, and her coauthors wrote in an article from 2012, "Studies having higher average income inequality, using more recent data, and incorporating a time lag between income inequality and health outcomes are likely to show a more consistent association between income inequality and poor health." Naoki Kondo and others, "Income Inequality and Health: The Role of Population Size, Inequality Threshold, Period Effects and Lag Effects," *Journal of Epidemiology and Community Health* 66, no. 6 (2012). See also Tse-Chuan Yang and others, "Using Quantile Regression to Examine the Effects of Inequality across the Mortality Distribution in the U.S. Counties," *Social Science and Medicine* 74, no. 12 (2012): 1900–1910; Terese J. Lund and Eric Dearing, "Is Growing Up A uent Risky for Adolescents or Is the Problem Growing Up in an A uent Neighborhood?," *Journal of Research on Adolescence* 23, no. 2 (2013): 267–282; Martin Karlsson, Therese Nilsson, Carl H. Lyttkens, and George Lesson, "Income Ine- quality and Health: Importance of a Cross-Country Perspective," *Social Science & Medi- cine* 70, no. 6 (2010): 875–885; Roberta Torre and Mikko Myrskylä, "Income Inequality and Population Health: A Panel

Data Analysis on 21 Developed Countries," Working Paper 2011–006 (Max Planck Institute for Demographic Research, 2011); Roman Pabayo, Ichiro Kawachui, and Stephen E. Gilman, "Income Inequality among American States and the Incidence of Major Depression" (Boston, MA: Harvard School of Public Health, 2013).

91. National Research Council of the National Academies, "Explaining Divergent Levels of Longevity in High-Income Countries."

92. André van Stel, Martin Carree, and Roy Thurik, "The Effect of Entrepreneurial Activity on National Economic Growth," *Small Business Economics* 24, no. 3 (2005): 311–321; William J. Baumol, "Entrepreneurship and Innovation: The (Micro) Theory of Price and Profit," presented at 2008 American Economic Association Conference (2008); David B. Audretsch, Max C. Keilbach, and Erik E. Lehrman, *Entrepreneurship and Economic Growth* (Oxford: Oxford University Press, 2006); David B. Audretsch, Max C. Keilbach, and Erik E. Lehrman, "The Knowledge Spillover Theory of Entrepreneurship and Economic Growth," *Economia e Politica Industriale* 33, no. 3 (2006): 25–45.

93. Paul A. Geroski, "Entry, Innovation, and Productivity Growth," *Review of Economics and Statistics* 71, no. 4 (1989): 572–578; Stephen J. Nickell, "Competition and Corporate Performance," *Journal of Political Economy* 104, no. 4 (1996): 724–746; Stephen J. Nickell, Daphne Nicolitsas, and Neil Dryen, "What Makes Firms Perform Well?," *European Economic Review* 41, no. 3 (1997): 783–796. The term "creative destruction" is most often identified with the work of economist Joseph Schumpter, who best described his vision of the process in his book *Capitalism, Socialism, and Democracy,* published in 1942. Joseph Schumpter, *Capitalism, Socialism, and Democracy* (New York: Routledge, 1976).

94. John C. Haltiwanger, Ron S. Jarmin, and Javier Miranda, "Who Creates Jobs? Small vs. Large vs. Young," Working Paper 16300 (National Bureau of Economic Research, 2010).

95. Van Stel, Carree, and Thurik, "The Effect of Entrepreneurial Activity." Their results are for wealthy countries like the United States. Similarly, University of Chicago economist Kevin Murphy and his coauthors explain that entrepreneurs "improve the technology in the line of business they pursue, and as a result, productivity and income grow." Kevin M. Murphy, Andrei Shleifer, and Robert W. Vishny, "The Allocations of Talent: Implications for Growth," *Quarterly Journal of Economics* 106, no. 2 (1991): 503–530.

96. For example, measurement of self-employment can capture people who are really just nonstandard employees of a larger firm, rather than entrepreneurs. Similarly, meas- urement of new establishments may reflect not just entrepreneurial

activity, but also new activity by divisions of larger firms.

97. Barry C.Lynn and Lina Khan,"Out of Business: Measuring the Decline of American Entrepreneurship" (Washington, DC: New America Foundation, 2012).

98. Ian Hathaway and Robert E. Litan, "Declining Business Dynamism in the United States: A Look at States and Metros" (Washington, DC: Brookings Institution, 2014). For media accounts of trends, see, for example, Sarah Stodola, "The American Entrepreneur: A Dying Breed?," *Fiscal Times,* May 3, 2012, www. thefiscaltimes.com/Articles/2012/05/03 /The-American-Entrepreneur-A-Dying-Breed; Ben Casselman, "Risk-Averse Culture Infects U.S. Workers, Entrepreneurs," *Wall Street Journal,* June 2, 2013, http://online.wsj .com/article/SB1000142412788 7324031404578481162903760052.html.

99. Lynn and Khan, "Out of Business"; John Haltiwanger, Ron Jarmin, and Javier Miranda, "Business Dynamics Statistics Briefing: Where Have All the Young Firms Gone?" (Kansas City, MO: Kau man Foundation, 2012); Camilo Mondragón-Vélez, "How Does Middle-Class Financial Health Affect Entrepreneurship in America" (Washington, DC: Center for American Progress, forthcoming), comes to similar results. Other analysis shows a decline in self-employment over a longer time period. For example, see David G. Blanchflower, "Entrepreneurship in the United States," Working Paper 3130 (Institute for the Study of Labor, 2007). For evidence on the scale of employee misclassification, a route some large employers have chosen to cut down on healthcare costs and taxes, see Govern- ment Accountability Office, "Employee Misclassification: Improved Coordination, Outreach, and Targeting Could Better Ensure Detection and Prevention" (2009).

100. Haltiwanger, Jarmin, and Miranda, "Business Dynamics Statistics Briefing."

101. Ibid.

102. John Schmitt and Nathan Lane,"An International Comparison of Small Business Employment" (Washington, DC: Center for Economic and Policy Research, 2009). See also David G. Blanchflower, "Entrepreneurship in the United States," *Annals of Finance* 5, nos. 3–4 (2009): 361–396 and Jordan Weissmann, "Think We're the Most Entrepreneurial Country in the World? Not So Fast," *Atlantic,* October 2 2012, www.theatlantic.com/busi-ness/archive/2012/10/think-were-the-most-entrepreneurial-country-in-the-world-not-so-fast/263102/.

103. In addition to the citations previously mentioned, see Jose Ernesto Amoros and Niels Bosma, "Global Entrepreneurship Monitor: 2013 Global Report" (Global Entrepreneurship Monitor, 2014), www.gemconsortium.org/docs/download/3106. Similarly, the Organisation for Economic Co-Operation and Development,

“Entrepreneurship at a Glance 2013” (2013), finds that the United States fares fairly well in new enterprise crea- tions, but is near the bottom in the percentage of its workforce employed by very small businesses.

104. For literature on the correlates of entrepreneurship, see David G. Blanchflower, “Self-Employment in OECD Countries,” *Labour Economics* 7, no. 5 (2000): 471–505; Mon- dragón-Vélez, “How Does Middle-Class Financial Health Affect Entrepreneurship in America”; Heather Boushey and Adam Hersh, “Middle Class Series: The American Mid- dle Class Series, Income Inequality, and the Strength of Our Economy: New Evidence in Economics” (Washington, DC: Center for American Progress, 2012); Stanley Cromie, “Assessing Entrepreneurial Inclinations: Some Approaches and Empirical Evidence,” *European Journal of Work and Organizational Psychology* 9, no. 1 (2000): 7–30. And for an alternative argument on the decline of entrepreneurship, see explanations offered by Scott Shane in Stodola, “The American Entrepreneur.” But note that part of his explanation— rising healthcare costs—is related to the financial weakness of the middle class. And for additional alternative explanations, see Casselman, “Risk-Averse Culture Infects U.S. Workers, Entrepreneurs.”

105. Lori Ioannou,“Small Business Still Reeling from Credit Crunch,” *CNBC,* September 5, 2013, www.cnbc.com/id/101009116; Ami Kassar, “The State of Small-Business Lending,” *New York Times,* January 8, 2013, http://boss.blogs.nytimes.com/2013/01/08/the- state-of-small-business-lending/?_r = 0. Note that some in the banking industry argue that there is no lack of supply when it comes to loans for small businesses, but others contend that while this may be true for more established and middle-sized firms, credit avail- ability is still lacking for very small businesses and start-ups. See J.D. Harrison, “Bankers, Business Owners O er Starkly Different Takes on Loan Availability,” *Washington Post,* June 11, 2013, http://articles.washingtonpost.com/2013–06–11/business/39910264_1_bank-loan-lending-jeanne-hulit.

106. David S. Evans and Boyan Jovanovic, “An Estimated Model of Entrepreneurial Choice under Liquidity Constraints,” *Journal of Political Economy* 97, no. 4 (1989): 808–827; Frank H. Knight, *Risk, Uncertainty and Profit* (Chicago: University of Chicago Press, 1921); Blanchflower, “Entrepreneurship in the United States”; Robert W. Fairlie and Harry A. Krashinsky, “Liquidity Constraints, Household Wealth, and Entrepreneurship Revisited,” *Review of Income and Wealth* 58, no. 2 (2012): 279–306; Robert Shiller, *Macro Markets: Creating Institutions for Managing Society’s Largest Economic Risks* (Oxford: Clarendon Press, 1993). See also the results in Alicia Robb and E.J. Reedy, “An Overview of the Kau man Firm

Survey: Results from 2009 Business Activities" (Kansas City, MO: Ewing Marion Kauman Foundation, 2011). Finally, note that Samuel Bowles, *Microeconomics: Behavior, Institu- tions and Evolution* (Princeton, NJ: Princeton University Press, 2004), argues that those with higher levels of wealth also get better terms on their loans.

107. FranciscoJ.Buera,"ADynamicModelofEntrepreneurshipwithBorrowing Con-straints: Theory and Evidence," *Annals of Finance* 5, no. 3 (2009): 443–464; Camilo Mondragón-Vélez, "The Probability of Transition to Entrepreneurship Revisited: Wealth, Education and Age," *Annals of Finance* 5, no. 3 (2009): 421–441; Camilo Hernan Mondragon, "Entrepreneurship, Human Capital and Wealth," mimeo (Georgetown University, 2007); Mondragón-Vélez, "How Does Middle-Class Financial Health Affect Entrepreneurship in America." Note also that Evans and Jovanovic, "An Estimated Model of Entrepreneurial Choice under Liquidity Constraints," find that wealth has diminishing returns for promoting entrepreneurship, though they do not elaborate on their finding.

108. Buera, "A Dynamic Model of Entrepreneurship."

109. Mondragón-Vélez, "The Probability of Transition to Entrepreneurship Revis- ited." See also Mondragón-Vélez, "How Does Middle-Class Financial Health Affect Entrepreneurship in America."

110. Vivek Wadhwa and others, "Anatomy of an Entrepreneur: Family Background and Motivation" (Kansas City, MO: Ewing Marion Kau man Foundation, 2009).

111. Mondragón-Vélez, "How Does Middle-Class Financial Health Affect Entrepreneurship in America." For more anecdotal evidence that middle-class incomes and debt are harming entrepreneurship, see Meera Louis, "Student Debt Puts Young Entrepreneurs on Hold," *Business Insider,* June 20, 2013, www.businessweek.com/articles/2013–06–20 /student-debt-puts-young-entrepreneurs-on-hold; Meera Louis, "$1 Trillion Debt Crushes Business Dreams of U.S. Students," *Bloomberg,* June 6, 2013, www.bloomberg.com /news/2013–06–06/-1-trillion-debt-crushes-business-dreams-of-u-s-students.html.

112. Barry C. Lynn and Lina Khan, "The Slow-Motion Collapse of American Entre- preneurship," *Washington Monthly,* July/August 2012, http://newamerica.net/node/69385.

113. For example, the evidence presented in Barry C. Lynn and Lina Khan, "Out of Business: Measuring the Decline of American Entrepreneurship" (Washington, DC: New America Foundation, 2012); Hathaway and Litan, "Declining Business Dynamism in the United States"; and Haltiwanger, Jarmin, and Miranda, "Business

Dynamics Statistics Briefing" all show a slight increase in entrepreneurship in the early 2000s, but long-term downward trends.

114. Atif Mian and Amir Sufi,"House Prices,Home Equity-Based Borrowing, and the U.S. Household Leverage Crisis," *American Economic Review* 101, no. 5 (2011): 2132–2156.

115. For information on entrepreneurs generally having higher levels of education, see Mondragón-Vélez, "The Probability of Transition to Entrepreneurship Revisited."

116. Sanjay Goel and Ranjan Karri, "Entrepreneurs, Effectual Logic,and Over-Trust," *Entrepreneurship Theory and Practice* 30, no. 4 (2006): 477–493; Marko Kohtamäki, Tauno Kekäle, and Riitta Viitala, "Trust and Innovation: from Spin-O Idea to Stock Exchange," *Creativity and Innovation Management* 13, no. 2 (2004): 75–88; Friederike Welter and others, "Trust Environments and Entrepreneurial Behavior—Exploratory Evidence from Estonia, Germany, and Russia," *Journal of Enterprising Culture* 12, no. 4 (2004): 327–349; David Smallbone and Fergus Lyon, "A Note on Trust, Networks, Social Capital, and Entrepreneurial Behavior," Working Paper 37 (Forschungsstelle Osteuropa, 2002).

117. Lynn and Khan, "The Slow-Motion Collapse of American Entrepreneurship." See also Barry C. Lynn, "Killing the Competition: How the New Monopolies Are Destroying Open Markets," *Harper's,* February 2012, http://harpers.org/archive/2012/02 /killing-the-competition/?single = 1; Stodola, "The American Entrepreneur."

118. Of course, other factors are at work as well, including the influence of Robert Bork. Dylan Matthews, "Antitrust Was Defined by Robert Bork: I Cannot Understate His Influence," *Washington Post,* December 20, 2012, www.washingtonpost.com/blogs /wonkblog/wp/2012/12/20/antitrust-was-defined-by-robert-bork-i-cannot-overstate-his- influence/.

119. Robert W. Fiarlie, Kanika Kapur, and Susan M. Gates, "Is Employer-Based Health Insurance a Barrier to Entrepreneurship?," Working Paper 637 (Rand Corporation, 2010); David Leonhardt, "Opposition to Health Law Is Steeped in Tradition," *New York Times,* December 14, 2010, www.nytimes.com/2010/12/15/business/economy/15leonhardt. html.

120. Herbert McClosky and John Zaller, *The American Ethos: Public Attitudes toward Capitalism and Democracy* (Cambridge, MA: Harvard University Press, 1984); Seymour Martin Lipset, *American Exceptionalism: A Double-Edged Sword* (New York: W. W. Norton, 1996).

121. For information on Steven Jobs,see Edwin J. Feulner,"How Did Steve

Jobs Represent American Exceptionalism?," *Heritage Foundation,* October 6, 2011, www.askheritage.org /how-did-steve-jobs-represent-american-exceptionalism/; Cavan Sieczkowski, "Steve Jobs: Innovation, Capitalism, and the American Dream," *International Business Times,* Octo- ber 12, 2011, www.ibtimes.com/steve-jobs-innovation-capitalism-american-dream-322991. For more on the more modest American Dream, see Sandra L. Hanson and John Zogby, "The Polls—Trends: Attitudes about the American Dream," *Public Opinion Quarterly* 74, no. 3 (2010): 570–584. See alsOfficelinda Lake and others, "Findings from a Survey of Registered Voters" (Washington, DC: Lake Research Partners, 2007); Carol Morello, Peyton M. Craighill, and Scott Clement, "Portrait of the American Dream," *Washington Post,* Septem- ber 28, 2013, www.washingtonpost.com/local/portraits-of-the-american-dream/2013/09/28 /d13eb892–289c-11e3-bae5-e0807a60a6aa_graphic.html; Sarah Robinson, "Talking about the American Dream: Drew Westen and Celinda Lake," *Campaign for America's Future Blog,* Octo- ber 4, 2011, http://ourfuture.org/20111004/Talking_About_the_American_Dream_Drew_ Westen_and_Celinda_Lake.

122. James T. Adams, *The Epic of America* (Piscataway, NJ: Little, Brown, 1931).

123. Tom Hertz, "Understanding Mobility in America" (Washington: Center for American Progress, 2006), www.americanprogress.org/wp-content/uploads/issues/2006 /04/Hertz_MobilityAnalysis.pdf.

124. Greenstone and others, "Thirteen Economics Facts on Social Mobility and the Role of Education."

125. Daniel Aaronson and Bhash Mazumder, "Intergenerational Economic Mobility in the U.S., 1940 to 2000," Working Paper 2005–12 (Federal Reserve Bank of Chicago, 2005); Bhashkar Mazumder, "Is Intergenerational Economic Mobility Lower Now Than in the Past?" (Chicago: Federal Reserve Bank of Chicago, 2012); David I. Levine and Bhashkar Mazumder, "Choosing the Right Parents: Changes in the Intergenerational Transmission of Inequality—between 1980 and the Early 1990s," Working Paper 2002–08 (Federal Reserve Bank, 2002); for additional estimates, see Gary Solon, "Intergenerational Income Mobility in the United States," *American Economic Review* 82, no. 3 (1992): 393–408; Bhashkar Mazumder, "Fortunate Sons: New Estimates of Intergenerational Mobility in the United States Using Social Security Earnings Data," *Review of Economics and Statistics* 87, no. 2 (2005): 235–255. Bhashkar Mazumder and David I. Levine, "The Growing Importance of Family and Community: An Analysis of Changes in the Sibling Correlation in Earnings," Working Paper 2003–24 (Federal Reserve

Bank of Chicago, 2003); Bashkhar Mazumder "Sibling Similarities and Economic Inequality in the US," *Journal of Population Economics* 21, no. 3 (2008): 685–701.

126. Raj Chetty, Nathaniel Hendren, Patrick Kline, Emmanuel Saez, and Nicholas Turner, "Is the United States Still a Land of Opportunity? Recent Trends in Intergenerational Mobility," Working Paper 19844 (National Bureau of Economic Research, 2014).

127. Alan B. Krueger, "The Rise and Consequences of Inequality in the United States," speech, Washington, DC, January 12, 2012. Note also that Mazumder, "Sibling Similarities and Economic Inequality in the United States," found that income is "inherited" to an even greater degree than height. Though see also Bruce Sacerdote, "How Large Are the Effects from Changes in Family Environment? A Study of Korean Ameri- can Adoptees," *Quarterly Journal of Economics* 122, no. 1 (2007): 119–157.

128. Daniel P. McMurrer, Mark Condon, and Isabel V. Sawhill, "Intergenerational Mobility in the United States" (Washington, DC: Urban Institute, 1997). But for a different take, see Gregory Mankiw, "Defending the One Percent," *Journal of Economic Perspectives* 27, no. 3 (2013): 21–34. Note also that even if the amount of inherited ability to have a high income is higher than these estimates, the point remains that a significant degree of income inheritance is not due to abilities.

129. See, for example, Hertz, "Understanding Mobility in America"; Miles Corak, "Do Poor Children Become Poor Adults? Lessons from a Cross Country Comparison of Generational Earnings Mobility," Working Paper 1993 (Institute for the Study of Labor, 2006); Miles Corak, "Chasing the Same Dream, Climbing Different Ladders: Economic Mobility in the United States and Canada" (Washington, DC: Economic Mobility Project, 2010); Jo Blanden, "Cross-Country Rankings in Intergenerational Mobility: A Compari- son of Approaches from Economics and Sociology," *Journal of Economic Surveys* 27, no. 1 (2013): 38–73.

130. Jason DeParle, "Harder for Americans to Rise From Lower Rungs," *New York Times,* January 4, 2012, www.nytimes.com/2012/01/05/us/harder-for-americans-to-rise- from-lower-rungs.html.

131. For a summary of these studies, see ibid.

132. See, for example, Miles Corak, "How to Slide Down the 'Great Gatsby Curve'" (Washington, DC: Center for American Progress, 2012); Esping-Andersen, "Equal Oppor- tunities in an Increasingly Hostile World."

133. In addition to those cited, see, for example, Dan Andrews and Andrew Leigh, "More Inequality, Less Social Mobility," *Applied Economics Letters* 16,

no. 15 (2009): 1489–1492; Aaronson and Mazumder, "Intergenerational Economic Mobility in the U.S., 1940 to 2000."

134. Organisation for Economic Co-Operation and Development, "Divided We Stand: Why Inequality Keeps Rising" (2011).

135. Corak, "How to Slide Down the 'Great Gatsby Curve.'"

136. Raj Chetty, Nathaniel Hendren, Patrick Kline, and Emmanuel Saez, "Where Is the Land of Opportunity? The Geography of Intergenerational Mobility in the United States," Working Paper 19843 (National Bureau of Economic Research, 2014). See also Ben Olinsky and Sasha Post, "Middle-Out Mobility: Regions with Larger Middle Classes Have More Economic Mobility" (Washington: Center for American Progress, 2013).

137. As University of Michigan economist Justin Wolfers has written, the Great Gatsby curve "will launch a thousand papers, as economists try to sort out just what these linkages are." Justin Wolfers, "Is Higher Income Inequality Associated with Lower Intergenerational Mobility?," *Freakonomics Blog,* January 1, 2012,http://freakonomics.com/2012/01/19/is-higher- income-inequality-associated-with-lower-intergenerational-mobility/. Note that some such as Scott Winship maintain that the data do not show or show only a very weak relationship between inequality and mobility. But his critiques have been rebutted on numerous occasions, including in Miles Corak, "The Economics of the Great Gatsby Curve," *Miles Corak Blog,* January 17, 2012, http://milescorak.com/2012/01/17/the-economics-of-the-great-gatsby-curve/; and Carter C. Price, "A Mathematical Response to Scott Winship's Analysis of The Great Gatsby Curve" (Washington, DC: Washington Center for Equitable Growth, 2014), http://equitablegrowth.org/2014/01/23/a-mathematical-response-to-scott-winships- analysis-of-the-great-gatsby-curve/.

138. See, for example, John E. Roemer, "Equal Opportunity and Intergenerational Mobility: Going beyond Intergenerational Income Transition Matrices," in *Generational Income Mobility in North America and Europe,* ed. Miles Corak (New York: Cambridge University Press, 2004). See also Murray, *Coming Apart;* Corak, "How to Slide Down the 'Great Gatsby Curve'"; Jo Blanden, "Cross-Country Rankings in Intergenerational Mobility"; DeParle, "Harder for Americans to Rise From Lower Rungs"; Mazumder, "Sibling Simi- larities and Economic Inequality in the United States."

139. Note that Lane Kenworthy argues that government policy is likely behind much of the relationship between inequality and mobility, finding that the overall relationship is weaker if the Nordic countries are not included in comparisons. Lane Kenworthy, "Inequality, Mobility, Opportunity," *Lane Kenworthy Blog,* January 31,

2012, http://lanekenworthy .net/2012/01/31/inequality-mobility-opportunity/. There is reason to doubt that government policy is the only thing that matters because inequality harms many of the channels of mobility, as discussed in this chapter; but even if government policy were the primary driver of mobility, inequality shapes government policy, as discussed at length in chapter 3.

140. Note that while there is some debate about Head Start's long-run impact on mobility, a significant body of research indicates it has a positive Effect. See, for example, Chloe Gibbs, Jens Ludgwig, and Douglas L. Miller, "Does Head Start Do Any Lasting Good?," Working Paper 17452 (National Bureau of Economic Research, 2011); David Deming, "Early Childhood Intervention and Life-Cycle Skill Development: Evidence from Head Start," *American Economic Journal: Applied Economics* 1, no. 3 (2009): 111–134; Jens Ludwig and Douglas L. Miller, "Does Head Start Improve Children's Life Chances? Evidence from a Regression Discontinuity Design," Working Paper 11702 (National Bureau of Eco- nomic Research, 2005); Eliana Garces, Duncan Thomas, and Janet Currie, "Longer-Term Effects of Head Start," *American Economic Review* 92, no. 4 (2002): 999–1012.

141. See Adam Carasso, Gillian Reynolds, and C. Eugene Steuerle, "How Much Does the Federal Government Spend to Promote Economic Mobility and for Whom?" (Washington, DC: Pew Research, 2008), figure 7. Note that spending on tax breaks (as opposed to direct government spending) to promote mobility has increased since 1980, but these tax breaks overwhelmingly benefit more a ucnt households, rather than lower- and middle- income families, as explained in chapter 3.

142. Ibid. Note that there are no o cial measures of mobility spending, so it is fair to quibble with some of their categories, but the differences are so stark that the results won't change.

143. Corak, "How to Slide Down the 'Great Gatsby Curve.'"

144. Pew/Greenberg Quinlan Rosner Research, "Pew Economic Mobility Survey, January 27-February 8, 2009" (2009).

145. Melvin M.Tumin, "Some Principles of Stratification," *American Sociological Review* 18, no. 4 (1953): 387–394.

146. Organisation for Economic Co-Operation and Development, *Divided We Stand*. For a more theoretical examination, see, for example, Tumin, "Some Principles of Stratification."

147. See, for example, Gall, Legros, and Newman, "A Theory of Re-Match and Aggregate Performance"; Ann L. Owen and David N. Weil, "Intergenerational Earnings Mobility, Inequality and Growth," *Journal of Monetary Economics*

41, no. 1 (1998): 71–104; Richard Breen, "Inequality, Economic Growth and Social Mobility," *British Journal of Sociology* 48, no. 3 (1997): 429–449; Roland Benabou, "Heterogeneity, Stratification, and Growth," *American Economic Review* 86, no. 3 (1996): 584–609; Oded Galow and Daniel Tsid- don, "Technological Progress, Mobility, and Economic Growth," *American Economic Review* 87, no. 3 (1997): 363–382.

148. Chaing-Tai Hseih and others, "The Allocation of Talent and U.S. Economic Growth," Working Paper 18693 (National Bureau of Economic Research, 2013).

149. Ibid.

150. Paul Krugman, "Inequality Is a Drag," *New York Times,* August 7, 2014, www .nytimes.com/2014/08/08/opinion/paul-krugman-inequality-is-a-drag.html.

chapter six

1. For detailed policy agendas to rebuild the middle class, see, among others, David Madland, "Making Our Middle Class Stronger: 35 Policies to Revitalize America's Middle Class" (Washington, DC: Center for American Progress, 2012); Karla Walter and others, "States at Work: Progressive State Policies to Rebuild the Middle Class" (Washington, DC: Center for American Progress, 2013); Jennifer Erickson and Michael Ettlinger, "300 Million Engines of Growth: A Middle-Out Plan for Jobs, Business, and a Growing Economy" (Washington, DC: Center for American Progress, 2013); Jennifer Erickson, "The Middle-Class Squeeze" (Washington, DC: Center for American Progress, 2014); Josh Bivens and Lawrence Mishel, "The Pay of Corporate Executives and Financial Professional as Evidence of Rents in Top 1 Percent Incomes," *Journal of Economic Perspectives* 27, no. 3 (2013): 57–78; Michael Kumhof and Romain Rancière, "Leveraging Inequality," *Finance and Development* 4, no. 47 (2010): 28–31; Trade Union Congress, "How to Boost the Wage Share" (2013); Robert Kuttner, "The Task Rabbit Economy," *American Prospect,* October 10, 2013, http://prospect.org/article/task-rabbit-economy; Jacob S. Hacker and Nate Leowentheil, "Prosperity Economics: Building an Economy for All" (Washington, DC: Economic Policy Institute, 2012); Eric Liu and Nick Hanauer, "The True Origins of Prosperity," *Democracy: A Journal of Ideas* 29 (2013): 10–17; Thomas Kochan, "The American Jobs Crisis and Implications for Employment Policy: A Call for a Jobs Compact," *Industrial &*

Labor Relations Review 66, no. 2 (2013): 291; Dean Baker, *The Loser End of Liberalism* (Washington, DC: Center for Economic and Policy Research, 2011); Samuel Bowles, *The New Eco- nomics of Inequality and Redistribution* (New York: Cambridge University Press, 2012).

2. For a synopsis of theories that emphasize skill-biased technological change, globalization, and superstar incomes, see Paul Krugman, "For Richer," *New York Times,* October 20, 2002, www.nytimes.com/2002/10/20/magazine/for-richer.html. For examples of analyses that emphasize these factors to a strong degree, see Sherwin Rosen, "The Economics of Superstars," *American Economic Review* 71, no. 5 (1981): 845–858; Florence Jaumotte, Subir Lall, and Chris Papageorgiou, "Rising Income Inequality: Technology, or Trade and Financial Globalization?," *IMF Economic Review* 61, no. 2 (2013): 271–309; David Leonhart, "Standard of Living Is in the Shadows as Election Issue," *New York Times,* October 23, 2012, www.nytimes.com/2012/10/24/us/politics/race-for-president-leaves- income-slump-in-shadows.html?ref = politics&_r = 2&.

3. David Leonhardt and Kevin Quealy, "The American Middle Class Is No Longer the World's Richest," *New York Times,* April 22, 2014, www.nytimes.com/2014/04 /23/upshot/the-american-middle-class-is-no-longer-the-worlds-richest.html?_r = 0. See also Glenn Phelps and Steve Crabtree, "Worldwide Median Household Income about $10,000,"*Gallup,*December16,2013,www.gallup.com/poll/166211/worldwide-median-household- income-000.aspx.

4. According to a report by the OECD from 2011, growth in real median income in the United States lagged behind that of many other nations between the mid-1980s and the mid-2000s, including Norway, Finland, Sweden, and the Netherlands, among others. See Organisation for Economic Co-Operation and Development, "Society at a Glance 2011: OECD Social Indicators" (2011), figure GE1.1.

5. John Schmitt, "Low-Wage Lessons" (Washington, DC: Center for Economic and Policy Research, 2012).

6. Facundo Alvaredo and others, "The Top 1 Percent in International and Historical Perspective," *Journal of Economic Perspectives* 27, no. 3 (2013): 3–20. Note that other measures of inequality show similar patterns of inequality rising less in other advanced countries. For example, see Organisation for Economic Co-Operation and Development, "An Overview of Growing Income Inequalities in OECD Countries: Main Findings" (2011). Note also that some countries have reduced inequality. See, for example, Nora Lustig, Luis F. Lopez-Calva, and Eduardo Ortiz-Juarez, "Declining Inequality in Latin America in the 2000s: The

Cases of Argentina, Brazil and Mexico," *World Development* 44 (2013): 129–141.

7. Note that this stat refers to pretax income. Organization for Economic Co-Operation and Development, "Focus on Top Incomes and Taxation in OECD Countries: Was the Crisis a Game Changer?" (2014).

8. Alvaredo and others, "The Top 1 Percent."

9. Allstate/National Journal, "Heartland Monitor Poll XVI" (2013).

10. "Poll: United We Stand on Wealth Gap," *USA Today,* January 23, 2014, www.usatoday.com/story/news/nation/2014/01/23/pew-poll-obama-wealth-gap-sotu/4777385/.

11. See, for example, Timothy Noah, "Can Bill Clinton Defend His Record on Inequality," MSNBC, May 2, 2014, www.msnbc.com/msnbc/bill-clinton-defends-his-record; and Jim Lindgren, "If We Want More Income Equality, Should We Return to the Economy of George W. Bush?," *Washington Post,* January 28, 2014, figure 2, www.washingtonpost. com/news/volokh-conspiracy/wp/2014/01/28/if-we-want-more-income-equality-should-we-return-to-the-economy-of-george-w-bush/.

12. Alex DeMots, "How to Address Corporate Political Spending" (Washington, DC: Center for American Progress, 2010); Bill Corriher, "Campaign Finance Laws Fails as Corporate Money Floods Judicial Races" (Washington, DC: Center for American Progress, 2013); Azmat Khan, "What's the Future for Campaign Finance Reform?," *Frontline,* November 19, 2012, www.pbs.org/wgbh/pages/frontline/government-elections-politics/big-sky- big-money/whats-the-future-for-campaign-finance-reform/; Michael Beckel, "After 'Citizens United,' Is Constitutional Amendment Needed?," *Center for Public Integrity,* May 23, 2013, www.publicintegrity.org/2012/05/23/8941/after-citizens-united-constitutional-amendment-needed; *Amendment to the Constitution of the United States Relating to Contributions and Expenditures Intended to Affect Elections,* S.J. Res. 29, 112 Cong., 1 sess. (Government Print- ing Office, 2011).

13. Scott Keyes and others, "Voter Suppression 101" (Washington, DC: Center for American Progress, 2012); Scott Keyes, "Strengthening Our Democracy by Expanding Voter Rights" (Washington, DC: Center for American Progress, 2012); Norman J. Ornstein, "No Need for Election Holiday; Vote on the Weekend," *New York Times,* May 8, 3013, www .nytimes.com/roomfordebate/2013/02/17/which-holidays-should-government-recognize /election-day-should-be-on-the-weekend.

14. Juliana Herman, Sasha Post, and Scott O'Halloran, "The United States Is Far Behind Other Countries on Pre-K" (Washington, DC: Center for American Progress, 2013); Cyntia G. Brown and others, "Investing in Our Children" (Washington, DC: Center for American Progress, 2013).

15. Brown and others, "Investing in Our Children"; Sarah Jane Glynn, Jane Farrell, and Nancy Wu, "The Importance of Preschool and Child Care for Working Mothers" (Washington, DC: Center for American Progress, 2013).

16. Sarah Jane Glynn,"Working Parents Lack of Access to Paid Leave and Workplace Flexibility" (Washington, DC: Center for American Progress, 2012).

17. John Grith, "Time to Make an O er FHFA Can't Refuse" (Washington, DC: Center for American Progress, 2012); John Gri th and Jordan Eizenga, "Sharing the Pain and Gain in the Housing Market" (Washington, DC: Center for American Progress, 2012); Sarah Edelman and Julia Gordon, "Why the Nation's Housing Market Needs Mel Watt" (Washington, DC: Center for American Progress, 2013).

18. Atif Mian and Amir Sufi, *House of Debt:How They (and You)Caused the Great Recession, and How We Can Prevent It from Happening Again* (Chicago: University of Chicago Press, 2014).

19. Sarah Audelo and Gurwin Ahuja, "Refinancing Student Loans 101" (Washington, DC: Generation Progress, 2014).

20. David Madland, "Making Our Middle Class Stronger"; David Madland and Karla Walter, "Growing the Wealth" (Washington, DC: Center for American Progress, 2013).

21. Joseph Blasi, Richard Freeman, and Douglas Kruse, "Do Workers Gain by Sharing? Employee Outcomes under Employee Ownership, Profit Sharing and Broad Based Stock Options," in *Shared Capitalism at Work: Employee Ownership, Profit and Gain Sharing, and Broad-Based Stock Options,* ed. Douglas L. Kruse, Richard B. Freeman, and Joseph R. Blasi (Chicago: National Bureau of Economic Research, 2010); Robert Buchele and others, "Show Me the Money: Does Shared Capitalism Share the Wealth?," in Kruse, Freeman, and Blasi, *Shared Capitalism at Work;* Joseph Blasi and Douglas Kruse, "Employee Ownership, Employee Attitudes and Firm Performance: A Review of the Evidence," in *Handbook of Human Resources Management,* ed. Daniel Mitchell, David Lewin, and Mahmood Zaidi (Greenwich, CT: JAI Press, 1997); Rhokeun Park, Douglas Kruse, and James Sesil, "Does Employee Ownership Enhance Firm Survival?," in *Employee Participation, Firm Performance and Survival: Advances in the Economic Analysis of Participatory and Labor Managed Firms,* vol. 8, ed. Virginie Perotin and Andrew Robinson (Greenwich, CT: JAI Press, 2004); Margaret Blair, Douglas Kruse, and Joseph Blasi, "Is Employee Ownership an Unstable Form or a Stabilizing Force?," in *New Relationship: Human Capital and the American Corporation,* ed. Thomas Kochan and Margaret Blair (Washington, DC: Brookings Institution, 2000); Douglas Kruse, "Research Evidence on the Prevalence and Effects of Employee

Ownership," testimony before the Subcommittee on Employer-Employee Relations, House Committee on Education and the Workforce, February 13, 2002, www.ownershipassociates.com/kruse .shtm; Eric Kaarsemaker, "Employee Ownership and Human Resources Management: A Theoretical and Empirical Treatise with a Digression on the Dutch context," PhD diss., Radbound University, 2006; Steven F. Freeman, "Effects of ESOP Adoption and Employee Ownership: Thirty Years of Research and Experience," Working Paper 07–01 (University of Pennsylvania, 2007); Douglas Kruse, Joseph Blasi, and Richard Freeman, "Does Link- ing Worker Pay to Firm Performance Help the Best Firms Do Even Better?," Working Paper 17745 (National Bureau for Economic Research, 2012).

22. For examples of some similar proposals that seek to expand national service, see Stanley McChrystal, "Lincoln's Call to Service—and Ours: A Proposal That Would Help Young Americans Understand That Civic Duty Is Not Restricted to the Military," *Wall Street Journal,* May 29, 2013; Shirley Sagawa and John Bridgeland, "National Service 2.0," *Hu ngton Post,* June 25, 2013, www.hu ngtonpost.com/shirley-sagawa/national-service- 20_b_3490919.html; Shirley Sagawa, "Serving America: A National Service Agenda for the Next Decade" (Washington, DC: Center for American Progress, 2007); Aspen Institute's Franklin Project, "A 21st Century National Service System: Plan of Action" (2013). For more on the GI Bill and its Effect on higher education, see Suzanne Mettler, *Soldiers to Citizens: The G.I. Bill and the Making of the Greatest Generation* (New York: Oxford University Press, 2005); John Bound and Sarah Turner, "Going to War and Going to College: Did World War II and the G.I. Bill Increase Educational Attainment for Returning Veterans?," *Journal of Labor Economics* 20, no. 4 (2002): 784–815; Marcus Stanley, "College Education and the Midcentury GI Bills," *Quarterly Journal of Economics* 118, no. 2 (2003): 671–708.

23. John Schmitt, "The Minimum Wage is Too Damn Low" (Washington, DC: Center for Economic and Policy Research, 2012); John Schmitt, "Minimum Wage: Catch- ing Up to Productivity," *Democracy: A Journal of Ideas* 29 (Summer 2013): 35–39.

24. For information on how frequently labor laws are violated, see, among others, National Employment Law Project, "Broken Laws, Unprotected Workers: Violations of Employment and Labor Laws in America's Cities" (2009).

25. For more information on this proposal, see Madland, "Making Our Middle Class Stronger." For more on enforcement, see David Madland and Karla Walter, "Enforcing Change" (Washington, DC: Center for American Progress Action Fund, 2008).

26. David Madland and Karla Walter, "The Employee Free Choice Act 101: A Primer and a Rebuttal" (Washington, DC: Center for American Progress Action Fund, 2009); David Madland and Karla Walter, "The Bottom Line in Labor Law Negotiations" (Wash- ington, DC: Center for American Progress Action Fund, 2009).

27. For a summary of the problems with current law that prevent workers from being able to join unions, see Madland, "Making Our Middle Class Stronger."

28. For some ideas about how to modernize union law, see, for example, Madland, "Making Our Middle Class Stronger." See also Rich Yeselson, "Fortress Unionism," *Democ- racy: A Journal of Ideas* 29 (Summer 2013): 68–81; Stephen Lerner, "Hope, Love and Strategy in the Time of the Zombie Apocalypse," *Truthout,* April 14, 2013, http://truth-out.org/opinion /item/15610-hope-love-and-strategy-in-the-time-of-the-zombie-apocalypse; Janice Fine, "Why Labor Needs a Plan B: Alternatives to Conventional Trade Unionism," *New Labor Forum* 16, no. 2 (2007): 35–44. For an example of a type of union policy that can benefit both firms and workers, see the description of work councils in David Madland, "Labor and Management Working Together" (Washington, DC: Center for American Progress, 2013). See also this description of how unions are more integrated into the business arrangements of firms in Germany, for example, Knut Panknin, "Germany's Lessons for a Strong Economy" (Washington, DC: Center for American Progress, 2012).

29. Richard B. Freeman and James L. Medo , *What Do Unions Do?* (New York: Basic Books, 1984); Barry T. Hirsch and Edward J. Schumacher, "Union Wages, Rents, and Skills in Health Care Labor Markets," *Journal of Labor Research* 19, no. 1 (1998): 125–147; Lawrence Mishel and Matthew Walters, "How Unions Help All Workers" (Washington, DC: Economic Policy Institute, 2003); Robert Johansson and Jay Coggins, "Union Density Effects in the Supermarket Industry," *Journal of Labor Research* 23, no. 4 (2002): 673–684.

30. For a review of this, see David Madland, Karla Walter, and Nick Bunker, "Unions Make the Middle Class" (Washington, DC: Center for American Progress Action Fund, 2011).

31. David Madland and Nick Bunker,"Unions Make Democracy Work for the Middle Class" (Washington, DC: Center for American Progress Action Fund, 2012).

32. See, for example, Vincent A. Mahler, David K. Jesuit, and Piotr R. Paradowski, "The Political Sources of Government Redistribution in the Developed World: A Focus on the Middle Class," presented at Inequality and the Status of the Middle Class: Lessons from the Luxembourg Income Study Conference (2010);

Jonas Pontusson, David Rueda, and Christopher Way, "Comparative Political Economy of Wage Distribution: The Role of Partisanship and Labour Market Institutions," *British Journal of Political Science* 32, no. 2 (2002): 281–308; Richard Freeman, "Labor Market Institutions around the World," Discussion Paper 844 (Centre for Economic Performance, 2008).

33. David Madland and Keith Miller, "Middle Classes Are Stronger in States with Greater Union Membership" (Washington, DC: Center for American Progress Action Fund, 2013).

34. In addition to studies discussed in this section, see Madland, Walter, and Bunker, "Unions Make the Middle Class." See also David Jacobs and Lindsey Myers, "Union Strength, Neoliberalism, and Inequality: Contingent Political Analyses of U.S. Income Differences since 1950," American Sociological Review, June 9, 2014.

35. Bruce Western and Jake Rosenfeld, "Unions, Norms, and the Rise in American Earnings Inequality," *American Sociological Review* 76, no. 4 (2011): 513–537.

36. Daron Acemoglu and James Robinson, "Economics versus Politics: Pitfalls of Pol- icy Advice," *Journal of Economic Perspectives* 27, no. 2 (2013): 173–192.

37. For a summary of this literature, see Freeman and Medo , *What Do Unions Do?*

38. Acemoglu and Robinson, "Economics versus Politics."

39. For a review of the literature on the potential impacts of raising the minimum wage, see T. William Lester, David Madland, and Nick Bunker, "An Increased Minimum Wage Is Good Policy Even during Hard Times" (Washington, DC: Center for American Progress Action Fund, 2011); T. William Lester, David Madland, and Nick Bunker, "The Facts on Raising the Minimum Wage When Unemployment Is High" (Washington, DC: Center for American Progress Action Fund, 2012); T. William Lester, David Madland, and Jackie Odum, "Raising the Minimum Wage Would Help, Not Hurt, Our Economy" (Washington, DC: Center for American Progress Action Fund, 2013). Note also that many economists now recognize the benefits of a higher minimum wage. See Economic Policy Institute, "Prominent Economists Endorse $10 Minimum Wage," press release, January 14, 2014, www.epi.org/press/prominent-economists-endorse-10–10-minimum/.

40. Daniel Aaronson, Sumit Agarwal, and Eric French, "The Spending and Debt Response to Minimum Wage Hikes," Federal Reserve Bank of Chicago, February 2011.

41. Dean Baker and John Schmitt, "The Bogus Case against the Minimum

Wage Hike," *Salon,* January 4, 2012, www.salon.com/2012/01/04/the_bogus_case_against_the_ minimum_wage_hike/; Daniel Aaronson, Sumit Agarwal, and Eric French, "The Spend- ing and Debt Response to Minimum Wage Hikes," *American Economic Review* 102, no. 7 (2012): 3111–3139; John Schmitt, "San Francisco Becomes First in Nation with $10 Minimum Wage (and the Sky Isn't Going to Fall)," *AlterNet,* December 29, 2011, www.alternet.org /story/153620/san_francisco_becomes_first_in_nation_with_%2410_minimum_wage_ %28and_the_sky_isn%27t_going_to_fall%29; Arindrajit Dube, T. William Lester, and Michael Reich, "Do Frictions Matter in the Labor Market? Accessions, Separations and Minimum Wage Effects," Working Paper 5811 (IZA Discussion Paper Series, 2011).

42. Note that Acemoglu and Robinson also make this argument. See Acemoglu and Robinson, "Economics versus Politics."

43. JaneGravelleandDonaldMarple,"TaxRatesandEconomicGrowth"(Washi ng-ton, DC: Congressional Research Service, 2011); Thomas Hungerford, "Taxes and the Economy: An Analysis of the Top Tax Rates, since 1945" (Washington, DC: Congressional Research Service, 2012). For a review of much of the current literature on this topic, see Andrew Fieldhouse, "A Review of the Economic Research on the Effects of Raising Ordi- nary Income Tax Rates" (Washington, DC: Economic Policy Institute, 2013). For a claim of potential positive impacts of raising taxes, see Benjamin Lockwood, Charles Nathan- son, and E. Glen Weyl, "Taxation and the Allocation of Talent," Working Paper (Social Sciences Research Network, 2014). Some key steps toward ensuring that our tax code is more progressive include adding new brackets on very high earners, taxing very large estates at a higher rate when they are passed down to heirs, making sure that income from capital is taxed at a similar rate as income from labor, and getting rid of loopholes such as those that allow hedge fund managers to pay a lower rate on their taxes, make taxpayers subsidize excessive CEO compensation, and enable some profitable corporations to escape paying any taxes for years.

44. For research on the relationship between taxation and inequality, see Hunger- ford, "Taxes and the Economy"; Thomas Piketty, Emmanuel Saez, and Stefanie Stantcheva, "Optimal Taxation of Top Labor Incomes: A Tale of Three Elasticities," Working Paper 17616 (National Bureau of Economic Research, 2011); Thomas Piketty and Emmanuel Saez, "How Progressive Is the US Federal Tax System? A Historical and International Perspective," *Journal of Economic Perspectives* 21, no. 1 (2007): 3–24; Peter Diamond and Emmanuel Saez, "The Case for a Progressive Tax: From Basic Research to Policy Recommendations,"

Journal of Economic Perspectives 25, no. 4 (2011): 165–190.

45. Jonathan D. Ostry, Andrew Berg, and Charalambos G. Tsangarides, "Redistribu- tion, Inequality and Growth" (International Monetary Fund, 2014).

46. For more information on achieving full employment, see Erickson and Ettlinger, "300 Million Engines of Growth"; Ruy Teixeira and John Halpin, "The Origins and Evolution of Progressive Economics" (Washington, DC: Center for American Progress, 2011); Dean Baker and Jared Bernstein, "Getting Back to Full Employment: A Better Bargain for Working People" (Washington, DC: Center for Economic and Policy Research, 2013). For more information on trade policies that encourage companies to employ American workers, see Erickson and Ettlinger, "300 Million Engines of Growth"; Sam Ungar and Donna Cooper, "Buy America Works" (Washington, DC: Center for American Progress, 2011). For information on more Effective antitrust enforcement, see David Balto, "Reinvigorat- ing Antitrust Enforcement" (Washington, DC: Center for American Progress, 2011); Barry Lynn, "Estates of Mind," *Washington Monthly,* July/August 2013, www. washingtonmonthly .com/magazine/july_august_2013/features/estates_of_mind045639.php.

47. S & P Capital IQ, "Economic Research: How Increasing Income Inequality Is Dampening U.S. Economic Growth, and Possible Ways to Change the Tide" (New York: S & P Capital IQ, 2014), www.globalcreditportal.com/ratingsdirect/renderArticle.do?arti cleId=1351366&SctArtId=255732&from=CM&nsl_code=LIME&sourceObjectId=8741033 &sourceRevId=&fee_ind=N&exp_date=20240804–19:41:13. Similarly, in September 2014, Morgan Stanley cautioned that "stronger growth in wages and salaries is essential to the macro outlook." Morgan Stanley, "US Economics, Inequality, and Consumption" (New York: Morgan Stanley, 2014). In addition, a majority of economists surveyed by the AP in 2013 said that inequality was harming the US economy. Christopher S. Rugaber, "AP Survey: US Income Gap Is Holding Back Economy," *Associated Press*, December 17, 2013, http://bigstory.ap.org/article/ap-survey-us-income-gap-holding-back-economy-0.